הגדת מסורת הרב

הגדה של פסח
בביאור מרן הרב יוסף דוב הלוי סולוביצ׳יק זצ״ל

הערה על תמונת הזמיר בגב הכריכה

הזמיר, מהציפורים המוזיקליות ביותר, המופיע בגב הכריכה, מרמז לשם משפחתו של הרב סולובייצ׳יק, שברוסית פירושו ״זמיר קטן״. בני משפחת סולובייצ׳יק הם לוויים, ולפי האגדה, מקורו של השם הוא בתפקידם המקודש של המשפחה כלוויים בבית המקדש, המלווים בשירם את טקס הקרבת הקורבנות.

מהדורת שפירא

הגדת

מסורת הרב

בביאור

מרן הרב יוסף דוב הלוי

סולוביצ׳יק

בעריכת הרב מנחם דוב גנק

מגיד

OU PRESS

Rabbi Joseph B. Soloveitchik
The Mesorat HaRav Haggada

מהדורה ראשונה בעברית, 2019
First Hebrew Edition, 2019

עורכים אחראיים: הרב ראובן ציגלר, הרב שמחה פוזנר, הרב אליהו קרקובסקי
עורכות משנה: אפרת גרוס, שירה פינסון
תרגום: אביגדור שנאן, עוזיה קרונמן
עריכה לשונית: אריאל הורוביץ
עימוד: אסתר באר, תמי מגר
עיצוב העטיפה: דניאל גדלביץ'
צילום עטיפה: באדיבות משפחת הרב יצחק אלברט ז"ל

ספרי מגיד, הוצאת קורן
ת"ד 4044 ירושלים 9104001
טל': 02-6330530 פקס: 02-6330534
www.maggidbooks.com

OU Press, an imprint of the Orthodox Union
11 Broadway
New York, NY 10004
www.oupress.org

מסת"ב ISBN 978-965-526-273-5

נדפס בישראל Printed in Israel 2019

בהכרת הטוב למורנו

הרב יוסף דוב הלוי סולוביצ׳יק

הרב פתח צוהר לנשמתו, נתן לנו להציץ פנימה,
ושינה את חיינו לעד.

הגדה זו מוקדשת באהבה לזכרם של הורינו

אלקנה בן משה יהודה לייב ופערל
רייזל בת יעקב הלוי וצירל
למשפחת שפירא

שמעון בן יוסף זאב ומרים ברכה
צפורה (פייגע) בת יעקב שרגא ושרה
למשפחת שרייבר

מוקדש על ידי
ישראל ורבקה שפירא

With gratitude to the Rav

Rabbi Joseph B. Soloveitchik

The Rav opened a window to his soul and let us look in.
He changed our lives forever.

This Haggadah is lovingly dedicated to the memory of our parents

Alexander and Rose Shapiro
Samuel and Frances Schreiber

Dedicated by
Irwin and Ruth Shapiro

דור לדור ישבח מעשיך

לנכדינו היקרים

רינה איילת · טובה עליזה · אורה עדינה

יצחק צבי · בנימין זכריה · יונתן מאיר

עליזה רות · צופיה בלה · אילה תמימה · שלמה יששכר

אלה זהרה · לילי כלילה · רובי יקרה

מוקדש על ידי

מרדכי ומרים כ"ץ

לזכר נשמות הורינו

אבינו היקר

יוסף שמואל בן בנימין שטראוס

ואמנו היקרה

גיננדל בת משה יעקב שטראוס

מוקדש על ידי בניהם

משה יעקב ודניאל עזרא שטראוס

להורינו היקרים

יהודה ודבורה ברמן

מקור תמידי של השראה וגאווה לילדיהם, נכדיהם וניניהם

מוקדש על ידי

זאב ויהודית ברמן
שמחה דוד ומאירה אמינסקי
אליהו משה ומרים ברמן
ומשפחותיהם

לזכר נשמות הורינו

אברהם משה בן הרב שלמה זאלי
גוטקה טובה בת אברהם דוד
למשפחת בیננפלד

יהודה לייב בן אהרן זאב
חוה מינה בת יצחק אייזיק
למשפחת יוסדן

מוקדש על ידי
מנחם שמואל והדסה ביננפלד

תוכן העניינים

פתח דבר

ספר זה כולל אוסף תובנות ופירושים להגדה של פסח מאת מרן הרב יוסף דוב סולוביצ׳יק זצ״ל, המכונה ״הרב״ בפי דורות תלמידיו ותלמידי תלמידיו. הרב דיבר בציבור על ההגדה במגוון מקומות וסגנונות, לאורך עשרות שנים של הרבצת תורה. רבים משיעורי הגמרא שלו ומן השיעורים הפומביים לזכר אביו, הרב משה סולוביצ׳יק זצ״ל, ביום השנה לפטירתו, התמקדו בנושאי הלכה ופלפול הקשורים להגדה. דרשותיו הציבוריות (לרבות אלו שנישאו לזכר רעייתו, טוניה) ומאמריו התמקדו בהיבטים הגותיים יותר של ההגדה. בנוסף, בתקופה שלפני חג הפסח, הרב היה עובר על ההגדה עם תלמידיו, קטע קטע, ומפיח חיים במשמעותו של המסר הנצחי של הכתוב לימינו אנו.

המקורות לחיבור זה מתחלקים לשלושה סוגים. ראשית, ציטטנו בהרחבה, ולעתים בצורה מקוצרת, מחיבוריו של הרב בכתב. את הציטוטים בעברית השארנו כפי שהם מופיעים במקור. רוב החומר לקוח מספרים שראו אור בשנים האחרונות בסדרת ״מאוצר הרב״ של עמותת תורת הרב. דורות של קוראים חבים חוב עצום לעמותה על שימור מורשתו האינטלקטואלית של הרב ועל הפצתה. אנו מודים לעומדים בראש העמותה, ד״ר עטרה טברסקי וד״ר טובה ליכטנשטיין, וצר לנו שפטירתם של הרב יצחק טברסקי והרב אהרן ליכטנשטיין מנעה מהם לראות את המהדורה הזו יוצאת לאור. אנו מודים גם לחברי

מערכת ההוצאה לאור של העמותה, פרופסור דוד שץ, ד"ר יואל ב' וולוולסקי והרב ראובן ציגלר, על מאמציהם הבלתי נלאים. קטעים משאר כתבי הרב שראו אור מופיעים כאן ברשות המוציאים לאור. תודתנו לפרופסור אביגדור שנאן, שתרגם לעברית כמה מספרי "אוצר הרב" שבהם השתמשנו למהדורה זו. רשימת המהדורות נמצאת בסוף הספר.

שני המקורות הנוספים להגדה זו הם "קול הרב", קלטות שונות של שיעורי הרב שזכו לתפוצה רחבה, וכן ה"רשימות", סיכומי הרצאות פרי עטי שנרשמו לאורך עשרות שנים שבהן זכיתי לחוות את תורת הרב מכלי ראשון.

באשר לנוסח ההגדה, אף שהרב נהג לקרוא את ההגדה בנוסח אשכנז, כאן ההגדה היא בנוסח ספרד כי הוא הנפוץ יותר בישראל.

חברים, עמיתים ותלמידים רבים לשעבר סייעו להוציא את ההגדה אל הפועל, וברצוני להביע את תודתי והערכתי לכולם על שתרמו מזמנם, ממרצם ומלימודם ברוחב לב.

בראש ובראשונה, ברצוני להודות לידידי ד"ר יואל וולוולסקי, שיוזמתו ומעורבותו – משלבי הרעיון הראשוניים, דרך חיבור החומר, סידורו ועריכתו וכלה בפרטי ההוצאה לאור – היו חיוניות להבאת מיזם זה לקו הגמר בהצלחה. אלמלא כישרונו ושקדנותו, ספר זה לא היה רואה אור.

אני שולח תודות לרב שמחה פוזנר, עמיתי באיגוד הקהילות האורתודוקסיות (OU) וחברי מילדות, על עצתו הנבונה ועידודו הבלתי פוסק. סקירתו את הטיוטות הרבות של כתב היד כולו, הצעות העריכה המרובות והנחייתו הכוללת בכל היבטי המיזם היו יקרות מפז. תודתי לרב גיל סטודנט בעד עבודתו על המהדורה הקודמת של ההגדה באנגלית, ולרב אליהו קרקובסקי שעבר על התרגום לעברית והוסיף הערות חשובות. תודתי גם לרב שמואל וייל על עידודו ותמיכתו בהפצת תורת הרב.

הרב צבי (הרשל) שכטר עבר על חלקים נכבדים מכתב היד הסופי והציע הצעות סגנוניות ומהותיות רבות ומועילות. גם הרבנים ארנולד לוסטיגר ומיכאל טאובס עברו על חלקים מכתב היד הסופי

והעירו הערות בונות. הרב ראובן ציגלר סיפק מידע חשוב ובעל ערך. רבים מעמיתיי ומתלמידיי לשעבר סייעו בתמלול ובעריכת ההערות מ"קול הרב" ומהרשימות. חבורה זו כללה את הרבנים גד בוכבינדר, דניאל בסר, אברהם גורדימר, חיים יצחק גנק, משה גנק, עלי גרשטן, דוד הלמן, אליהו וולף, נתנאל וידרבלנק, יעקב ורבלובסקי, מיכאל זילברמן, יהודה מוילגיי, דוד מינץ, אבי מושל, סת מנדל, אפרים מעטה, דוד נכבר, צבי סיננסקי, אברהם חיים שיוביץ, יגאל סקלרין, דניאל פלדמן, גבריאל פרייס, דוד שבתאי, איתן שנאל ויעקב ששון. בנוסף, הרב יצחק ליכטנשטיין, מחבר ההגדה הנפלאה "שיח הגרי"ד", שימש מקור מידע מועיל.

איגוד הקהילות האורתודקסיות (OU) הוא ארגון הרוחש הערכה רבה למורשת הרב. ההגדה רואה אור בהוצאת מגיד בשיתוף עם ההוצאה לאור של ה־OU. אני יודע שהנהגת ה־OU ועורכי ההוצאה לאור של האיגוד חשים סיפוק אדיר בכל מה שקשור להפצת הגיגיו של הרב על ההגדה לקהל רחב.

אנו מודים מקרב לב לאנשי הוצאת מגיד על הטיפול המקצועי והמסור בספר חשוב זה: למו"ל מאיר מילר, ליו"ר המערכת הרב ראובן ציגלר, לעורכות המשנה אפרת גרוס ושירה פינסון ולמעמדת תמי מגר. עוזיה קרונמן תרגם מאנגלית את הרשימות, את קול הרב וקטעים אחרים שלא היו קיימים בעברית, ואת המבוא וכמה קטעים נוספים תרגם שי סנדיק. אריאל הורוביץ ערך את התרגומים, ושרה קרישטול איתרה וסדרה את הקטעים שנכתבו בעברית או שהופיעו כבר בתרגום עברי.

אנו שולחים תודה מקרב לב ליהודה ברמן על עצתו הנאמנה ועל תמיכתו החיונית באימוץ המיזם הזה ומיזמים רבים אחרים הקשורים להפצת תורת הרב. מר ברמן, תלמיד מוערך של הרב, היה איש סודו ועורך דינו של הרב, והרב נתן אמון עצום בשיקול דעתו, בחכמתו ובנאמנותו. כשתלמיד לשעבר שאל את הרב איזו עמדה לנקוט בסוגיה מסוימת הקשורה למדיניות ציבורית, הרב השיב: "בדוק עם יהודה ברמן. כך אני נוהג תמיד". מר ברמן שם לו למטרה להפוך את תורת הרב לזמינה להמונים הצמאים לה בקרב הקהילה היהודית – החל מהקמת

כתב העת מסורה, דרך תפקידו בעמותת תורת הרב וכלה בפרסום הגותו של הרב בהוצאת ה־OU. כנשיא לשעבר של ה־OU, מר ברמן משמש יושב ראש ועד ההוצאה לאור של האיגוד.

מהדורה זו לא הייתה רואה אור אלמלא התמיכה הנדיבה של נותני החסות שלנו. ישראל ורבקה שפירא, שאת שמם נושאת מהדורה זו, תמכו באופן יוצא דופן בפרסום כתבי הרב במשך השנים, ואנו מכירים בתרומתם המובהקת לכלל ישראל. אנו מודים גם על העזרה שהגישו לנו משפחות בינפלד, ברמן, כ״ץ ושטראוס, כולן תומכות מסורות באידיאלים שגילם הרב באישיותו.

הגדה זו היא תרגום של הגדה שיצאה לאור באנגלית בשנת תשס״ט, תחת הכותרת *The Seder Night: An Exalted Evening* (OU Press, 2009), בתוספת קטעים חדשים רבים.

מנחם דוב גנק

מבוא

ליל הסדר המהולל מתאפיין בתֵמות של קבלת מלכות ה׳, העברת המסורה וכוחה הדינמי והיוצר של התורה שבעל־פה. הרב ביטא את כל התמות האלה במפעל חייו. במשך עשרות שנים הוא לימד את השיעור הגבוה בישיבת רבנו יצחק אלחנן שעל יד ישיבה יוניברסיטי, המשיך ללמד את תלמידיו לשעבר ואלפים אחרים בהרצאות שנמסרו בחסות הסתדרות הרבנים של אמריקה ובשיעורים לקהל הרחב בבית הכנסת מוריה בעיר ניו יורק, וכן שימש כדמות רבנית מופלגת בבוסטון, שם הקים יחד עם אשתו האהובה טוניה את בית הספר רמב״ם והמשיך להתוות את דרכו. בתור דמות רבנית ייחודית והוגה דעות יהודי פורץ דרך במאה העשרים, הצליח הרב לבטא בפני כל מי שעסקו עמו בלימוד התורה את המידיות והעוצמה שיש בלימוד התורה ואת חוויית התורה ככוח פועם ומלא חיים.

בעיני הרב, לימוד תורה הוא הנתיב היסודי לקבלת מלכותו של ה׳. הרב שילב את התורה עם תובנות חדשות וגישות מרעננות, ובכך הבטיח שהתורה תהיה מקור חיים מתמשך שמאפשר לדורות של תלמידים לחוות את הקשר הנצחי שיש לכל יהודי עם התורה, וכך לממש את העברת המסורה. משה, כך הסביר הרב, נקרא ״ספרא רבה דישראל״ (סוטה יג, ב), הסופר הגדול של עם ישראל, לא מפני שהוא כתב את התורה על הקלף, אלא כי הוא חקק את מילות התורה בלבו ובראשו של עם ישראל.

ההגדה אומרת שאפילו כולנו חכמים, מצווה עלינו לספר ביציאת מצרים ועלינו לראות את עצמנו כאילו חווינו באופן אישי את האירועים המכוננים של יציאת מצרים. הרמב"ם מהדהד את השפה הזאת כשהוא מדבר על מצוות הקהל, המצווה שדורשת מכל עם ישראל להתקבץ בירושלים אחת לשבע שנים כדי לשמוע את מלך ישראל קורא בתורה. הוא כותב, "וגרים שאינן מכירין, חייבין להכין לבם ולהקשיב אזנם לשמוע באימה ויראה וגילה ברעדה כיום שניתנה בו בסיני. אפילו חכמים גדולים שיודעים כל התורה כולה חייבין לשמוע בכוונה גדולה יתרה. ומי שאינו יכול לשמוע מכוין לבו לקריאה זו, שלא קבעה הכתוב אלא לחזק דת האמת ויראה עצמו כאילו עתה נצטוה בה ומפי הגבורה שומעה, שהמלך שליח הוא להשמיע דברי האל" (הלכות חגיגה ג, ו). באישיותו רבת ההדר ובאינטלקט רחב היריעה שלו, גילם הרב בדמותו את המלך המכריז על תורת ה' ומעביר את דבריה. אין ספק שאלו שנפלה בחלקם הזכות להיות נוכחים בשיעוריו של הרב הבחינו בהופעתו המלכותית והרגישו את מידיות התורה, כאילו חוו מחדש את התגלות ה' בהר סיני ואת קבלת מילותיה המרוממות של התורה מריבונו של עולם.

הרב גילם באישיותו את התורה שבעל־פה, על חיוניותה ועל הדינמיות שבה, על הלהט האינטלקטואלי ועל עומקה הרוחני. הוא ביטא גם את המסורה. כמו המלך במצוות הקהל, הרב היה השליח האצילי של ריבונו של עולם, שכל ישותו העידה על העברת התורה, שימורה ונצחיותה. הוא היה אומר שכשהוא מעביר שיעור, הוא מרגיש שהלל ושמאי, אביי ורבא, רש"י והתוספות, הט"ז והש"ך נוכחים בחדר, בעודו מבאר את דברי הגמרא. בדומה לכך, כשהסב לשולחן הסדר אצל אביו, הוא הרגיש שהרמב"ם והרשב"א, הגאון מווילנה ורבי עקיבא איגר הם אורחים מוזמנים, חיים וחיוניים, משתתפים פעילים בשיח הסוער שהתקיים סביב שולחן הסדר. הרב עורר השראה בתלמידיו להצטרף אליו באחוות הלימוד.

את המסורה, לעומת זאת, אפשר לשמר ולהעביר לדור הבא רק אם היא באה לידי ביטוי בצורה אינטימית. לשם מאמץ זה רתם הרב את כישרונותיו יוצאי הדופן, את גאונותו, את יושרתו, את רהיטותו ואת

תחושת השליחות והייעוד העזה שלו. בעיקר בזכות הנהגתו מעוררת ההשראה ושיטות החינוך המבריקות שלו, יש היום בארצות הברית קהילה יהודית דתית שמשולבת בחברה בת זמננו, ובכל זאת מחויבת למסורת העתיקה והמפוארת שלנו. קהילה שלא זו בלבד שהיא שומרת על עקרונות התורה, אלא היא עדיין שומעת את הדי הר סיני לאורך הדורות.

טקסט הליבה של ההגדה הוא פרשנות והרחבה לקטע המקראי **"ארמי אובד אבי"** (דברים כו, ה-יא), ההכרזה שאומר בעל אדמות בארץ ישראל בעת הבאת הביכורים בפני הכוהן בבית המקדש. הרב נהג לשאול מדוע פסוקים אלו, שמתמצתים את סיפור יציאת מצרים, נבחרו כלב לבה של ההגדה, ולא קטעים מתחילת ספר שמות, שבהם תיאור מפורט יותר של אירועי יציאת מצרים. הסברו נוגע בהיבט יסודי במצוות סיפור יציאת מצרים, ומשקף גם את שליחות חייו.

החובה לספר ביציאת מצרים בליל הסדר אינה מסתכמת בתיאור המאורעות ההיסטוריים, הסביר הרב. סיפור יציאת מצרים חייב להקיף במהותו את מצוות תלמוד תורה. המשנה (פסחים י, ד) כותבת: "ודורש מארמי אובד אבי, עד שיגמור כל הפרשה כולה". המילה "ודורש" מלמדת שיש לעסוק בלימוד תורה, לפרש את הכתוב בתורה בעזרת שיטות הפרשנות המבוססות, כדי לשער פרטים שלא מופיעים במפורש בכתוב. אין די בקריאה פשוטה של סיפור יציאת מצרים מתחילת ספר שמות. חז"ל בחרו ב"ארמי אובד אבי" כטקסט המרכזי של ההגדה, דווקא מכיוון שתיאור יציאת מצרים המופיע בו מתומצת כל כך - זהו טקסט שמזמין עיון ופרשנות. אנחנו עונים לבן החכם, "ואף אתה אמור לו כהלכות הפסח". אנחנו מחויבים ללמד את הבן החכם את כל הלכות ליל הסדר במהלך הערב. ליל הסדר אינו סובב אך ורק סביב אירועים היסטוריים. יש לעסוק בלימוד תורה גם באמצעות דיון בהלכות הקשורות לפסח, כמפורט בתורה שבעל־פה.

תורת הרב מדגישה את מרכזיותו של לימוד התורה בליל הסדר. אבל השאלה נשארת בעינה: מדוע לימוד תורה מובנה כל כך בערב הזה? הבנת העניין נובעת מדברי הרב על מצוות קריאת שמע, שמהותה היא קבלת עול מלכות שמיים.

הרמב"ם מסביר שאדם נדרש להתחיל את קריאת שמע בפרשייה הראשונה, משום שהיא כוללת את שלושת המרכיבים העיקריים – "מפני שיש בה יחוד השם ואהבתו ותלמודו שהוא העיקר הגדול שהכל תלוי בו" (הלכות קריאת שמע א, ב). אף שקריאת שמע היא מצווה בפני עצמה, עליה לכלול באופן מובנה את לימוד התורה, כי בלעדיו יש חיסרון בקבלת עול מלכות שמיים. השקפת העולם שלנו מוגדרת על ידי לימוד תורה, דרכו אנחנו מציצים לדעתו האינסופית של הקדוש ברוך הוא. עניין מהותו של לימוד התורה במצוות קריאת שמע מודגם ביתר שאת בעובדה שברכת "אהבה רבה", אחת מברכות קריאת שמע, משמשת גם כברכת התורה (מי שלא אמר את הברכות לפני לימוד תורה, יוצא ידי חובה בקריאת "אהבה רבה"). כמו כן, הסביר הרב, אנחנו מוצאים ברכת התורה מיוחדת להגדה: "ברוך המקום ברוך הוא". ליל הסדר מקביל למצוות קריאת שמע, בכך ששניהם מבטאים את קבלת עול מלכות שמיים שחייבת להתבצע דרך האינסטרומנטליות של המעשה הקוגנטיבי שבלימוד תורה.

מרכיב מהותי נוסף בקריאת שמע כרוך בזכירת יציאת מצרים, ובא לידי ביטוי בפרשייה השלישית של שמע. סבו של הרב, ר' חיים, העיר שאף שיש מצווה להזכיר את יציאת מצרים, הרמב"ם אינו מונה אותה בין תרי"ג מצוות. הוא הסביר שהרמב"ם משמיט אותה מכיוון שהוא אינו מחשיב אותה כמצווה בפני עצמה, אלא כמרכיב בתוך קריאת שמע.

קריאת פרשת ציצית, ביאר ר' חיים, היא חלק ממצוות קריאת שמע, מכיוון שהיא כוללת את זכירת יציאת מצרים. זכירת יציאת מצרים היא חלק מהותי מקריאת שמע, מכיוון שקבלת עול מלכות שמיים דורשת אמונה באל המעורב מקרוב בהיסטוריה ובמאורעות בחיי האדם. לכן, במצווה להאמין בקדוש ברוך הוא כתוב: "אנכי ה' אלוהיך אשר הוצאתיך מארץ מצרים" (שמות כ, ב), כי אנו מאשרים את אמונתנו באל שדואג לבריאה ולאנושות. זהו עקרון זכירת יציאת מצרים. בליל הפסח קיבל עם ישראל את אלוקיו כאדון שיהיה מעורב בכל היבט בחייהם: "אני ולא מלאך, אני לא שרף, אני ולא השליח". הגאולה ממצרים הושגה

על ידי כך שה׳ התגלה והפגין מעורבות ישירה בהיסטוריה, וההתגלות האלוקית היא יסוד ידיעת ה׳ ואמונתו אצל בני ישראל.

לימוד תורה הוא חלק מובנה בליל הסדר מכיוון שהתורה שבעל פה וההגדה הן חוויות דתיות רעננות שבהן כל אישיותו של האדם מזדהה עם החוויה ונטמעת בה. ליל הסדר אינו מסתכם בשחזור מאורע שקרה בעת העתיקה, אלא הוא חוויה אישית מחודשת של אותו מאורע. הרב ציין שהתפיסה הזאת מרומזת בעצם המילה ״הגדה״, כפי שניתן ללמוד מן הביטוי ״הגדת עדות״. אחד העקרונות היסודיים בדיני ראיות הוא שעדות מפי השמועה אינה ראיה קבילה. באותה רוח, ההגדה מדגישה ש״חייב אדם לראות את עצמו כאילו הוא יצא ממצרים״, הוא בעצמו. בהתאם לכך, מצוות סיפור יציאת מצרים אינה יכולה להיות סיפור סדר ההתרחשות של מאורע היסטורי ותו לא. עליה להיות עדות מכלי ראשון, הכרה בקיומו של אירוע, שהיא בתחום החווייה הפעילה של היחיד המעיד.

היהודי שהביא את ביכוריו לבית המקדש העריך בכל לבו את ההנאה שהסבו לו הסיפוק ונחת הרוח. אך אותו מביא ביכורים חוגג נדרש להפוך את עצמו לרגע לקרבן השעבוד במצרים, כפי שהוא מצהיר בגוף ראשון: ״וירעו אתנו המצרים... ונצעק״, תפילה לה׳ לעזרה, ״...ויוציאנו... ויביאנו אל המקום הזה״. כאשר מביא הביכורים מצהיר בגוף ראשון, הוא חווה מחדש את אירועי יציאת מצרים. הכרזת הביכורים הולמת מאין כמותה לשמש כיסוד ההגדה, כי הן המביא ביכורים והן היהודי בליל הסדר מחויבים לשחזר את יציאת מצרים ולחוותה מחדש. תחושת המידיות והרלוונטיות היא מרכיב יסודי בלימוד תורה, והרב מאתגר אותנו לשחזר אותה בליל הסדר.

התורה שבעל פה מאפשרת לכל דובר לגלות פרשנויות ויישומים חדשים. היא אינה קופאת על השמרים אלא מקרינה אופקים חדשים ללא הרף אשר מסבים אושר ללומדיה. ״פקודי ה׳ ישרים משמחי לב״ (תהלים יט, ט). הרב הסב את האושר הזה לכל מי שנפלה בחלקו הזכות ללמוד במחיצתו. לצערנו, אי אפשר לתפוס את החוויה הזו במלואה בעזרת המילה הכתובה, גם כאשר מחברה הוא ספרא רבה דישראל

של המאה שעברה בכבודו ובעצמו. אך אנו מקווים שחיבור זה יסייע לקוראים לקבל הערכה עמוקה יותר של הרב ושל מפעל חייו.

מנחם דוב גנק

הגדה של פסח

ערב מהולל – ליל הסדר

בזיכרוני החוויתי – ולאו דווקא בזה העיוני – בולטים להם שני לילות מיוחדים, לילות שניחנו באיכות יחידה במינה ומרתקת, מרוממים בקדושתם וזוהרים ביופי מסנוור: ליל הסדר וליל "כל נדרי". כילד עמדתי מוקסם, לאמיתו של דבר מהופנט, לנוכח שני לילות בהירים אלה, מוארים באור ירח, עטופים בהוד והדר. רגיל הייתי לחוש נמרץ, מרוגש ומלא השראה; חזון מלא אור העצים את חושיי, ואלה נתחדדו והשתחררו מכל עכבות. שתיקה מוזרה, דממה, שקט, שלווה ורוגע עטפו אותי. מורגל הייתי להיכנע לזרם של שמחה שופעת והתלהבות.

עדיין יכול אני לשמוע את המנגינה כבדת הסבר, העגומה, המתרפקת על העבר, של אמירת יקנה"ז (אותו סימן לזכירת סדרם של פרטי הקידוש וההבדלה) – אשר שמעתי ככל הנראה בגיל שבע, כאשר סבי שר את הקידוש בליל סדר שחל במוצאי שבת. עדיין זוכר אני את הברכה האחרונה, "המבדיל בין קודש לקודש". המנגינה נמוגה בהדרגה; או שמא מוטב לומר שהיא נטמעה בתוך מנגינה אחרת, רוצה לומר, במנגינת השתיקה. כילד נהגתי להרהר במשך שעות על משמעות הרעיון של "המבדיל בין קודש לקודש" – שתי קדושות, אחת של שבת ואחת של יום טוב. את שתיהן אהבתי; נצרתי בלבי כל ניצוץ של קדושה; שנאתי את היומיומי, את האפור, השגרתי, את קדרות ימי המעשה. תמיד ראיתי באמי הצעירה והשברירית – על פניה החיוורות,

עיניה השקועות והופעתה העדינה והאצילית – את התגשמות השבת, המלכה. את החג, על כל הדרו, ראיתי מסומל בדמותו של אחד מדודיי, אתלט, גבוה, שחום ונאה.

זיכרונות אלה כולם הם שורשי השקפת עולמי וחוויתי הדתית. בלעדיהם מחמיץ הייתי את ההתלהבות המלווה את שמירת המצוות ואת עומקן ותנופתן של החשיבה וההגות הדתיות. תמים וילדותי ככל שהייתי, תחושות וחזיונות אלה היו תמיד, והם עדיין, מקור בלתי נדלה לחיי הדתיים הססגוניים.

בליל יציאת מצרים פגשו בני ישראל בה׳, היה להם רנדוו (rendezvous) עימו, והם הוצגו בפניו זו הפעם הראשונה. בליל הפסח, כשהוא חופשי, מלא תקווה ואמיץ, חש סיפוק גדול ובמצב רוח מרומם בשל עצמאותו, שועט האדם קדימה, מתרחק, גדל, מוכן לבצע כל מה שמתקשר לאושרו ולחירותו. האנוכיות נעלמת, האדם שוכח את עצמו, וגואה כאותו נהר רב עוצמה כדי לעשות, לבצע, ולהשקיע עצמו בחסד.

(זמן חירותנו)

ביעור חמץ

אור לארבעה עשר ניסן (ואם חל בשבת — אור לשלושה עשר) בודקין את החמץ לאור הנר.
לפני הבדיקה מברכים:

בָּרוּךְ אַתָּה יהוה אֱלֹהֵינוּ מֶלֶךְ הָעוֹלָם
אֲשֶׁר קִדְּשָׁנוּ בְּמִצְוֹתָיו וְצִוָּנוּ עַל בִּעוּר חָמֵץ.

אחר הבדיקה אומרים:

כָּל חֲמִירָא וַחֲמִיעָא דְּאִכָּא בִרְשׁוּתִי
דְּלָא חֲמִתֵּהּ וּדְלָא בִעַרְתֵּהּ
לִבְטִיל וְלֶהֱוֵי הֶפְקֵר
כְּעַפְרָא דְאַרְעָא.

ערב פסח שחרית, בשעה החמישית של היום, שורפים את החמץ ואחר כך אומרים:

כָּל חֲמִירָא וַחֲמִיעָא דְּאִכָּא בִרְשׁוּתִי
דַּחֲמִתֵּהּ וּדְלָא חֲמִתֵּהּ, דְּבִעַרְתֵּהּ וּדְלָא בִעַרְתֵּהּ
לִבְטִיל וְלֶהֱוֵי הֶפְקֵר
כְּעַפְרָא דְאַרְעָא.

עירוב תבשילין

בחוץ לארץ, אם חל ערב פסח ביום הרביעי, עושים עירוב תבשילין.
נוטלים מצה ותבשיל ואומרים:

בָּרוּךְ אַתָּה יהוה אֱלֹהֵינוּ מֶלֶךְ הָעוֹלָם
אֲשֶׁר קִדְּשָׁנוּ בְּמִצְוֹתָיו וְצִוָּנוּ עַל מִצְוַת עֵרוּב.

בְּדֵין עֵרוּבָא יְהֵא שְׁרֵא לָנָא לְמֵיפֵא וּלְבַשָּׁלָא
וּלְאַטְמָנָא וּלְאַדְלָקָא שְׁרָגָא וּלְמֶעְבַּד כָּל צָרְכָּנָא
מִיּוֹמָא טָבָא לְשַׁבְּתָא
לָנוּ וּלְכָל יִשְׂרָאֵל הַדָּרִים בָּעִיר הַזֹּאת.

הדלקת נרות

המנהג הנפוץ בהדלקת נרות הוא שהאישה מדליקה קודם את הנרות ואז מכסה את עיניה בידיה ומברכת:

בָּרוּךְ אַתָּה יהוה אֱלֹהֵינוּ מֶלֶךְ הָעוֹלָם
אֲשֶׁר קִדְּשָׁנוּ בְּמִצְוֹתָיו
וְצִוָּנוּ לְהַדְלִיק נֵר שֶׁל יוֹם טוֹב.

אם הדלקת הנרות נעשית לפני הקידוש מברכת האישה גם:

בָּרוּךְ אַתָּה יהוה אֱלֹהֵינוּ מֶלֶךְ הָעוֹלָם
שֶׁהֶחֱיָנוּ וְקִיְּמָנוּ, וְהִגִּיעָנוּ לַזְּמַן הַזֶּה.

כאשר יום החג חל בשבת מדליקים נרות לפני כניסת השבת ומברכים:

בָּרוּךְ אַתָּה יהוה אֱלֹהֵינוּ מֶלֶךְ הָעוֹלָם
אֲשֶׁר קִדְּשָׁנוּ בְּמִצְוֹתָיו
וְצִוָּנוּ לְהַדְלִיק נֵר שֶׁל שַׁבָּת וְשֶׁל יוֹם טוֹב.

ואחר כך מברכים:

בָּרוּךְ אַתָּה יהוה אֱלֹהֵינוּ מֶלֶךְ הָעוֹלָם
שֶׁהֶחֱיָנוּ וְקִיְּמָנוּ, וְהִגִּיעָנוּ לַזְּמַן הַזֶּה.

הדלקת נרות

הרמב"ם (הלכות שבת ה, ג) קובע כי יש להדליק נרות שבת "מבעוד יום, קודם שקיעת החמה". הלכה זו טעונה ביאור, שהרי פשוט שלאחר השקיעה חלים איסורי שבת וממילא נאסר בהדלקה, ומדוע מורה הרמב"ם להדליק "מבעוד יום"?

הרמב"ם (הלכות שבת ל, ה) קובע כי צריך "לתקן ביתו מבעוד יום לכבוד השבת, ויהיה נר דלוק ושולחן ערוך ומיטה מוצעת, שכל אלו לכבוד שבת הן".

תפילה אחרי הדלקת הנרות:

יְהִי רָצוֹן מִלְּפָנֶיךָ יהוה אֱלֹהַי וֵאלֹהֵי אֲבוֹתַי, שֶׁתְּחוֹנֵן אוֹתִי (מוסיפה: **וְאֶת אִישִׁי** / אם הוריה חיים: **וְאֶת אָבִי / וְאֶת אִמִּי** / אם יש לה ילדים: **וְאֶת בָּנַי וְאֶת בְּנוֹתַי**) **וְאֶת כָּל קְרוֹבַי, וְתִתֶּן לָנוּ וּלְכָל יִשְׂרָאֵל חַיִּים טוֹבִים וַאֲרֻכִּים, וְתִזְכְּרֵנוּ בְּזִכְרוֹן טוֹבָה וּבְרָכָה, וְתִפְקְדֵנוּ בִּפְקֻדַּת יְשׁוּעָה וְרַחֲמִים, וּתְבָרְכֵנוּ בְּרָכוֹת גְּדוֹלוֹת, וְתַשְׁלִים בָּתֵּינוּ וְתַשְׁכֵּן שְׁכִינָתְךָ בֵּינֵינוּ. וְזַכֵּנִי לְגַדֵּל בָּנִים וּבְנֵי בָנִים חֲכָמִים וּנְבוֹנִים, אוֹהֲבֵי יהוה יִרְאֵי אֱלֹהִים, אַנְשֵׁי אֱמֶת זֶרַע קֹדֶשׁ, בַּיהוה דְּבֵקִים וּמְאִירִים אֶת הָעוֹלָם בַּתּוֹרָה וּבְמַעֲשִׂים טוֹבִים וּבְכָל מְלֶאכֶת עֲבוֹדַת הַבּוֹרֵא. אָנָּא שְׁמַע אֶת תְּחִנָּתִי בָּעֵת הַזֹּאת בִּזְכוּת שָׂרָה וְרִבְקָה וְרָחֵל וְלֵאָה אִמּוֹתֵינוּ, וְהָאֵר נֵרֵנוּ שֶׁלֹּא יִכְבֶּה לְעוֹלָם וָעֶד, וְהָאֵר פָּנֶיךָ וְנִוָּשֵׁעָה. אָמֵן.**

הגר"א (בביאורו לשו"ע או"ח תקכט, א) מבאר את החילוק שבין עונג שבת לכבוד שבת. "עונג" מתייחס למעשים הנעשים בשבת עצמה על מנת לענג את היום, בעוד ש"כבוד" הוא המעשים הנעשים מערב שבת לקראת היום. מאחר שכלל הרמב"ם את הדלקת הנר בכלל כבוד השבת, הריהי כשאר דיני כבוד השבת הטעונים עשייה מערב שבת – והצורך להדליק מערב שבת אינו רק מצד איסור הדלקת הנר בשבת. להבנה זו יש נפקא מינה לדינא ביום טוב, שבו מותרת הדלקת הנר – ואף על פי כן, מצד כבוד יום טוב יש להדליק את הנר טרם שקיעת החמה, כשאר ענייני כבוד יום טוב הנעשים מבעוד יום.

(רשימות)

קערת הסדר

ביחס לשני התבשילים שיש להניח בקערת הסדר, זכר לקרבן פסח וזכר לקרבן חגיגה בזמן שבית המקדש היה קיים, ישנן שתי דעות בגמרא (פסחים קיד ע"ב). לפי רב הונא מקיימים דין זה ב"סלקא וארוזא", ולפי רב יוסף יש צורך בשני מיני בשר דווקא. הרמב"ם (הלכות חמץ ומצה ח, א) פסק כרב יוסף, אך המנהג הוא להניח ביצה ומין אחד של בשר (כסף משנה שם).

ישנו מקור נוסף להנחת ביצה בקערת הסדר. יום טוב ראשון של פסח חל תמיד באותו יום בשבוע שבו חל תשעה באב באותה שנה (אורח חיים תכח, ג). לכן המנהג לאכול ביצה, סמל לאבלות, בלילה הראשון של פסח (ראו רמ"א אורח חיים תעו, ב). הביצה מסמלת הן את השמחה שבקרבן החגיגה והן את האבלות שבתשעה באב.

בית הלוי מבאר בדרך זו את הקשר בין יום טוב ראשון של פסח לבין תשעה באב. בכמה מקומות במדרש מובא שבני ישראל היו אמורים להשתעבד במצרים 400 שנה, אך נגאלו קודם זמנם, כבר לאחר 210 שנים. לאחר 210 שנים במצרים עמדו בני ישראל בסכנת התבוללות – ואם היו נשארים עוד אפילו מעט במצרים, לא הייתה להם תקנה. לפיכך היה צורך לגאול אותם "בחיפזון" (דברים טז, ג). הקב"ה גאלם ממצרים לפני הזמן, והזמן יושלם בגלויות הבאות. לפיכך, גאולת מצרים לא הייתה גאולה שלמה, מכיוון שהיא עצמה סיבתה של הגלויות שבאו אחריה. לכן ראוי לאכול ביצה, סימן לאבלות, בעצם הלילה של הגאולה.

יש להבחין בכך שהמונח "שני תבשילים" מופיע בהלכה הן לגבי ליל הסדר, שם ישנו דין להניח שני תבשילים בקערת הסדר, והן בסעודה המפסקת בערב תשעה באב, שבה נאסר לאכול שני תבשילים. הקבלה זו רומזת גם היא לדמיון שבין ליל הסדר ותשעה באב.

(רשימות)

קדש / ורחץ / כרפס / יחץ
מגיד / רחצה / מוציא מצה
מרור / כורך / שלחן עורך
צפון / ברך / הלל / נרצה

סדר ליל פסח

ישנו היגיון ומבנה לא רק לחלק ה"מגיד" של ההגדה, אלא גם לליל הסדר כולו. הגמרא מדגישה בכמה מקומות את החיוב לשמור את הסדר האמור במצוות הלילה. למשל, הגמרא (פסחים קיד ע"ב-קטו ע"א) דנה בשאלה מה יש לברך על המרור כאשר אין ירק לכרפס, והמרור נאכל לפני ההגדה. ברור מן הסוגיה כי אין יוצאים ידי חובה באכילת המרור הראשונה לפני "מגיד", אלא דווקא באכילה השנייה, שהרי אם בטיבול ראשון היו יוצאים ידי חובת מרור, לא היה מקום לשאלת הגמרא מעיקרא. העולה מכך כי לא ניתן לאכול את המרור לפני המצה. לדעת הרשב"ם (פסחים קיד ע"א), סדר אכילת מרור לאחר מצה הוא מדאורייתא, על פי הכתוב "על מצות ומרורים יאכלוהו" (במדבר ט, יא) – תחילה מצה, ולאחר מכן מרור. אמנם, הצורך לשמור על סדר המצוות קיים בכל מצוות ליל פסח, ולא רק במצה ומרור לבדם.

בביאור העניין, יש לומר כי ישנם שני קיומים בכל אחת ממצוות ליל פסח. מצוות סיפור יציאת מצרים יוצאת מן הכוח אל הפועל באופן כפול – בדיבור ובמעשה. אם האדם אוכל את המצה והמרור לפני "מגיד", הוא מקיים מצוות אכילת מצה, אך לא מצוות סיפור יציאת מצרים באמצעות אכילת מצה. זוהי משמעות דברי הגמרא (פסחים קטו ע"ב) שלפיהם המצה קרויה "לחם עוני" (דברים טז, ג) על שם שהיא "לחם שעונים עליו דברים הרבה". מכיוון שאכילת מצה גם היא חלק ממצוות סיפור יציאת מצרים, ממילא מובן הצורך בסדר מסוים דווקא.

(קול הרב)

לשון הרמב"ם בתחילת פרק ח מהלכות חמץ ומצה, הפרק שבו מובאות הלכות הלילה הראשון של פסח, מקבילה ללשונו בתחילת פרק ד מהלכות עבודת יום הכיפורים, שבו מתואר סדר העבודה במקדש. לגבי ליל פסח, לשונו היא "סדר עשיית מצוות בלילה הזה כך הוא", בעוד שבהלכות עבודת יום הכיפורים הלשון היא "סדר עשיית מצוות היום כך הוא". כשם שביום הכיפורים יש לקיים את המצוות בסדר מסוים דווקא, כך גם בליל פסח. הקיום מתבצע בסדר מסוים, וכך נעשים חלקי הסדר שלובים זה בזה, וממזיגתם יחד מתקיימת מצוות סיפור יציאת מצרים בשלמותה. דרך משל, אם אוכל האדם את המצה לפני שהוא אומר את ההגדה, הרי שלא מתקיים בסיפור יציאת מצרים הדין של "לחם עוני – לחם שעונים עליו דברים הרבה". בדומה לכך, הכרפס עניינו לעורר את השאלות לצורך אמירת ההגדה, ואם הכרפס לא יֵאכל בזמן הראוי לו, הרי שייפגע או אף יתעכב ה"מגיד". רק באמצעות דקדוק בקיום המצוות בסדר המסוים שלהן ניתן להביע את העקרונות והרעיונות המשוקעים במצוות ליל הסדר.

(רשימות)

קדש מוזגים כוס ראשונה, עורך הסדר אומר כאן קידוש.

קדש

העבד פטור ממצוות עשה שהזמן גרמן. דבר זה נובע מן העובדה שהעבד נטול חוויה של זמן. בעוד שהכול קיים בזמן, רק יצור האנוש מסוגל לחוות את הזמן. האלהים העניק לאדם את המודעות לזמן, את היכולת להרגיש ולחוש את הזמן ואת הזרם הקיומי של עצמיותו. המודעות לזמן או חווית הזמן כוללת שלושה מרכיבים בסיסיים. הראשון, התבוננות רטרוספקטיבית על העבר: בלא זיכרון אין זמן. השני, חקירה או בדיקה מדוקדקת של דברים שטרם באו לעולם ושל אירועים שעדיין לא התרחשו. היסוד השלישי הוא הערכת הרגע החולף, זמן ההווה, כנכס היקר ביותר העומד לרשותו של האדם.

אדם שהמבט הרטרוספקטיבי זר לו – מי שאיננו מסוגל לחיות שוב את העבר, לשוב ולחשוף אותו ולשחזר חוויות שכבר התרחשו – איננו בעל מוּדעות ראויה של זמן. המצווה של סיפור יציאת מצרים איננה מתמצה בסקירה היסטורית של אירועים שכבר אירעו ועברו מן העולם לגמרי. היא יותר מכך; זו דרמה הטעונה ברגשות ובמתח, נטילת חלק בעבר. אירועים מן העבר שאין חווים אותם מחדש אינם שייכים להיסטוריה אלא לארכאולוגיה. הארכאולוגיה עניינה באירועי עבר שהתרחשו, נעלמו ואינם חיים יותר, גם אם ניתן לשחזר אוֹתם באמצעות הזיכרון. אין חווים אותם מחדש; הארכאי אינו ניתן לרטרוספקטיבה. הזיכרון איננו רק מחסן של רשמים רדומים; ישנו גם זיכרון חי, המשחזר את העבר וחווה אותו מחדש.

(יש, כמובן, הבדל בין עבדים לבין נשים במה שנוגע לפטור שיש לאלה ולאלה ממצוות עשה שהזמן גרמן. הנשים חיות בזמן וחוות את הזמן. על כן, כאשר אישה מקיימת מצווה, מעשה זה הוא בעל משמעות כמעשהו של הגבר. על כן הורו פוסקים רבים כי אישה תברך לפני קיום מצוות עשה שהזמן גרמה, אך לא כן העבד.)

הפילוסופיה היהודית של הזמן באה לביטוי בנוסח הקידוש. הזמן בפיסיקה ניתן לכימות, נמדד בעזרת השעון. אך הזמן הטהור, הזמן האמיתי, איננו ניתן לכימות; הוא איכות בטוהרתה. באמירת הקידוש אנו מקדשים את

הזמן ומעניקים לו יצירתיות ומשמעות. זה הדבר הראשון שאנו עושים כאנשים בני חורין בליל הסדר.

(זמן חירותנו)

השולחן ערוך (אורח חיים תעב, א) קובע כי בליל הסדר, שלא כבליל שבת ובימים טובים, אין לומר קידוש "עד שתחשך". המגן אברהם מבאר שכוס הקידוש היא הראשונה מתוך ארבע הכוסות, ולכן אין לשתותה עד שתחשך, שאז זמנו של ליל הסדר. מדבריו משתמע שהיה ניתן לקדש עוד לפני שתחשך, כל עוד שתיית היין נעשית במועד הראוי לכך, משתחשך. אמנם, הט"ז חולק על המגן אברהם ומבאר שכשם שהמצה יכולה להיאכל רק משתחשך, כך הקידוש יכול להיאמר רק בשעה הראויה לאכילת מצה.

הרמב"ם (הלכות חמץ ומצה ז, י) מבאר שחיוב ארבע כוסות יסודו בחיוב על כל אחד ואחד להראות עצמו כאילו הוא יצא ממצרים; שתיית היין מבטאת חירות. הוא פוסק שלכל כוס ישנה ברכה הנאמרת עליה: קידוש על הכוס הראשונה, ברכת ההגדה ("אשר גאלנו") על הכוס השנייה, ברכת המזון על הכוס השלישית וברכת השיר על הכוס הרביעית (הלכות חמץ ומצה ז, י). יתרה מזאת: הרמב"ם פוסק (שם ז, ו-ז) כי מעבר לעצם השתייה, הברכות הן חלק ממצוות ארבע כוסות. גם הן חלק מקיום מצוות סיפור יציאת מצרים. אם כך, הקידוש של ליל הסדר ממלא תפקיד כפול: ראשית, קידוש כבכל ליל יום טוב. שנית, הוא מהווה את הברכה הנאמרת על הכוס הראשונה. אין זה פלא אפוא שבנוסח הקידוש לליל הסדר אצל רס"ג כלול פיוט ארוך בענייני יציאת מצרים, שהרי הברכה אינה רק קידוש, אלא חלק מקיום מצוות סיפור יציאת מצרים.

באופן דומה נוכל להבין את דעת הט"ז. הקידוש גם הוא חלק מסיפור יציאת מצרים, וממילא אין הוא יכול להיאמר אלא מחשכה, בזמן הראוי לכל מצוות הלילה.

(רשימות)

בימי מלחמת העולם הראשונה נאלץ הגרי"ז זצ"ל לעזוב את עירו בריסק, ולחגוג את הפסח אצל אחיו, הגר"מ זצ"ל, בחסלוביץ', שם כיהן הגר"מ כרב העיר. מפני דחק המלחמה לא היה מספיק יין בעיר כדי שישתו כל אחד ארבע כוסות, אבל היו יכולים להשיג יין בצמצום כדי שישתה אחד מבני הבית ארבע כוסות, ועלתה השאלה בפני הגר"מ מה יעשו. הגר"מ הסתפק בשאלה האם עדיף שבעל הבית יוציא את כולם בשתיית היין, ולסמוך על דעת התוספות (פסחים צט ע"ב ד"ה לא יפחתו) דסגי בכך, או האם עדיף שכל אחד ישתה ארבע כוסות מחמר מדינה,

ולסמוך על דעת הרמ"א (אורח חיים תפג, א) שיכול לשתות חמר מדינה לארבע כוסות אם אין לו יין. התחילו האחים הגאונים להתעמק בסוגיה.

הרמב"ם (הלכות חמץ ומצה ז, ט) פסק על פי הגמרא (פסחים קח ע"ב) שאם שתה יין חי יצא ידי ארבע כוסות, אבל ידי חירות לא יצא, ואם שתאן בבת אחת, ידי חירות יצא וידי ארבע כוסות לא יצא. ודברי הרמב"ם צריכים ביאור: מה הם שני דברים אלו, ארבע כוסות וחירות, ומדוע אם שתאן בבת אחת יצא ידי חירות ולא יצא ידי ארבע כוסות, ולהיפך אם שתאן חי? וביארו הגר"מ והגרי"ז על פי המבואר ברמב"ם (הלכות חמץ ומצה ז, י): "כל כוס וכוס מארבעה כוסות הללו מברך עליו ברכה בפני עצמה". ומקור דברי הרמב"ם הוא מהגמרא (פסחים קיז ע"ב): "ארבע כסי תקנו רבנן דרך חירות, כל חד וחד נעביד ביה מצוה". והיינו שכל אחת מארבע הכוסות מהווה כוס של ברכה, שנתקנה עליה ברכה מסוימת. אבל בנוסף כתב הרמב"ם (הלכות חמץ ומצה ז, ו-ז) שחייב לשתות ארבע כוסות מפני שחייב אדם להראות את עצמו כאילו יצא ממצרים. הרי שנאמרו שתי הלכות בארבע כוסות: סידור ברכה על הכוס, ושתיית הכוסות להראות דרך חירות. וזהו הביאור שאם שתאן חי לא יצא ידי חירות, היינו מצוות שתייה, שאין זה דרך חירות, אבל אם שתאן בבת אחת, ידי חירות יצא, אבל לא יצא ידי סידור ברכה על הכוס.

ובשיטת התוספות, שאחד מוציא חברו בארבע כוסות, ביאר הגר"ח זצ"ל שהיינו דווקא לגבי דין סידור ברכה על הכוס, אבל אילו היו סבורים התוספות שיש דין נוסף של שתיית הכוס, ודאי שאין אחד יכול להוציא את חברו. מעתה, גם ההלכה שמועיל חמר מדינה נראה שנאמרה דווקא לגבי דין כוס של ברכה, אבל שתיית חמר מדינה אינה עדיפה משתיית יין חי שאין יוצא בו ידי חירות, וצריכים לזה יין מזוג דווקא. לפיכך העלו הגר"מ והגרי"ז שאין נפקא מינה אם ישתו כל אחד חמר מדינה או שיוציא אחד את כולם בשתיית יין, שבין כך ובין כך יצאו רק ידי סידור ברכה על הכוס אבל לא דין שתיית הכוסות דרך חירות. ולמעשה, כיוון ששניהם שווים, לכוס של קידוש לכל הפחות צריך שבעל הבית יוציא את המסובים כיוון שמדין קידוש צריך יין, שאין מקדשים אלא על היין. ועצם הסוגיה מבואר בארוכה בספר חידושי מרן הרי"ז בהלכות חמץ ומצה, אבל הרקע לזה הוא על פי מעשה שהיה בזמן המלחמה כשהגר"מ והגרי"ז בירררו את העניין יחד.

(רשימות)

הרמב"ם (הלכות חמץ ומצה ח, א) פותח את תיאור ליל הסדר בקביעה שבליל ט"ו בניסן "מוזגים כוס". "מזיגה" היא מהילת היין במים, כל שותה כפי טעמו

בשבת מתחילים כאן:

יש מתחילים: וַיַּרְא אֱלֹהִים אֶת־כָּל־אֲשֶׁר עָשָׂה וְהִנֵּה־טוֹב מְאֹד

וַיְהִי־עֶרֶב וַיְהִי־בֹקֶר בראשית א

יוֹם הַשִּׁשִּׁי: וַיְכֻלּוּ הַשָּׁמַיִם וְהָאָרֶץ וְכָל־צְבָאָם: וַיְכַל אֱלֹהִים בראשית ב

בַּיּוֹם הַשְּׁבִיעִי מְלַאכְתּוֹ אֲשֶׁר עָשָׂה, וַיִּשְׁבֹּת בַּיּוֹם הַשְּׁבִיעִי מִכָּל־

מְלַאכְתּוֹ אֲשֶׁר עָשָׂה: וַיְבָרֶךְ אֱלֹהִים אֶת־יוֹם הַשְּׁבִיעִי, וַיְקַדֵּשׁ

אֹתוֹ, כִּי בוֹ שָׁבַת מִכָּל־מְלַאכְתּוֹ, אֲשֶׁר־בָּרָא אֱלֹהִים, לַעֲשׂוֹת.

(הלכות חמץ ומצה ז, ט). מלשון הרמב"ם משמע שישנו דין שהמזיגה תיעשה בלילה. המזיגה היא אפוא חלק מהותי ממצוות ארבע כוסות, ולא רק אמצעי להכנת היין כראוי. זהו מעשה העושה את כוס היין הפשוטה לכוס של ברכה. כפי שהברכה על הכוס חייבת להיאמר בלילה דווקא, כך על מזיגת היין ויצירת כוס של ברכה להיעשות בלילה דווקא. חשיבות המזיגה נלמדת מהלכות ברכת המזון. במסגרת דיני אמירת ברכת המזון על הכוס, קובע הרמב"ם (הלכות ברכות ז, טו) כי אין למזוג את הכוס עד ברכת הארץ, הברכה השנייה בברכת המזון. פשוט שאם הייתה המזיגה רק אמצעי להכנת היין, לא היה נאמר בה דין מסוים, אלא משמע שהמזיגה היא חלק ממצוות הכוס עצמה. בנוסף, מהמשנה (פסחים קטז ע"א) נלמד שמזיגת הכוס השנייה קודמת לארבע הקושיות. ה"מגיד" נאמר דווקא לאחר שהכוס הוכנה כראוי ונעשתה כוס של ברכה.

(רשימות)

וַיְכֻלּוּ הַשָּׁמַיִם וְהָאָרֶץ וְכָל־צְבָאָם

פרשת ויכולו השמים והארץ וכל צבאם (בפירושו של התרגום – ואישתכללו) היא מגילת סתרים של נשמת האומה ומשאת נפשו של איש האלהים. אידיאה אונטולוגית נשגבה ורוממה מאירה את דרכו של עם הנצח. וכשאדם מישראל אומר בערבי שבתות קידוש היום על כוס יין מלא, הרי הוא מעיד לא רק על מציאות יוצר העולם, אלא גם על חובת האדם להיעשות שותף להקב"ה בהמשכת יצירתו ושיכלולה. כשם שהקב"ה שיכלל את תחום ההוויה בששת ימי בראשית, כך חייב האדם לגמור את היצירה כולה ולהפוך את רשות התוהו והבוהו לישות שלימה ויפה.

(איש ההלכה)

בחול מתחילים כאן:

סברי מרנן

בָּרוּךְ אַתָּה יהוה אֱלֹהֵינוּ מֶלֶךְ הָעוֹלָם, בּוֹרֵא פְּרִי הַגָּפֶן.

בָּרוּךְ אַתָּה יהוה אֱלֹהֵינוּ מֶלֶךְ הָעוֹלָם,

אֲשֶׁר בָּחַר בָּנוּ מִכָּל עָם, וְרוֹמְמָנוּ מִכָּל לָשׁוֹן,

---

בּוֹרֵא פְּרִי הַגָּפֶן

אחת ממטרות ארבע הכוסות היא להראות דרך חירות, ובשל כך יש לשתות את הכוסות בדרך חירות. אחד הדינים הנובעים מכך הוא שתהיה הנאה בשתיית היין. מי שאינו נהנה מן היין, מוטב לו שישתה מיץ ענבים. לגבי ההיתר לשתות מיץ ענבים לקידוש במקום יין אומרת הגמרא (בבא בתרא צז ע"ב) ש"סוחט אדם אשכול של ענבים ואומר עליו קידוש היום". אף שמכוח גמרא זו יש להתיר שתיית מיץ ענבים בכל ארבע הכוסות, ישנו מקום עיון נפרד לגבי הכוס הראשונה, כוס הקידוש. הרמב"ם (הלכות שבת כט, יד) קובע שאין לקדש על יין שאינו ראוי לניסוך על גבי המזבח, ובכך נכלל גם יין ממותק ומבושל. מכיוון שכל מיץ ענבים בימינו מפוסטר, לדעת הרמב"ם לא ניתן לקדש עליו, שהרי הוא אינו ראוי לניסוך על גבי המזבח. הראב"ד חולק על הרמב"ם ומביא את דברי הירושלמי שלפיהם קונדיטון, דהיינו יין ממותק, כשר לארבע כוסות, וזה לכאורה דלא כרמב"ם שרק יין הראוי לניסוך כשר לקידוש. נראה שהרמב"ם הבין שדברי הירושלמי אינם אמורים לגבי קידוש. למי שאינו נהנה בשתיית היין, מוטב לשתות יין שאינו ממותק ואינו מבושל לכוס ראשונה, ומיץ ענבים לשלוש הכוסות האחרונות.

(רשימות)

אֲשֶׁר בָּחַר בָּנוּ

בנוסח הקידוש אנו אומרים כי הקב"ה בחר בנו וכרת עמנו ברית. מציאות כריזמטית זו היא הפן הרביעי בבשורת הגאולה שנאמרה למשה רבנו: "ולקחתי אתכם לי לעם והייתי לכם לאלוהים" (שמות ו, ז). לפיכך אמירת "אשר בחר בנו" בוודאי שייכת להגדה.

(קול הרב)

וְקִדְּשָׁנוּ בְּמִצְוֹתָיו וַתִּתֶּן לָנוּ יהוה אֱלֹהֵינוּ בְּאַהֲבָה
(שַׁבָּתוֹת לִמְנוּחָה וּ)מוֹעֲדִים לְשִׂמְחָה,
חַגִּים וּזְמַנִּים לְשָׂשׂוֹן,
אֶת יוֹם (הַשַּׁבָּת הַזֶּה וְאֶת יוֹם) חַג הַמַּצּוֹת הַזֶּה
זְמַן חֵרוּתֵנוּ (בְּאַהֲבָה) מִקְרָא קֹדֶשׁ זֵכֶר לִיצִיאַת מִצְרָיִם,
כִּי בָנוּ בָחַרְתָּ וְאוֹתָנוּ קִדַּשְׁתָּ מִכָּל הָעַמִּים,
(וְשַׁבָּת) וּמוֹעֲדֵי קָדְשֶׁךָ (בְּאַהֲבָה וּבְרָצוֹן)
בְּשִׂמְחָה וּבְשָׂשׂוֹן הִנְחַלְתָּנוּ.
בָּרוּךְ אַתָּה יהוה, מְקַדֵּשׁ (הַשַּׁבָּת וְ)יִשְׂרָאֵל וְהַזְּמַנִּים.

בְּאַהֲבָה

כאשר יום טוב ראשון של פסח חל בשבת, מוסיפים "באהבה" בנוסח הקידוש ובנוסח הברכה הרביעית בתפילת העמידה. תכונת ה"אהבה" של מתנת השבת מתבטאת בקרבנות היום – קרבנות המוסף המובאים בכל הימים הטובים כוללים גם קרבן חטאת, בעוד שבקרבן מוסף של שבת אין מביאים חטאת. חפץ הקב"ה להראות את אהבתו לעמו בכך שהוא מסיר מלפניו כל זכר לחטא, ככתוב: "על כל פשעים תכסה אהבה" (משלי י, יב)

(רשימות)

מְקַדֵּשׁ יִשְׂרָאֵל וְהַזְּמַנִּים

הקידוש ליום טוב מסתיים בברכה כללית, "ברוך אתה ה' מקדש ישראל והזמנים", בלי ציון שם החג. הרב ברוך אפשטיין, מחבר ה"תורה תמימה" (בפירושו על הסידור, "ברוך שאמר"), טען שהמילה האחרונה בברכה מבוססת על טעות של המעתיק. במקום לנקוט במושג הכללי, הברכה צריכה להסתיים בשמו הספציפי של החג (למשל, "מקדש ישראל וחג הסוכות"). הרב אפשטיין סבור שבהדפסות מוקדמות של הסידור, המילה "והזמנים" הופיעה בסוגריים על מנת שהקורא ישלים את שם החג הספציפי, והעורכים הבינו את משמעות הסוגריים שלא כהלכה וכללו את המילה בברכה עצמה.

אך אין בסיס לסברה הזו. הסיבה שאנחנו לא מציינים את החג הספציפי בחתימת הברכה מובנת מאליה. שלושת הרגלים – פסח, שבועות וסוכות –

במוצאי שבת מוסיפים:

בָּרוּךְ אַתָּה יהוה אֱלֹהֵינוּ מֶלֶךְ הָעוֹלָם
בּוֹרֵא מְאוֹרֵי הָאֵשׁ.

בָּרוּךְ אַתָּה יהוה אֱלֹהֵינוּ מֶלֶךְ הָעוֹלָם
הַמַּבְדִּיל בֵּין קֹדֶשׁ לְחֹל
בֵּין אוֹר לְחֹשֶׁךְ
בֵּין יִשְׂרָאֵל לָעַמִּים
בֵּין יוֹם הַשְּׁבִיעִי לְשֵׁשֶׁת יְמֵי הַמַּעֲשֶׂה
בֵּין קְדֻשַּׁת שַׁבָּת לִקְדֻשַּׁת יוֹם טוֹב הִבְדַּלְתָּ

חולקים את אותה קדושת היום. התורה מתארת את המועדים בשלושה מקומות, בפרשות אמור, פנחס וראה, וכל אחת מן הפרשות מדגישה פן נוסף. פרשת אמור מתייחסת לאיסור המלאכה במועדים, פרשת פנחס מתייחסת לקדושת הקרבן שלהם, ופרשת ראה מתייחסת למצוות המיוחדות של כל מועד. החיוב של קידוש ותפילת היום נובע מאיסור מלאכה של הרגלים, ובזה כולם שווים. יתרה מזאת, הם אינם חגים נפרדים לחלוטין, אלא מרכיבים סדרה משולבת. אנחנו למדים זאת מהלכות דחיית הקרבנות, בל תאחר. לפי אחת הדעות, אדם עובר על איסור דחיית קרבן אחרי שעברו שלושה רגלים והוא עדיין לא הקריב את הקרבן המובטח. דעה אחרת גורסת שאדם עובר על האיסור רק לאחר ששלושת הרגלים עברו לפי הסדר המקורי שלהם: פסח, שבועות ואז סוכות. אנו רואים שההלכה לא מתייחסת לרגלים כאל חגים נבדלים, אלא כיחידה אחת שלמה. זו הסיבה שבחתימת הקידוש, וכן בחתימת תפילת העמידה ביום טוב, איננו מתייחסים לחג ספציפי, אלא מברכים את ה' על שלושת הרגלים שחולקים קדושה זהה, ויחד מרכיבים את הימים המקודשים בשנה.
(רשימות)

הַמַּבְדִּיל

ההבדלה בין אור לחושך ברורה לכול; גם בעלי חיים חשים את הניגוד שבין אור לחושך. ההבחנה בין קודש לחול שונה לגמרי. העין אינה מבחינה בהבדל, והחושים אינם חשים מהו קודש ומהו חול. איננו יכולים להבחין בהבדל

וְאֶת יוֹם הַשְּׁבִיעִי מִשֵּׁשֶׁת יְמֵי הַמַּעֲשֶׂה קִדַּשְׁתָּ הִבְדַּלְתָּ וְקִדַּשְׁתָּ אֶת עַמְּךָ יִשְׂרָאֵל בִּקְדֻשָּׁתֶךָ. בָּרוּךְ אַתָּה יהוה הַמַּבְדִּיל בֵּין קֹדֶשׁ לְקֹדֶשׁ.

בכל לילה מסיימים:

בָּרוּךְ אַתָּה יהוה אֱלֹהֵינוּ מֶלֶךְ הָעוֹלָם שֶׁהֶחֱיָנוּ וְקִיְּמָנוּ וְהִגִּיעָנוּ לַזְּמַן הַזֶּה.

שותה את הכוס כולה, ובדיעבד את רובה, בבת אחת בהסבת שמאל, ואינו מברך אחריה.

בהסתכלות שטחית; לשם כך עלינו להיות מרחיקי ראות, רחבי דעת ובמיוחד בעלי אינטואיציה עמוקה. הגבול בין הקודש לחול הוא אמנם מופשט, אך מי שרגיש יבחין בו.

עמוק בנשמת האדם מישראל, יהא שקוע בחטא כאשר יהא, ישנו משהו קדוש ומסתורי שלא ניתן למחותו, ואשר טבוע בחותם האינדיבידואליות והמקוריות. אך כדי שנוכל להבחין בהבדלה הזו, עלינו לצלול לעומק הנשמה. במצרים, הקב"ה הבדיל בין ישראל לעמים כאשר בקושי ניתן היה להבחין בהבדל בין ישראל למצרי. רק הקב"ה, יודע מחשבות, שאין נסתר מנגד עיניו, ראה את ההבדל: "וירא אלוהים את בני ישראל וידע אלוהים" (שמות ב, כה). הוא ראה קדושה בתהום נשמתו של האדם מישראל, אף שהייתה ספוגה בחטא ובטומאה, ולפיכך גאל את עמו. חג הפסח מבטא את ההבדלה, גם כשבמבט שטחי לא נראה שיש טעם להבדיל.

(קול הרב)

בברכות השחר אנו מודים לקב"ה בברכה הראשונה, "הנותן לשכוי בינה", על שנתן לתרנגול את הבינה להבחין בין יום ולילה, ובברכה השנייה, "שלא עשני גוי", אנו מודים לקב"ה שלא עשנו גויים. שני רעיונות אלו משתקפים בברכת ההבדלה – ההבדלה בין אור לחושך ובין ישראל לעמים. שתי הברכות הללו

הן הראשונות בסדר הברכות, ללמדנו כמה הכרחית במחשבה הדתית ובמערכת ההלכתית היא היכולת להבדיל ולהציב גבולות.

(רשימות)

בהסבה

העבד חי בפחד. הוא פוחד לא רק ממי שחזק ממנו, או ממי שסמכותו עליו; העבד פוחד לסתור מישהו אחר, להרגיז אפילו אדם זר. הפחד עשוי להיות בלתי מוצדק, אך הוא הכוח המניע את חייו. זו הסיבה, לדעתי, שבגללה הנהיגו חז"ל את ההסבה, אותה נטייה והישענות על צד שמאל של האדם, כסמל החירות. ההסבה מסמלת בראש ובראשונה נינוחות מוחלטת, וזו מצדה מפגינה שחרור ממתח ודאגה או הקלה מהם. שנית, ההסבה מסמלת את השלכת האזיקים המנטליים המונעים מן האדם את חופש התנועה. ההסבה היא היפוכה של העמידה הזקופה המפגינה צייתנות וכניעה. עמידתם הזקופה של החיילים מסמלת את נכונותם לציית. ההסבה מצביעה על אי־ציות, על נקיטת עמדה אמיצה, על סירוב לציית לפקודות, על דחיית אוטוריטה אנושית. הסבה פירושה אי־ציות. על כן אומרים חז"ל כי בנוכחותו של הרב פטור התלמיד מהסבה, ולמעשה הוא אף מנוע ממנה (פסחים קח ע"א).

(זמן חירותנו)

"הסבה" דורשת הישענות על דבר־מה; הטיית הגוף לצד שמאל ללא הישענות על השולחן, מסעד הכיסא או חפץ אחר אינה בגדר הסבה. הגמרא (פסחים קח ע"א) מביאה את דברי אביי שתלמידים יכולים להישען זה על זה ולקיים מצוות הסבה. בדברים אלו גלום הרעיון שהסבה מתקיימת רק אם האדם נשען על משהו, כמו התלמידים שנשענים זה על זה. לפיכך, מי שיושב על כיסא ללא משענת־יד יסובב את כיסאו כך שכאשר הוא יושב עם פניו לשולחן, אחורי הכיסא יהיו לשמאלו ובניצב לשולחן, ואז יישען על אחורי הכיסא. כך היה המנהג בוולוז'ין.

(רשימות)

"אפילו עני שבישראל לא יאכל עד שיסב". המדרש (שמות רבה כ, יח) לומד דין זה מן הכתוב "ויסב אלוהים את העם דרך המדבר ים סוף" (שמות יג, יח). דין המדרש אינו רק משחק מילים. בני ישראל נדדו במדבר לפני שהגיעו לארץ ישראל, ועדיין שמחו על צאתם ממצרים. הם הבינו שהם הולכים בדרך הארוכה, אך בסופה ידעו שיגיעו למחוז חפצם, ארץ ישראל. בדומה לכך, העני מישראל הולך במדברו הפרטי שלו, כל יום הוא מאבק עבורו והוא דואג ממה

ורחץ נוטל את ידיו לאכילת הכרפס שהוא דבר שטיבולו במשקה ואינו מברך על נטילת ידיים.

כרפס לוקח מהכרפס פחות מכזית ומטבילו במי מלח או בחומץ ומברך בורא פרי האדמה, וייזהר לכוון בברכה זו לפטור גם את המרור, ואוכל בלא הסבה. ויש ראשונים הסוברים דצריך לאכול כזית, וכן כתב הגר״א. ולדעה זו, לדעת הרמב״ם (פ״ז מהלכות חמץ ומצה ה״ח) אין צריך להסב, ואילו לדעת האבודרהם צריך להסב.

בָּרוּךְ אַתָּה יהוה אֱלֹהֵינוּ מֶלֶךְ הָעוֹלָם בּוֹרֵא פְּרִי הָאֲדָמָה.

יחץ בוצע את המצה האמצעית לשניים,
את הפרוסה הקטנה מניח בין שתי המצות השלמות,
ואת הפרוסה הגדולה נותן לאחד מן המסובים לשומרה לאפיקומן.

שצופן לו העתיד. אף על פי כן, עליו לשמוח על גאולתו ממצרים, לשיר את ההלל, לשתות ארבע כוסות של יין ולהסב. גם הוא צריך להבין שאף שנסיבות החיים מזעיפות אליו פנים, הוא חלק מכלל ישראל, שיעדו האסכטולוגי ודאי יגיע לשיאו בגאולה השלמה.

(רשימות)

כרפס

הסיפור אינו מסופר אך ורק באמצעות הדיבור, אלא גם באמצעות האכילה. סיפור יציאת מצרים הוא תערובת של סיפור, לימוד תורה ואכילת מאכלים סמליים; הוא שילוב של המילה הנאמרת בפה עם המעשים הגופניים של אכילה ושתייה. המנהג להטביל מתייחס לפן של סיפור יציאת מצרים דרך המילה המדוברת, כיוון שמטרתו לעורר את הקטנים לשאול. כידוע, בימי קדם נהגו להטביל ירקות רק פעם אחת, לפני הסעודה, בעוד שבפסח הטבילו פעמיים – כרפס ומרור. כך מתעוררת סקרנותו של הילד, מכיוון שאוזניו כרויות ועיניו פקוחות לכל חריגה מן השגרה. ההגדה מצווה עלינו ביחס למי ״שאינו יודע לשאול״ – ״את פתח לו״, דהיינו, יש לעורר את סקרנותו ולגרות אותו. עצם הגירוי לספר הוא חלק ממצוות סיפור יציאת מצרים. המצווה אינה אך ורק לספר את הסיפור, מכיוון שילדים אינם קשובים אם הם אינם מתעניינים.

(קול הרב)

מגיד יכוון לקיים מצוות עשה מן התורה לספר בלילה הזה ביציאת מצרים.
מגלים את המצות ומגביהים את הקערה, ואומרים בקול רם:

הָא
לַחְמָא עַנְיָא

מגיד

הרמב"ם אומר כי כאשר אנו מתחילים לומר את יחידת ה"מגיד" על הכוס השנייה, אנו פותחים באמירת "בבהילו יצאנו ממצרים". מאי נפקא מינה אם יצא העברי ממצרים באיטיות או בחיפזון? ועם זאת הדבר כה חשוב עד שהרמב"ם קבעו, ככל הנראה, כסמל החירות הגדולה של יציאת מצרים. הוא מתייחס לדרך שבה רכשנו את תודעת הזמן – היציאה עשויה להתרחש כעת, ועלולה שלא להתרחש מאוחר יותר. תחושה זו של זמן היתה סיסמתם של אבותינו כשעזבו את מצרים. המצווה הראשונה שניתנה להם במצרים, מצווה המציינת את ראשית חירותם, עסקה בקביעת זמן: "החֹדש הזה לכם ראש חדשים" (שמות יב, ב). "בבהילו יצאנו ממצרים" – השגנו תודעה של זמן, ועל כן אנחנו בני חורין.

(זמן חירותנו)

הָא לַחְמָא עַנְיָא

פסח הוא חג של סולידריות. לא כל בני ישראל במצרים היו עבדים. העבדות לא היתה אחידה וקבועה; היו לה דרגות שונות. חז"ל מספרים לנו כי שבט לוי לא שועבד מעולם. האצולה של בני ישראל, בעלי האמצעים, אלה ששילמו מסים גבוהים, לא היו חייבים בעבודה פיסית. ועם זאת היתה אחדות של

דִּי אֲכַלוּ אֲבָהָתַנָא בְּאַרְעָא דְמִצְרָיִם
כָּל דִּכְפִין יֵיתֵי וְיֵיכֻל, כָּל דִּצְרִיךְ יֵיתֵי וְיִפְסַח
הָשַׁתָּא הָכָא לַשָּׁנָה הַבָּאָה בְּאַרְעָא דְיִשְׂרָאֵל
הָשַׁתָּא עַבְדֵי לַשָּׁנָה הַבָּאָה בְּנֵי חוֹרִין.

מוזגים כוס שנייה ומסלקים את הקערה.
הבן שואל 'מַה נִּשְׁתַּנָּה' בעמ' 26.

מטרה, סולידריות ואחריות. כל אדם ואדם חש את כאבו של הזולת, ודבר זה הועיל להבאת הגאולה.

ועל כן בפסח, קודם שאנו יושבים לקרוא בהגדה, אנו מכריזים: "הא לחמא עניא די אכלו אבהתנא בארעא דמצרים. כל דכפין ייתי וייכול כל דצריך ייתי ויפסח". אני מפרש את "בארעא דמצרים" כמתייחס אל תקופת השעבוד. אבותינו לא רק אכלו לחם זה, אלא אף חלקו אותו איש עם רעהו. לראובן היתה מצה, ולשמעון לא היה דבר; הראשון חצה את המצה לשניים ונתן את מחציתה לאחיו האומלל. על כן אנו אוכלים את "לחמא עניא" כדרכו של אביון, "שדרכו בפרוסה" (פסחים קטו ע"ב).

(זמן חירותנו)

כָּל דִּכְפִין יֵיתֵי וְיֵיכֹל, כָּל דִּצְרִיךְ יֵיתֵי וְיִפְסַח

אף שממבט ראשון נראה ששני משפטי ההזמנה – "כל דכפין ייתי וייכול, כל דצריך ייתי ויפסח" – כופלים זה לזה, בפועל אין זה כך. "כל דצריך" אכן מכוון אל מי שסובל ממחסור, אך לא ממחסור של לחם. מי שזקוק ללחם, "כל דכפין", הוא אדם רעב. "כל דצריך" מדבר באדם הבודד, מי שיש לו מצה ויין די והותר, אך אין לו בית או משפחה. ואכן, בדרכים רבות ניתן להימנות על "כל דצריך". ההזמנה ל"כל דצריך" איננה כדי ש"ייתי וייכול", אלא כדי ש"ייתי ויפסח", יחוג יחד עימנו. זו הזמנה המופנית אל האומללים והבודדים. הם עשויים להיות עשירים מופלגים; דבר זה איננו ממין העניין כלל. כל מי שמצוי במצוקה מוזמן לבוא ולחגוג.

"הא לחמא עניא" הוא בבחינת הצהרה מחודשת על הסולידריות שבקרב העם היהודי – סולידריות בין יחידים, ובין כל יחיד ויחיד לבין הקהילה

היהודית בכללותה. זו הכרזה על כך שאנו עם אחד, ואנו מוכנים לסייע איש לרעהו. ליל הפסח הוא שעה של שיתוף; אם אין בו ביטוי מופגן של אחריות, אחדות ומוכנות לשיתוף – הופך הסדר כולו לאירוע חסר משמעות.

(זמן חירותנו)

ומסלקים את הקערה

בגמרא (פסחים קטו ע"ב) נזכר שמסלקין השולחן מלפני המסובים לפני אמירת מה נשתנה (ובזמננו מסלקין את קערת הסדר), אך לא התבאר מתי מחזירים אותו. לדעת התוספות (פסחים קיד ע"א ד"ה הביאו; ראו גם אורח חיים תעג, ז) מחזירים את השולחן תכף אחר אמירת מה נשתנה ולפני שמתחילים "עבדים היינו", וזה נלמד מדברי הגמרא: "לחם עוני – לחם שעונים עליו דברים הרבה" (פסחים קטו ע"ב), ומכאן שעל המצות להיות מגולות בשעת אמירת ההגדה. אך לדעת הרמב"ם, אין מחזירים את השולחן עד "רבן גמליאל". לשיטה זו יקשה מדין "לחם עוני", ועל כורחנו לומר שהרמב"ם מפרש "לחם עוני" כאחד הפירושים האחרים בגמרא, ודוחה את "לחם שעונים עליו דברים הרבה" מן ההלכה; או שגם לדעת הרמב"ם ישנו דין לומר את ההגדה על מצות מגולות, אלא שדין זה אמור דווקא בחלקי ההגדה המבארים את עניין המצה.

(רשימות)

הבן שואל

הדרך שבה אנחנו מגידים את ההגדה עושה שימוש בצורת הדיאלוג: אדם אחד שואל, והאחר משיב לו. הכרחי הוא שנמחיז את הסיפור, משום שה' מתגלה בפני האדם רק כאשר זה משחר אחריו. אדם שאיננו מבקש את ה', אדם המצפה כי האלהים יתגלה אליו מבלי שיעשה ניסיון כולל למוצאו, אדם כזה לעולם לא יפגוש באלהים. "וּבִקַּשְׁתֶּם משם את ה' אלהיך ומצאת כי תדרשנו בכל לבבך ובכל נפשך" (דברים ד, כט).

הרמב"ן אומר בפירושו לפסוק "לְשִׁכְנוֹ תדרשו ובאת שמה" (דברים יב, ה): "שתלכו לו מארץ מרחקים ותשאלו אנה דרך בית השם". החיפוש אחרי בית המקדש, הסקרנות שמאחורי הרצון לדעת היכן הוא מקומו של בית המקדש, הם כשלעצמם בעלי כוח גואל ומקדש! הסקרנות מקדשת את העלייה לרגל ומקנה לה משמעות. יהודי או יהודייה שאינם מבקשים אחרי האלהים, שאינם זוכרים בכל עת היכן היא הדרך המובילה אל המקדש, לעולם לא ימצאו את המקדש.

בלילה הראשון של חג הפסח אנו מספרים על האדם שביקש את האלהים

מַה נִּשְׁתַּנָּה
הַלַּיְלָה הַזֶּה מִכָּל הַלֵּילוֹת

במשך זמן רב עד מאוד, על האלהים אשר נענה לחיפוש מלא סקרנות זה, ועל האלהים המאמץ את האדם, אשר השתוקק אליו, אל חיקו. בליל הסדר אנחנו מנסים לעורר את סקרנותם התמימה של הילדים וכך לעשותם למבקשי אלהים. הביקוש אחר האלהים, יחד עם קבלת מצוותיו, הם החירות הרוחנית האמיתית.

(זמן חירותנו)

לא ניתן לדעת מראש מה עתיד ילד לשאול – ילדים פשוט חושבים בצורה שונה מאתנו. לעודד ילד לשאול ולעורר את סקרנותו אין פירושו לשנן אתו טקסט מוכן מראש שבועות שלמים לפני פסח. המצווה היא שהילד ישאל באופן ספונטני, לא שיתאמן על כך מבעוד מועד. לילדים יש שאלות תמימות משלהם, המנוסחות בדרכם. מספר השאלות יכול להיות ארבע או אחת, והדבר תלוי בתבונה, בסקרנות ובערנות של הילד. "מה נשתנה", לדעת הרמב"ם (הלכות חמץ ומצה ח, ב) אינו מיועד לילדים; זהו טקסט קשה מדי – על עורך הסדר להגיד "מה נשתנה". כך נהג סבי ר' חיים לעשות. בעקבות דעת הרמב"ם, כל אחד מן המסובים – ילדים ומבוגרים – היו אומרים מה נשתנה, מכיוון שלמנהגנו אין אחד קורא את ההגדה עבור כולם.

(קול הרב)

מַה נִּשְׁתַּנָּה

ניתן להבין את "מה נשתנה" כהכרזה ("מה נשתנה הלילה הזה מכל הלילות!"), בדומה לפסוק "מה נורא המקום הזה!" (בראשית כח, יז). אם זוהי אכן הכרזה, הרי שהיא דומה להכרזה הנאמרת לפני עשיית מצוות "הנני מוכן ומזומן" – "הנני מוכן ומזומן לקיים מצוות פסח, מצה, מרור וסיפור יציאת מצרים".

שֶׁבְּכָל הַלֵּילוֹת אָנוּ אוֹכְלִין חָמֵץ וּמַצָּה
הַלַּיְלָה הַזֶּה כֻּלּוֹ מַצָּה

שֶׁבְּכָל הַלֵּילוֹת אָנוּ אוֹכְלִין שְׁאָר יְרָקוֹת
הַלַּיְלָה הַזֶּה מָרוֹר

היא מדגישה את העובדה שאיננו רק מקיימים את המצווה בצורה טכנית, בלי לחוות את אופייה הנורמטיבי ואת חשיבותה. אנו מכריזים שאנו מוכנים, בכל לבנו, נשמתנו וגופנו, לקיים את המצווה עם מודעות מלאה ובשאיפה לקיים את רצון הקב"ה.

(קול הרב)

הרמב"ם (הלכות חמץ ומצה ז, א) קושר בין זכירת יציאת מצרים לבין זכירת יום השבת: "מצות עשה של תורה לספר בנסים ונפלאות שנעשו לאבותינו במצרים בליל חמשה עשר בניסן, שנאמר: זכור את היום הזה אשר יצאתם ממצרים (שמות יג, ג) כמו שנאמר זכור את יום השבת (שמות כ, ח)". במקומות אחרים מדגיש הרמב"ם כי מצוות הקידוש אינה אך ורק הכרזה על קדושת היום, אלא היא הדגשה שיום זה שונה במהותו מיתר הימים: "נזכיר בם יציאת מצרים וקידוש היום ומעלתו והבדלו משאר הימים הקודמים ממנו והבאים אחריו" (ספר המצוות, עשה קנה). הטעם שהרמב"ם משווה את שתי הזכירות אהדדי הוא שישנה מצווה דומה בליל הסדר, להנגיד אותו לשאר לילות השנה, ואמירת "מה נשתנה" היא הדרך לקיים דין זה. אמירת מה נשתנה היא אפוא מהותית למצוות סיפור יציאת מצרים. ההכרזה של מה נשתנה, הכוללת ארבעה חלקים, מתייחסת באופן מוגדר לחיוב לחלק בין לילה זה לבין שאר הלילות, ומדגישה את "הלילה הזה": לילה זה והייחודיות הטבועה בו. באותו האופן שבו מכריז אדם על ייחודיות השבת בברכת הקידוש, כך הוא מדגיש את ייחודיות ליל פסח, שנושא בחובו מצוות ייחודיות.

כל אחת מן ה"קושיות" של "מה נשתנה" נועדה לבסס את קדושת הלילה באמצעות מניית המצוות הקשורות ללילה הזה והנגדתו לכל הלילות: מצה, מרור, סיפור יציאת מצרים וקרבן פסח (שלדעת הרמב"ם, בזמן שבית המקדש היה קיים נזכר בקושיה נפרדת של מה נשתנה, "הלילה הזה כולו צלי").

שֶׁבְּכָל הַלֵּילוֹת אֵין אָנוּ מַטְבִּילִין אֲפִלּוּ פַּעַם אֶחָת
הַלַּיְלָה הַזֶּה שְׁתֵּי פְעָמִים

שֶׁבְּכָל הַלֵּילוֹת אָנוּ אוֹכְלִין בֵּין יוֹשְׁבִין וּבֵין מְסֻבִּין
הַלַּיְלָה הַזֶּה כֻּלָּנוּ מְסֻבִּין

הטיבול מבטא את חיוב "והגדת לבנך" באמצעות גירוי הילד לשאלה, וההסבה מבטאת את החיוב על כל אחד ואחד לראות את עצמו כאילו הוא יצא ממצרים. באופן אחר יש להסביר שהקושיה על הטיבול מסמלת את ה"מתחיל בגנות", שלכן נוהגים לטבול במי מלח הדומה לדמעות, והקושיה על ההסבה מסמלת את ה"מסיים בשבח".

(רשימות)

הַלַּיְלָה הַזֶּה כֻּלָּנוּ מְסֻבִּין

הרמב"ם (הלכות חמץ ומצה ז, ח) קובע כי בן בפני אביו חייב בהסבה, אך תלמיד בפני רבו אינו חייב בהסבה אלא אם כן נתן לו רבו רשות. נראה מדבריו שרק תלמיד בפני רבו זקוק לנטילת רשות.

אף שחייב האדם הן במורא אביו והן במורא רבו, אין המצוות מקבילות לחלוטין. מצוות מורא כשלעצמה אינה פוטרת את התלמיד מהסבה. הרמב"ם (הלכות תלמוד תורה ה, ו) קובע כי תלמיד בפני רבו "לא יסב אלא יושב כיושב לפני המלך", והגמרא (פסחים קח ע"א) מבארת שמורא רבו דומה למורא שמיים. אך מצוות מורא אביו ואמו אינה מקיפה באותה מידה, ואין בה איסור הסבה בפניהם.

המאירי (פסחים קח ע"א) דוחה חילוק זה וסבור שמצוות מורא חלה בשווה על אביו ואמו ועל רבו. לשיטתו נאמר שהאב והאם מסתמא מוחלים על כבודם על מנת שבנם יקיים מצוות הסבה. לסברה זו, בן בפני אביו שהוא גם רבו יתחייב בהסבה ללא צורך בנטילת רשות, מכיוון שמן הסתם אביו מוחל על כבודו. ולפי המאירי, אם אביו דרש בפירוש שבנו ינהג בו בכל דיני כיבוד אב, ייאסר הבן בהסבה.

(רשימות)

מחזירים את הקערה למקומה. עורך הסדר מגלה את המצות.

עֲבָדִים הָיִינוּ לְפַרְעֹה בְּמִצְרָיִם

עֲבָדִים הָיִינוּ לְפַרְעֹה בְּמִצְרָיִם

בחומש דברים מופיע הפסוק "עבדים היינו לפרעה במצרים" כמענה לשאלת הבן החכם, "מה העדות והחוקים והמשפטים אשר ציווה ה' אלוהינו אתכם?". שאלתו אינה מוסבת על סיפור יציאת מצרים לבדו, אלא כוללת את הלכות הפסח כפי שהתבארו בתורה שבכתב ובתורה שבעל פה. ליל פסח הוא בראש ובראשונה לילה של לימוד תורה.

המאמרים המובאים בהגדה מן המכילתא ומן התוספתא – התורה שבעל פה – עוסקים בדינים העיקריים של סיפור יציאת מצרים, כך שנוכל לקיים את המצווה לדרוש בהלכות הפסח. ללא עיון בהלכה, אין מקום להגדה של פסח. אנו פותחים ב"עבדים היינו לפרעה במצרים" כדי להדגיש שיציאת מצרים היא היסוד לכול. לאחר מכן אנו פונים להלכות סיפור יציאת מצרים: 1. "אילו לא הוציא הקב"ה את אבותינו ממצרים" הוא דין שפירושו שכל אחד ואחד חייב לראות את עצמו כאילו הוא עצמו יצא ממצרים. כך מתבאר מדוע אנו אומרים עבדים "היינו" לפרעה, ולא "היו אבותינו". 2. "אפילו כולנו חכמים" כולל את ההלכה שהחיוב לספר ביציאת מצרים שריר וקיים, גם אם אנו יודעים כבר את כל הפרטים של הסיפור. יתרה מזאת: ישנה מצווה לחדש משהו בסיפור שאנו מספרים. 3. "כל המרבה לספר ביציאת מצרים" מבטא פרט בדין סיפור יציאת מצרים – זוהי מצווה שאין לה שיעור למעלה. 4. המעשה ברבי אליעזר, רבי יהושע ושאר החכמים בבני ברק מלמדנו שניתן לספר ביציאת מצרים כל הלילה, למרות שיטתו של ר' אלעזר בן עזריה שלפיה קרבן הפסח נאכל עד חצות בלבד. 5. "כנגד ארבעה בנים דיברה תורה" מלמדנו שהמצווה היא לספר לאחר, ובפרט לילדיו; שעלינו להתאים את דרך הסיפור לרמת הבנתו של הילד; שאין חיוב לספר ביציאת מצרים למי שאינו מודה בחיוב לקיים את המצוות; שעלינו לגרות את סקרנותו של הילד כך שישאל שאלות בליל הפסח; ושבירור הלכות הפסח הוא חלק מהותי מסיפור יציאת מצרים. 6. זמן מצוות סיפור יציאת מצרים נקבע לזמן שבו "מצה ומרור מונחים לפניך".

(קול הרב)

סיפור יציאת מצרים מתחיל מ"עבדים היינו", התשובה הראשונה לארבע הקושיות. המשפט הראשון בפסקה זו מגולל את כל הסיפור בתמציתיות: "עבדים היינו לפרעה במצרים, ויוציאנו ה' משם ביד חזקה ובזרוע נטויה". לאחר מכן מאריכה ההגדה בסיפור זה.

דפוס זה נובע מן החיוב הקיים בליל הסדר לחוות מחדש את יציאת מצרים בדרך הריאליסטית ביותר. כאשר מתרגשת על האדם הרפתקה והוא יוצא בסופו של דבר מכלל סכנה, הוא מספר על שאירע בשני שלבים. ראשית, הוא מדווח למשפחתו ולאוהביו שהוא חי וקיים. רק לאחר מכן, כאשר המסר הראשון הובן כראוי, הוא מספר את סיפורו בפרוטרוט. כך גם בליל הסדר: המסר הראשון מופיע בדרך קצרה, כעין "יצאתי מכלל סכנה, אפרט בהמשך". לאחר שהמסר הועבר, יכולים אנו לספר את הסיפור בשלמותו, ובקצב אטי יותר.

(רשימות)

היינו עבדים לפרעה, לא עבדי פרעה. הניסוח הראשון הוא משפטי־חברתי: בני ישראל השתייכו לפרעה באופן חוקי, אך מבחינה רוחנית היו עם חופשי, עם השקפות משלו ועם מבט עצמאי על המציאות. לעומת זאת, כאשר אנו מתארים אדם כ"עבד פרעה", אנו מזהים את כל אישיותו עם פרעה. העבדות לפרעה אינה מקרית – היא כל מטרת חייו. עבדי פרעה המצְרים קרויים בפסוק "עבדי פרעה" (בראשית נ, ז; שמות י, ז; יא, ג). היותנו עבדי הקב"ה אינה זרה ומקרית לנו, אלא דבר מהותי לנו וחלק בלתי נפרד מן המודעות האונטולוגית שלנו. זו הסיבה לכך שבכתוב מופיע הביטוי "עבד ה'". אנו עבדי ה' ותו לא.

במצרים היו בני ישראל משועבדים רק במובן המדיני־כלכלי. אם הם היו עבדים במובן הקיומי, אם היו מאבדים את אהבת החירות שלהם ואת מורשתם הרוחנית, אם היו הופכים ל"עבדי פרעה" ולא רק "עבדים לפרעה", לעולם לא היו נגאלים. הם היו מאבדים את אישיותם ואת בקשת החירות שלהם. עבור בני ישראל, העבדות הייתה חיצונית ולא פנימית. היא לא עקרה את אישיותם הפנימית. גם בעומקי השעבוד לא איבדו בני ישראל את כבודם עצמי ואת תחושת הנאמנות שלהם. הם נותרו זרע אברהם יצחק ויעקב, המתפללים ומצפים לעתיד טוב יותר. מאחר שהעבדות לא השחיתה אותם מעיקרם, ומאחר שנותרו בני חורין ברוחם, התרחשה יציאת מצרים.

משה רבנו פקפק בזכותם של בני ישראל להיגאל. הוא ראה אותם כעבדים, בייחוד לאחר חווייתו האישית עם "שני אנשים עברים נצים". משה התייאש ותהה אם ראויים בני ישראל להיגאל. מכיוון שכך, התגלה לו הקב"ה דווקא בסנה הבוער. במרכז הסנה בערה אש, אך סביבו שררו קור ואפלה. מבחוץ,

נראה הסנה ככל שיח קוצני אחר במדבר; אך בתוך הסנה, במרכזו החבוי, בערה אש. אהבת בני ישראל לקב"ה ומחויבותם לדרך ה' לא אבדו במצרים, אלא היו סמויים מן העין. את דברי הקב"ה למשה רבנו, "ראה ראיתי את עני עמי אשר במצרים" (שמות ג, ז), פירשו חז"ל: "אתה רואה ראייה אחת, ואני רואה שתי ראיות" (שמות רבה ג) – דהיינו, אתה רואה רק את בני ישראל במצרים, בעוד שאני רואה גם את הטמיר והמכוסה. ומאחר שחדרנו אל פנימיותו של האדם מישראל, אף אם מראהו החיצוני מרתיע, ואף אם הוא מפר את מצוות בוראו – נמצא את כמיהתו לחירות ואת בקשת הקב"ה. בתוך כל אחד מישראל ישנו סנה בוער. הוא לעולם לא יהיה "עבד פרעה", אלא רק "עבד לפרעה". "עבדים היינו לפרעה במצרים", אך נותרנו בני חורין גם בזמן השעבוד.

(קול הרב)

מדוע מטעימה ההגדה כי "עבדים היינו לפרעה במצרים"? האם היה הבדל כלשהו לוּ היינו עבדים למישהו אחר, ולא לפרעה? ככל הנראה הדבר הוא בעל חשיבות. ישנם שני סוגים של זיקות בין האדון לעבד. לעיתים מצוי העבד בבעלותו של אדם, ולעיתים הוא רכושה של המדינה.

שתי צורות אלה של שעבוד הן משפילות, אך ישנו הבדל בין שעבוד פרטי לזה הציבורי. כאשר אדם הוא רכושו של אדם אחר, הוא יכול להגיע לעמדה של כוח בבית אדונו. הדוגמא הטובה ביותר לכך הוא יוסף, אשר זכה לאמונו המוחלט של פוטיפר. אבל אם העבד הוא רכושה של מדינה שיתופית, חסרת רחמים, אכזרית וקרת לב, אזי אין אף להעלות על הדעת קירבה אישית כלשהי. לא יתעוררו רגשי ידידות או תחושה של סימפטיה, ולא יתפתח שום מגע אישי. עבדיה של מדינה שכזו מאבדים בדרך כלל את זהותם; ישהה האסיר בבית הסוהר ככל שישהה, לדידו של הסוהר הוא תמיד יהיה כמי שזה עתה החל את יומו הראשון בכלא. יחס בלתי אישי, אדיש ואכזרי שכזה יתמיד מיום ליום, משבוע לשבוע, משנה לשנה. אין ולוּ טיפת הומניות במוסד זה של עבדות למדינה.

וזה מה שמדגישה ההגדה: עבדים היינו לא רק לפרעה, אלא "לפרעה במצרים". מצרים היתה מדינה שיתופית, ובראשה עמד פרעה. הפרעה אינו אינדיבידואל, ואין אנו יודעים אפילו את שמו. גם אישיותו של המלך נמחקה! בחברה של עבדים טובעת האינדיבידואליות ונעלמת כטיפה בים בתוך המון חסר פנים של עבדים. זה פירוש המשפט "עבדים היינו לפרעה במצרים". אנו היינו עבדיו חסרי הפנים, ויחסינו היו סתמיים, בלתי אישיים. ואין צריך לומר שיחס בלתי אישי הוא יחס מלא אכזריות.

(זמן חירותנו)

וַיּוֹצִיאֵנוּ יהוה אֱלֹהֵינוּ מִשָּׁם
בְּיָד חֲזָקָה וּבִזְרֹעַ נְטוּיָה.
וְאִלּוּ לֹא הוֹצִיא הַקָּדוֹשׁ בָּרוּךְ הוּא
אֶת אֲבוֹתֵינוּ מִמִּצְרַיִם
הֲרֵי אָנוּ וּבָנֵינוּ וּבְנֵי בָנֵינוּ מְשֻׁעְבָּדִים הָיִינוּ
לְפַרְעֹה בְּמִצְרָיִם.

וַיּוֹצִיאֵנוּ ה׳ אֱלֹהֵינוּ

ההגדה מוסיפה להזכרת השם המפורש גם את תיבת ״אלהינו״, ביחסת הקניין, אף שיכולה היתה לומר רק ״ויוציאנו ה׳ משם״. כדי להבין מה הושג על ידי הוספת ״אלהינו״, עלינו להבין את משמעותה הסמנטית של תיבה זו ושל הצירוף ״ה׳ אלהינו״.

בפסוק ״שמע ישראל ה׳ אלהינו ה׳ אחד״ (דברים ו, ד) מבטא הצירוף ״ה׳ אלהינו״ את הרעיון כי קיבלנו עלינו את ה׳ כאלהינו, כאדוננו, כמחוקקנו, כמלכנו וכשליטנו – מי שאנו מחויבים לו ומצייתים לו, מי שאת חוקיו ומצוותיו אנו חייבים למלא ולעשות.

האדם של ימינו הוא יצור שאיננו חופשי משום שהוא חסר ביטחון; הוא כרוך ברגע ההווה, ולעולם אינו יודע אם תנחת עליו מכה בשנייה שתבוא. ישנה רק דרך אחת שבאמצעותה יוכל אדם לשחרר עצמו מכל מגבלותיו, מכל חששותיו, מכל פחדיו המבעיתים. הכניעה בפני האלהים משחררת את האדם משעבוד לזולתו. האדם משחרר עצמו מפחדיו על ידי האמונה באלהים וכניעה בפניו. דבר זה, כמובן, גובה מן האדם מחיר גבוה. על אדם לירוא מן האלהים. כניעה זו בפניו היא דבר קשה; הלחצים הביולוגיים תובעים את שלהם, והטבע מזמין עשייה – אשר ההלכה אסרה עליה פעמים רבות, בין אם מדובר בתחום המאכלות האסורות, ובין אם בתחום המוסריות המינית. כל שצריך האדם לעשות הוא להפעיל את יכולתו לוותר על תענוגות למשך כמה רגעים, ובשעה הבאה יחוש עצמו בן חורין ברמה גבוהה יותר; הוא יהיה אדם חופשי הרבה יותר ממה שהיה קודם לכן.

לו יצאנו ממצרים בלי ״אלהינו״, מבלי לקבל את חוקיו ומשפטיו, מבלי להיכנע בפני סמכותו, מבלי לכרות עימו ברית, מבלי לאלץ את עצמנו לוותר על החירות כדי להשיג רמה גבוהה יותר של חירות – אזי היינו נתונים

וַאֲפִלּוּ
כֻּלָּנוּ חֲכָמִים
כֻּלָּנוּ נְבוֹנִים
כֻּלָּנוּ זְקֵנִים
כֻּלָּנוּ יוֹדְעִים אֶת הַתּוֹרָה

בשנית בשעבוד. במקום שעבוד לפרעה, היה זה שעבוד לחששותינו, לפחדינו המבעיתים, לטבע, לחברה, לסיסמאות. בפסח אנו חוגגים את חירותנו.

(זמן חירותנו)

וַאֲפִילּוּ כֻּלָּנוּ חֲכָמִים כֻּלָּנוּ נְבוֹנִים כֻּלָּנוּ זְקֵנִים כֻּלָּנוּ יוֹדְעִים אֶת הַתּוֹרָה
ההגדה מציגה בפנינו שלושה טיפוסים של תלמיד חכם: ה"חכם", תלמיד חכם שהוא מעיין נובע של יצירתיות; ה"נבון", זה שיכול להמשיג, לבאר ולנסח באופן שיטתי; וה"יודע", זה שיכול ליישם. על כולם לעסוק בסיפור יציאת מצרים. ה"חכם" יכול להבחין בדברים שאחרים אינם מבחינים בהם. ה"נבון" יכול לנסח תפיסה מקיפה של הגורל והייעוד של עם ישראל. וה"יודע את התורה" יכול ליישם תפיסה זו לאתגרי ימינו. אנו מעמיקים בחקר עם ישראל – על העבר, ההווה והעתיד שלו, ועל שאיפותיו וייעודו בכל אחד משלושת הזמנים – וכל תלמיד חכם תורם את חלקו. יציאת מצרים אינה אך ורק סיפור אירועי העבר הרחוק. זוהי הדוקטרינה של עם ישראל; זוהי הפילוסופיה של ההיסטוריה שלנו. זוהי השקפת עם ישראל על העולם; ולשם כך, אומרת ההגדה, ניתן לגייס את כל תהליך ההתבוננות האינטלקטואלית.

ליל הפסח הוא שחזור הדרמה של יציאת מצרים, זמן שבו יכול כל אחד מישראל להבחין בהתגלות הקב"ה. בני ישראל לא רק יצאו ממצרים בלילה הזה; הם עמדו מול התופעה של גילוי שכינה. לרגע אחד, או לשעה אחת, היו כולם חכמים, נבונים, יודעים ורגישים – וחשו את נוכחות הקב"ה. לשעה או שתיים, זכה כל אחד ואחד להיכנס לכבשונו של המיסתורין הנאדר ביותר והפך ל"חכם", "נבון" ו"יודע". הרשות ניתנה בלילה זה לכולנו לראות עצמנו "חכמים", "נבונים" ו"יודעים את התורה", מכיוון ש"בכל דור ודור חייב אדם

מִצְוָה עָלֵינוּ לְסַפֵּר בִּיצִיאַת מִצְרָיִם וְכָל הַמַּרְבֶּה לְסַפֵּר בִּיצִיאַת מִצְרַיִם הֲרֵי זֶה מְשֻׁבָּח.

לראות את עצמו כאילו הוא יצא ממצרים". כל בני ישראל שיצאו ממצרים עמדו מול הקב"ה, ולפיכך זוכה כל אחד מישראל בעת שולחן הסדר לעמוד מול גילוי שכינה. לכל אחד מישראל ישנו חלק בתורה בליל הסדר; ללא תלות בשאלה מי הוא – יש לו הזכות לקרוא לעצמו חכם, נבון ויודע את התורה. "תורה צוה לנו משה, מורשה קהִלת יעקב" (דברים לג, ד).

(קול הרב)

מִצְוָה עָלֵינוּ לְסַפֵּר בִּיצִיאַת מִצְרָיִם

אינו מברכים ברכת המצוות על סיפור יציאת מצרים. הרא"ש (ברכות א, א) מביא את דעת הרי"צ גיאת ורב עמרם גאון לגבי מי שהתפלל ערבית מבעוד יום (ולכן עדיין מוטלת עליו חובת קריאת שמע משחשכה), שכאשר יקרא קריאת שמע בעונתה יברך "על מצוות קריאת שמע". טעם הדבר, שכאשר נאמרת קריאת שמע בשחרית ובערבית נאמרת היא על סדר הברכות, ולכן אינה טעונה ברכת המצוות. אך כאשר קורא אדם שמע שלא במסגרת ברכות כלשהן, הרי שהיא טעונה ברכת המצוות בפני עצמה. בדומה לכך אומר בעל המאור (ראש השנה י ע"ב מדפי הרי"ף) שמנהגנו לברך ברכת המצוות על התקיעות שלפני מוסף בראש השנה אינו מדינא דגמרא, שכן בזמן הגמרא תקעו על סדר הברכות בתפילת מוסף בלבד. מכאן משמע שגם דעת בעל המאור היא שאין לומר ברכת המצוות על מצווה הנעשית על סדר ברכות כלשהן, ומטעם זה לא בירכו על התקיעות ברכת המצוות בזמן הגמרא. זהו הטעם שאיננו מברכים ברכת המצוות על סיפור יציאת מצרים, שהרי אנו מקיימים מצווה זו בסמיכות לברכות רבות – ברכות הקידוש, אשר גאלנו, ברכת המזון, ברכת השיר והברכות הנאמרות לפני קיום ארבע כוסות, מצה ומרור.

אותו היסוד קיים גם לגבי נשיאת כפיים. ברכת כוהנים נאמרת במסגרת חזרת הש"ץ. בגמרא (מגילה כז ע"ב) מסופר שתלמידי רבי אלעזר בן שמוע שאלוהו: "במה הארכת ימים?", ועל כך הוא השיב כמה תשובות, בהן: "לא נשאתי כפיי בלא ברכה". לכאורה הדברים תמוהים – האם לא פשוט שעל

הכוהן לברך על נשיאת כפיים? מסתבר שכוונת הגמרא היא שהוא תיקן את הברכה. מעיקר הדין, אין צורך בברכת המצוות בטרם ברכת כוהנים, מכיוון שברכת כוהנים נאמרת במסגרת ברכות חזרת הש"ץ. אמנם, נוסח הברכה כאן הוא "לברך את עמו ישראל באהבה"; ואין זו לשון ברכת המצוות השגורה, אלא תפילה שברכת הכוהנים תלווה באהבה. אהבת הכוהן לעם ישראל היא תנאי הכרחי לברכת כוהנים, וראוי לתקן עבורה ברכה בפני עצמה.

(רשימות)

נמנעה מהעבד המשמעותיות שבדיבור. העבד חי בדממה, אם ניתן בכלל לכנות קיום נטול־משמעות מעין זה בשם חיים. אין עמו בשורה להעבירה. בן החורין, בניגוד לעבד, איש בשורה הוא, דברים רבים בפיו להגידם והוא להוט למסור את סיפור חייו לכל מי שייאות להאזין. אין פלא כי התורה הדגישה את חובתו של האב, העבד שיצא לחירות, להגיד לבניו, שנולדו בחירות, את סיפור יציאתו מבית עבדים. איש בן חורין הלהוט לספר את סיפורו, תמיד מוקף הוא בקהל החפץ להאזין לו. העבד, אין עמו סיפור ואין סביבו קהל סקרני.

(גאולה, תפילה, תלמוד תורה)

וְכָל הַמַּרְבֶּה לְסַפֵּר בִּיצִיאַת מִצְרַיִם הֲרֵי זֶה מְשֻׁבָּח

הרמב"ם עומד על ההבדל שבין שני ממדים של יציאתנו לחופשי, כאשר הוא משלב בדבריו על החובה לספר את סיפור יציאת מצרים מה שנראה לכאורה ככפילות: "אפילו חכמים גדולים חייבים לספר ביציאת מצרים וכל המאריך בדברים שאירעו ושהיו הרי זה משובח" (הלכות חמץ ומצה ז, א). תיבת "שאירעו" מציינת תמיד פסיביות, משהו שקרה לי; אני הוא מושא הדברים, הם התגברו עליי. ואילו תיבת "שהיו" עשויה לציין גם השתתפות אקטיבית, החלטה חופשית, עשייה בעלת תכלית. סיפור יציאת מצרים מקיף ככל הנראה שני סוגים של התרחשויות, כאלה שנכפו על היהודי וכאלה שהוא זירז את הופעתם, הזמין אותם וגרם להם.

בני ישראל, בתהליך השעבוד והגאולה הפיסיים, לא היו פעילים כלל. היהודי לא היה מוכן ליציאת מצרים; הוא לא ציפה לביאה מיידית של הגאולה. אבל הגאולה הרוחנית היתה שונה. היא חוזרת אחורנית בזמן אל אברהם אבינו. היהודי בחר מרצונו החופשי בה'. כיוון שהיהודי היה שותף פעיל בגאולתו הרוחנית, הולם הוא לתאר אותה בבחינת "שהיו". וה', מצדו, קיבל את בני ישראל ובחר בהם: "ועכשיו קירבנו המקום לעבודתו".

(זמן חירותנו)

מַעֲשֶׂה

בְּרַבִּי אֱלִיעֶזֶר וְרַבִּי יְהוֹשֻׁעַ וְרַבִּי אֶלְעָזָר בֶּן עֲזַרְיָה
וְרַבִּי עֲקִיבָא וְרַבִּי טַרְפוֹן
שֶׁהָיוּ מְסֻבִּין בִּבְנֵי בְרַק
וְהָיוּ מְסַפְּרִים בִּיצִיאַת מִצְרַיִם כָּל אוֹתוֹ הַלַּיְלָה

מַעֲשֶׂה... שֶׁהָיוּ מְסֻבִּין בִּבְנֵי בְרַק

הגמרא (סוטה יג ע"ב) קוראת למשה רבנו "ספרא רבא דישראל". משה רבנו היה ודאי סופר במובן הטכני, שהרי, כדברי הרמב"ם בהקדמתו לחיבורו הגדול, משה רבנו כתב י"ב ספרי תורה, אחד לכל אחד מן השבטים, ועוד ספר תורה אחד שהיה מונח בארון הברית. אך כוונת הגמרא כאן איננה ליכולתו הטכנית של משה כסופר, אלא ליכולתו לכתוב דברי אלוהים חיים על לב רגש, להפוך אותיות אש של הקב"ה למאירות נתיבים בתודעה בתולית ולא־זרועה, אמנות הטבעת דמותו של הקב"ה בנפשו המבקשת והמשתוקקת של האדם. משה רבנו נקרא "ספרא רבא דישראל" מכיוון שהיה סופר על הדרך שבה נקרא הקב"ה בראש ספר יצירה: "בשלושה דברים העולם נברא: בספר, בסופר ובסיפור".

לדעת הכוזרי (ד, כה), כאשר כתוב בתורה "וידבר ה'" הכוונה היא ל"סיפור", ומתוך כך נוצר "ספר" הבריאה כולה. היה זה דבר ה' אשר ברא את העולם, ומאז הוא מוטבע בו ומניע אותו. אם הפרחים פורחים, הציפורים עפות, האדם הולך וגרמי השמיים נעים במסילותם – כל זה בזכות רצון ה'. משה נקרא ספרא רבא דישראל מכיוון שהתורה שלימד נצרבה על לוח לבם של ישראל, כך שיוכלו להנחיל אותה לזרעם אחריהם. כפי שדבר ה' המקורי ממשיך להניע את הטבע, כך התורה שלימד משה רבנו במדבר עודנה חיה אתנו, היום כמו בעת שניתנה לפני אלפי שנים.

מגילת אסתר רואה את עצמה בהתחלה כ"איגרת" (אסתר ט, כו; כט) ומאוחר יותר כ"ספר" (אסתר ט, ל; לב). ישנם הבדלים משמעותיים בין שתי צורות הכתיבה הללו. איגרת נכתבת לצורך השעה. בניגוד לה, ספר נכתב כדי להעביר מסר לדורות. למשל, ירמיהו הנביא מְצַוּה ששטרי מכירת השדה

לחנמאל בן שלום ייכתבו בספר ויונחו ב"כלי חרס, למען יעמדו ימים רבים" (ירמיהו לב, י-יד). ספר מתעד את ההווה לטובת הדור הנוכחי והדורות הבאים כאחד. באופן דומה, הקב"ה ציווה את משה רבנו לכתוב את המלחמה בעמלק, המלחמה לדורות, ב"ספר", ולשים אותה באוזני יהושע (שמות יז, יד).

החיוב במצוות סיפור יציאת מצרים הוא שכל אחד ואחד יראה את בנו־שלו כ"ספר" ולא כ"איגרת". על האדם מישראל לחוש כי הוא נטל חלק בחוויה הקולקטיבית של עם ישראל, ועליו להטביע חוויה זו בספרו, הוא הוא בנו – הספר שעליו כותב ההורה את תולדות יחסי הקב"ה ועמו.

ליל הפסח הוא סמל להעברה בין־דורית זו. כולנו מכירים את הסיפור על התנאים שהיו מסובים בבני ברק והיו מספרים ביציאת מצרים כל הלילה. אותו "לילה" מסמל את חשכת הגלות הארוכה של אלפיים שנה; לילה ארוך של פוגרומים ועלילות דם ומסעי צלב ואינקוויזיציה והשואה שסבלנו כולנו. לא רק רבי טרפון, רבי עקיבא, רבי יהושע ורבי אלעזר בן עזריה ישבו על שולחן הסדר בבני ברק, אלא כל גדולי ישראל שבכל הדורות. חרף כל הקשיים, גדולי ישראל ראו ששליחותם היא להיות סופרים לבני דורם, לא במובן של כותבי ספרים כי אם במובן של סופרים המטביעים את אהבת התורה בלבו של כל אחד ואחד מישראל. גדולי ישראל נשאו משא זה והעבירו את תורתם כספר העובר מדור לדור, ולא כאיגרת חולפת. הם סיגלו לעצמם את דרכו של הקב"ה, "סיפור בספר", על מנת להבטיח את האמונה בקב"ה ואת נצחיותו של עם ישראל. הודות להם, התורה חיה וקיימת עמנו היום. לולא היו מוסרים את נפשם על כך, לא היינו זוכים לשבת על שולחן הסדר בליל הפסח ולעסוק ביציאת מצרים. היהודים נקראים "עם הספר", לא מכיוון שהם קוראי ספרים מושבעים, אלא מכיוון שכל אחד ואחד מהם הוא ספר חי שנכתב על ידי הדורות הקודמים לו.

(קול הרב)

הדרשנים מפרשים פירוש יפהפה של הקטע הזה בהגדה. לדבריהם, הקטע מתייחס לליל הסדר האחרון לפני פרוץ מרד בר כוכבא. "היו מספרים ביציאת מצרים" – אבל לא היה זה רק סיפור מאורעות העבר, של מה שאירע לפרעה ולבני ישראל לפני שנים רבות; היה זה סיפורו של ההווה, ושל העתיד להתרחש מחר. העיסוק בספר שמות נועד לכוון את דרכם במרד. "היו מספרים ביציאת מצרים כל אותו הלילה": היה זה לילה ארוך, שבו תוכנן מרד בר כוכבא. התנאים עסקו ביציאת מצרים לא רק כאירוע שאירע בעבר, אלא כרמז וכמורה דרך לעתיד.

עַד שֶׁבָּאוּ תַלְמִידֵיהֶם וְאָמְרוּ לָהֶם
רַבּוֹתֵינוּ, הִגִּיעַ זְמַן קְרִיאַת שְׁמַע שֶׁל שַׁחֲרִית.

אָמַר רַבִּי אֶלְעָזָר בֶּן עֲזַרְיָה ברכות יב:
הֲרֵי אֲנִי כְּבֶן שִׁבְעִים שָׁנָה
וְלֹא זָכִיתִי שֶׁתֵּאָמֵר יְצִיאַת מִצְרַיִם בַּלֵּילוֹת
עַד שֶׁדְּרָשָׁהּ בֶּן זוֹמָא

התנאים הללו לא היו בני דור אחד. רבי עקיבא היה צעיר בהרבה מרבי טרפון, ורבי אלעזר בן עזריה היה צעיר מרבי עקיבא. הסיפור מלמד כיצד חכמי ישראל עסקו בשאלה אחת: כיצד להעביר את התורה מדור לדור. הייתה זו קהילה של חכמים, בהם זקנים ובהם צעירים, אך כולם היו מאוחדים. הם ידעו כי סיפור יציאת מצרים הוא הסיפור הגדול של התורה. הם עסקו ביציאת מצרים "כל אותו הלילה" – לא רק בליל הפסח, אלא בלילה האפל של הגלות, לילה ארוך מאוד שבו היה עליהם לעמוד מול בלשים, חוקרים ותליינים רומאים.

לא רק חמשת התנאים הנזכרים כאן השתתפו בדיון. לאחר שהוצא רבי עקיבא להורג, לאחר שהלכו רבי אלעזר ורבי יהושע לעולמם, קם דור חדש ונטל את שרביט ההנהגה. הם המשיכו ללמד ולהפיץ תורה ללא הפסקה, חרף כל ההתנגדות והרדיפות והעינויים. סיפורם של התנאים בבני ברק אינו רק אירוע היסטורי בודד, אלא דרמה המשתרעת על פני מאות ואלפי שנים, מאז ימי קדם. השחקנים בדרמה הזו, הספוגה דם ודמעות, אינם רק חמישה או עשרה חכמים, אלא אין־ספור בני אדם בכל דור ודור, אבות ואימהות אלמונים, מלמדים נשכחים, מטפלות בילדים, משרתים, נשמות בודדות ובני אדם טראגיים. כולם עסקו במשימה אחת, הקדישו את עצמם למטרה אחת: "היו מספרים ביציאת מצרים כל אותו הלילה".

זהו הסיפור המרכזי של ייעודנו. אנו שרדנו; כעת אנו בונים את ארץ ישראל. המפתח לחידת הישרדותנו, הפתרון לתעלומה כיצד ביכולתנו לקרוא את ההגדה אלפי שנים, נעוץ בהורים ובמורים שסיפרו ביציאת מצרים כל הלילה, כל חייהם. אנו מזכירים כאן רק יום אחד, רק דור אחד, אך כך נמשך הסיפור, דור אחרי דור. גם אנו ממשיכים בכך היום. תוך כדי שאנו ממתינים

בציפייה דרוכה לעלות השחר, נמשיך לספר את סיפור יציאת מצרים, אבי כל הסיפורים, הסיפור שלעולם לא נס ליחו, הסיפור המסעיר, הסיפור שלעולם טעון להט ועוצמה.

(קול הרב)

אָמַר רַבִּי אֶלְעָזָר בֶּן עֲזַרְיָה

את מצוות סיפור יציאת מצרים יש לקיים באמצעות עיון בתורה שבכתב עם פירושיה וביאוריה בתורה שבעל פה. מי שרוצה לקיים את המצווה חייב לא רק לספר את הסיפור, אלא ללמוד אותו באופן שבו אנו לומדים תורה בכלל. החיוב לספר ביציאת מצרים, לעצמו ולבניו, הוא לאמיתו של דבר חיוב ללמוד תורה ולהעביר את המסורה לדור הבא. יש להבין את הדברים מצד תלמוד תורה שבהם, בתוך מסגרת תורה שבעל פה. עלינו לא רק לספר ביציאת מצרים כמתואר בתורה שבכתב ובתורה שבעל פה, אלא ישנו חיוב מיוחד ללמוד הלכות פסח. לימוד זה כשלעצמו הוא קיום של סיפור יציאת מצרים.

בהשקפה ראשונה, משנה זו, העוסקת ב״זכירה״ ולא ב״סיפור״, אינה עניין להגדה של פסח. אך בנוסח ההגדה של הרמב״ם מופיע: ״אמר להם רבי אלעזר בן עזריה...״. במילים אחרות, בזמן שישבו התנאים בבני ברק ועסקו בסיפור יציאת מצרים, הם עסקו בהלכות הנוגעות ליציאת מצרים. חיוב זכירת יציאת מצרים, אף שנוהג כל ימות השנה ולא רק בפסח, מופנה בוודאי כלפי הנסים והנפלאות שאירעו לאבותינו במצרים. לפיכך כלולות הלכות זכירת יציאת מצרים בתוך גוף ההלכות שניתן ללמוד כדי לקיים את סיפור יציאת מצרים.

(קול הרב)

הרמב״ם לא מנה מצות זכירת יציאת מצרים במנין תרי״ג, אעפ״י שבספרו ״משנה תורה״ נטע מסמרות להלכה, כי חייבים להזכיר יציאת מצרים ביום ובלילה. ואלה הדברים אשר כתב רבינו משה (הלכות קריאת שמע א, ב-ג): ״ומה הוא קורא וכו׳ ואחר כך פרשת ציצית וכו׳ אע״פ שאין מצות ציצית נוהגת בלילה, קוראין אותה בלילה מפני שיש בה זכרון יציאת מצרים, ומצוה להזכיר יציאת מצרים ביום ובלילה״. ברם מצוה זו אינה מופיעה במנין תרי״ג, וההשמטה צ״ע, וכבר העירו בזה המפרשים.

שמעתי מפי אבא מרי בשם רבינו הגדול אא״ז ז״ל, כדברים האלה: במשנה (ברכות יב ע״ב, מובאת כאן בהגדה) נחלקו התנאים אם מזכירין יציאת מצרים בלילות. חכמים סוברים שאין מזכירים ור׳ אלעזר בן עזריה ובן

שֶׁנֶּאֱמַר

דברים טז **לְמַעַן תִּזְכֹּר אֶת־יוֹם צֵאתְךָ מֵאֶרֶץ מִצְרַיִם**
כֹּל יְמֵי חַיֶּיךָ:

יְמֵי חַיֶּיךָ הַיָּמִים
כֹּל יְמֵי חַיֶּיךָ הַלֵּילוֹת.

וַחֲכָמִים אוֹמְרִים

יְמֵי חַיֶּיךָ הָעוֹלָם הַזֶּה
כֹּל יְמֵי חַיֶּיךָ לְהָבִיא לִימוֹת הַמָּשִׁיחַ.

זומא אומרים מזכירים. ומבואר שם בסוגיא כי בן זומא סובר כי מצוה זו אינה נוהגת לימות המשיח, וחכמים דפליגי עליה ומפקיעים לילה מחובת זכירה, מרבים את ימות המשיח. מתוך פסק הרמב״ם, שקבע להלכה כי מזכירים יציאת מצרים בלילות משום ריבויא דכל (״כל ימי חייך – הלילות״), בוקעת ועולה ההלכה השניה שאין זכירת יצי״מ נוהגת לימות המשיח, דהא בהא תליא. והלכה זו, המפקיעה חובת מצוה זו מימות המשיח, מחדשת כי אין מצות זכירה נוהגת לדורות, אלא לשעה. לפיכך לא מנאה הרמב״ם במנין תרי״ג, כי הלא כל מצוה הנוהגת רק לשעה ולא לדורות אינה נכנסת (על פי שורש ג׳ משרשי הרמב״ם בספר המצות) במנין זה. פירוש מצוה הנוהגת לדורות הוא, שנוהגת תמיד, לעד ולנצח נצחים, אף לימות המשיח; ומצות זכירת יציאת מצרים שאינה נוהגת לימות המשיח, שייכת לסוג מצוות הנוהגות רק לשעה, שאינן נמנות במנין תרי״ג.

עוד אמר אא״ז ז״ל, כי כל מצות זכירת יציאת מצרים אינה מהווה קיום חובה בפ״ע, כי אם שיסוד מהותה הוא קיום קבלת עול מלכות שמים. וזוהי הלכה מסויימת בחלות שם קבלת עול מלכותו, שצריכה להתקיים גם ע״י זכירת יצי״מ. והרי מצינו בסוגיא (ר״ה לב ע״א): ״מנין שאומרים מלכיות, תניא רבי אומר אני ה׳ אלהיכם ובחודש השביעי, זו מלכות״, והיינו שפירוש המלות, ״אני ה׳ אלהיכם״, כולל מלכיות וקבלת עול מלכות שמים (שהוא יסוד ברכת מלכיות בר״ה). א״כ גם כאן, בפרשת ויאמר, חלות שם קבלת

עול מלכות שמים כתוב בקרא: "אני ה' אלהיכם אשר הוצאתי אתכם מארץ מצרים להיות לכם לאלהים אני ה' אלהיכם". לפיכך נראה, כי אין זכירת יציאת מצרים מהווה קיום בפ"ע וחלות מצוה מיוחדת, אלא מצטרפת לחדא קיומא עם קבלת עול מלכות שמים שבקריאת שמע. ועיקרה של מצוה זו הוא, כי קבלת עול מלכות שמים מתקיימת ע"י הזכרת יציאת מצרים וגאולת ישראל מבית עבדים.

על כן לא מנאה הרמב"ם בתור מצוה מיוחדת במנין תרי"ג, כי הלא נכללת היא במצות קריאת שמע וקבלת עול מלכות שמים. וגם בספרו "משנה תורה" – כללה במצות ק"ש והלכותיה, שהרי היא היא מגופה של ק"ש ועצמותה של קבלת עול מלכות הבורא.

הנה בברכות יב, ב איתא: "אמר רב יהודה בר זבדא בקשו לקבוע פרשת בלק בק"ש, ולמה לא קבעוה משום טורח ציבור. מאי טעמא, אילימא משום דכתיב בה אל מוציאם ממצרים, לימא פרשת רבית ופרשת משקלות דכתיב בהן יציאת מצרים וכו', פרשת ציצית מפני מה קבעוה, מפני שיש בה חמשה דברים, מצות ציצית, יציאת מצרים, עול מצוות ודעת מינים, הרהור עבירה והרהור ע"ז" וכו'. סוגיא זו סותרת את שיטת הרמב"ם ביחס לפרשת ויאמר: הסוגיא דנה מפני מה קבעו פרשת ציצית, משמע שחכמים קבעוה, ולדעת הרמב"ם הרי נצטווינו מן התורה לקרותה, וא"כ איך אפשר להחליף פרשה זו בפרשת בלק או בפרשת משקלות ורבית, הלא פרשת ויאמר היא מדאורייתא.

אכן נראה, שאע"פ שפרשת ויאמר נאמרת לדעת הרמב"ם, דבר תורה, מ"מ שונה ומובדלת היא בחלות שמה ודינה משתי הפרשיות הראשונות של ק"ש – שמע והיה אם שמוע. שתי פרשיות אלו נאמרו לדעת הרמב"ם לעיכובא במצות ק"ש, ואי אפשר לצאת ידי חובת ק"ש בקריאת פרשיות אחרות, כמו שאי אפשר להחליף פרשת ברכת כהנים או מקרא ביכורים או וידוי מעשר וכיוצא בהם בפרשיות אחרות, כי רק אלו נאמרו ולא אחרות. משא"כ בנוגע לפרשת ויאמר, בעיקר ההלכה של פרשה שלישית של ק"ש נאמר, כי אדם יוצא ידי חובת זכירת יציאת מצרים, שנעשית לגופה של ק"ש, בכל פרשה ופרשה המטפלת בזכירה זו. והרי יסוד דינה וחלותה של פרשה שלישית מושרשים בהלכה של זכירת יציאת מצרים המתלכדת ומתאחדת עם חלות קבלת עול מלכות שמים, ומשום קיום חפצא של קבלת עול מלכותו ע"י הזכרת יציאת מצרים מחייבינן לקרוא פרשה שלישית. א"כ מנלן שרק פרשת ויאמר נאמרה דבר תורה ושארי פרשיות העוסקות ביציאת מצרים הופקעו מקיום זה? אמנם כן הוא שמצות זכירת יציאת מצרים מתקיימת רק על ידי תוספת פרשה חדשה על שתי הפרשיות הראשונות של ק"ש, משום שהזכרה זו צריכה להאמר בצורת

בָּרוּךְ הַמָּקוֹם
בָּרוּךְ הוּא
בָּרוּךְ שֶׁנָּתַן תּוֹרָה לְעַמּוֹ יִשְׂרָאֵל
בָּרוּךְ הוּא

פרשה ככתבה ולא בנוסחתו של כל אדם ואדם; ברם לא קבעה התורה פרשת ויאמר לעיכובא ולא הגבילה קיום זכירת יציאת מצרים במסגרת פרשה זו דוקא, אלא חייבה אותנו להזכיר יציאת מצרים בק"ש על ידי אמירת פרשה ככתבה וכלשונה. וכל פרשה ופרשה, שיש בה יציאת מצרים, יכולה לשמש לנו בתור פרשה שלישית בקריאת שמע. וגם בפרשת בלק, רבית ומשקלות היו יכולים לצאת ידי חובת פרשה שלישית, שהיא מן התורה, וכל קביעות ויאמר דוקא הוא מדבריהם.

(שעורים לזכר אבא מרי ז"ל)

בָּרוּךְ הַמָּקוֹם, בָּרוּךְ הוּא

"אמר רבא כל שראה יחזקאל ראה ישעיה. למה יחזקאל דומה? לבן כפר שראה את המלך. ולמה ישעיה דומה? לבן כרך שראה את המלך" (חגיגה יג ע"ב).

רבא מסביר את ריבוי הפרטים במעשה המרכבה בנבואת יחזקאל לעומת מיעוט הפרטים בנבואת ישעיה. כוונתו בדימוי בן הכרך ובן הכפר היא לבאר שהן יחזקאל והן ישעיה ראו את אותו מחזה, אלא שנבואת יחזקאל מפורטת יותר, משום שיחזקאל משול לבן כפר, הרואה את המלך רק לעתים רחוקות, ולכן נוטה יותר להרחיב בתיאור המפגש עם המלך. ישעיה, לעומת זאת, משול לבן כרך המורגל יותר בראיית פני המלך, ולכן אינו טורח כל כך להאריך בפרטים. ההבדל בין יחזקאל וישעיה אינו בכוח הנבואה שלהם; ההבדלים בין הנבואות משקפים זוויות ונסיבות חיים שונות. ישעיה הנביא חי בזמן שבית המקדש היה קיים ונוכחות הקב"ה הייתה מורגשת, ולפיכך הוא קורא: "קדוש

קדוש קדוש ה׳ צבאות מלא כל הארץ כבודו״ (ישעיה ו, ג). לעומתו, יחזקאל חי לאחר חורבן הבית והתנבא בגלות בבל. השכינה הסתלקה וכעת היא בהסתר פנים; נוכחות הקב״ה כבר אינה מורגשת. לפיכך קורא יחזקאל: ״ברוך כבוד ה׳ ממקומו״ (יחזקאל ג, יב).

שתי נבואות אלו, המשקפות שתי זוויות שונות, מרכיבות את נוסח ה״קדושה״, המתארת את המלאכים המשבחים את הקב״ה. התיאור ״המקום״ מתייחס לקב״ה לאחר שהוא מתרחק מאתנו ושב לשכון במקומו – בזמנים של צער, טרגדיה ואסון. אף על פי כן, גם כאשר הקב״ה שב למקומו, אנו יכולים לראות ממרחק את ״המקום״, וכך אנו פונים אליו. לפיכך, בניחום אבלים אנו מנחמים בלשון ״המקום״ – ״המקום ינחם אתכם״.

פגישתו של יעקב בשכינה בצאתו מארץ ישראל מתוארת בפסוק כ״ויפגע במקום״ (בראשית כח, יא). בפסוק זה, אומרים חז״ל, נרמז שיעקב תיקן תפילת ערבית. יעקב, שברח מאחיו המבקש את נפשו לבית לבן, שגם הוא לבסוף רדף אחריו להורגו, יעקב שמתה עליו אשתו האהובה בדרך ובשובו לארצו נלקחה ממנו בתו, יעקב שלאחר כל זאת ביקש לישב בשלווה ומיד קפץ עליו רוגזו של יוסף, יעקב המתאבל על בנו מחמד לבו ימים רבים וממאן להנחם – הוא זה שתיקן את תפילת ערבית. ימיו של יעקב היו כולם לילות ארוכים, ותפילת ערבית היא תפילת הלילה של הסתר הפנים, הביטוי של ״אמונתך בלילות״. כאשר אנו יושבים לשולחן הסדר, גם בתקופות האפלות ביותר בתולדות עם ישראל, אנו בטוחים בהשגחתו של המקום עלינו.

(רשימות)

בָּרוּךְ שֶׁנָּתַן תּוֹרָה לְעַמּוֹ יִשְׂרָאֵל

אנו פותחים את הקטע על ארבעת הבנים בדברי שבח לקב״ה. לשון זו היא קיצור הנוסח של ברכות התורה הנאמרות מדי בוקר: ״ברוך אתה... אשר בחר בנו... ונתן לנו את תורתו״. ברכות אלו מתייחסות גם להנחלת התורה מדור לדור: ״והערב נא, ה׳ אלהינו, את דברי תורתך בפינו... ונהיה אנחנו וצאצאינו וצאצאי כל עמך בית ישראל, כולנו יודעי שמך, ולומדי תורתך לשמה. ברוך אתה ה׳ המלמד תורה לעמו ישראל״.

אנו שבים ואומרים את הנוסח הזה בליל הסדר, מכיוון שעניינו של הסדר הוא מסורה וקבלה. כאשר אנו מכריזים על אידיאל המסורה – ״כנגד ארבעה בנים דיברה תורה״ – אנו מודים לקב״ה כפי שאנו מודים לו בכל בוקר. הברכה אינה רק על תלמוד תורה, אלא גם על המסורה.

(קול הרב)

כְּנֶגֶד

אַרְבָּעָה בָנִים

דִּבְּרָה תוֹרָה

אֶחָד

חָכָם

וְאֶחָד

רָשָׁע

וְאֶחָד

תָּם

וְאֶחָד

שֶׁאֵינוֹ יוֹדֵעַ לִשְׁאוֹל

כְּנֶגֶד אַרְבָּעָה בָנִים דִּבְּרָה תּוֹרָה

סיפור יציאת מצרים מתאים את עצמו לדרגתו של הילד, ועניינו החדרת אהבה – ולאו דווקא ידע – בלבו. כל אחד ואחת יכולים ליטול בו חלק, בהתאם לכישוריהם. הקב"ה לא נתן את התורה רק למבריקים שבבני האדם. התורה פונה גם לבן התם ומעניקה לו יהדות שהוא יכול להבין ושתיתן לו אושר ושמחה. התורה פונה גם אל זה שאינו יודע לשאול – הבן האדיש והמתבולל, שכלל אינו טורח לשאול. אפילו הרשע כלול בהגדה: "אילו היה שם, לא היה נגאל", אך כעת נראה כי יש תקווה להשיבו, כי הוא נוכח בליל הסדר – שהרי אם הוא לא היה נוכח, התורה לא הייתה מזכירה אותו. התורה נתנה לכולם מקום בהגדה.

(קול הרב)

חָכָם

מַה הוּא אוֹמֵר

מָה הָעֵדֹת וְהַחֻקִּים וְהַמִּשְׁפָּטִים דברים ו
אֲשֶׁר צִוָּה יהוה אֱלֹהֵינוּ אֶתְכֶם:
וְאַף אַתָּה אֱמָר לוֹ כְּהִלְכוֹת הַפֶּסַח
אֵין מַפְטִירִין אַחַר הַפֶּסַח אֲפִיקוֹמָן.

וְאַף אַתָּה אֱמֹר לוֹ כְּהִלְכוֹת הַפֶּסַח

הסדר נחוג בקהילה שבמסגרתה חולק אדם עם רעהו לא רק את רכושו החומרי אלא גם את עצמיותו שלו, את אוצרותיו הרוחניים, את ידיעותיו, ניסיונו, שאיפותיו ותקוותיו. הקהילה של ליל הסדר היא קהילה מלמדת.

הצורה שהעניקה ההלכה לסיפור אירועי יציאת מצרים היא לימוד יותר מאשר סיפור, דיון אודות מצוות יותר מאשר תיאור עלילתי. לוּ רצו חז״ל רק את סיפור המעשה, את תיאור האירועים בפרוטרוט, היו מחייבים את קריאת הקטעים מחומש שמות המספרים את עלילת העבדות והיציאה לחירות.

בליל הסדר הופך כל בית יהודי לקהילה מלמדת, לאחווה דידקטית, לבית ספר שבו לומדת יהדות כיתה של תלמידים. המורה מספר את המעשה המופלא בעבדים אשר נעשו בין לילה לנסיכים, לממלכת כוהנים. אך ביסודו של דבר אין הוא מספר סיפור; במקום זאת הוא מלמד אותם כיצד לנהוג כאנשים בני חורין וכיצד לנצל את חירותם. הוא מודיע להם את המצוות אשר רכישת החירות מביאה עימה. מבחינה הלכתית, סיפור יציאת מצרים מחייב את לימוד הלכות הפסח, ולא רק את סיפור המעשה גופו. באשר לבן החכם, ההלכה מצווה עלינו: ״ואף אתה אמור לו כהלכות הפסח״. ליל הפסח הוא לילה של המסורת, שבו מועברים הידע, השקפת העולם שלנו, מחויבויותינו, תקוותינו וחזונותינו אל הדורות הבאים, אל הילדים כולם – אל החכם והתם, הצייתן והמרדן, המעורב והאדיש. כך נעשית הסעודה ל״סימפוזיום״, לרנדוו עם התורה, רנדוו עם דבר ה׳. הסעודה הופכת להיות כלי של חסד ברמתו הגבוהה ביותר: הוראה והשכלה.

(זמן חירותנו)

ישנו חיוב מיוחד ללמוד הלכות הפסח, והלימוד בעצמו מהווה קיום מצות סיפור יציאת מצרים. ראיות לדבר: א) אנו אומרים בהגדה, "אמר ראב"ע הרי אני כבן שבעים שנה ולא זכיתי שתאמר יציאת מצרים בלילות וכו'". לכאורה אין למשנה זו שום קשר עם ההגדה. ועיין בנוסחת ההגדה להרמב"ם שכתב, "אמר להם ראב"ע". והיינו בשעה שהיו יושבים ועוסקים בבני ברק ומספרים ביציאת מצרים דנו על גופן של הלכות התלויות ביציאת מצרים; וזכירת יציאת מצרים, אע"פ שהיא שייכת לכל השנה, כיון שענינה הוא בנסים ונפלאות שנעשו לאבותינו במצרים, מצטרפת לאותן הלכות, שעל ידן מתקיימת מצות סיפור יציאת מצרים. ב) עיין בתוספתא, סוף ערבי פסחים, העתיקו אותה ב"הגהות מיימוניות" בשלהי הלכות חמץ ומצה: "חייב אדם לעסוק בהלכות הפסח כל הלילה אפילו בינו לבין בנו אפילו בינו לבין עצמו אפילו בינו לבין תלמידו. מעשה ברבן גמליאל וזקנים שהיו מסובין בבית ביתוס בן זונין בלוד והיו עסוקין בהלכות הפסח כל הלילה עד קרות הגבר הגביהו מלפניהם ונועדו והלכו לבית המדרש". ג) התשובה לבן החכם קובעת מסמרות להלכה, כי במצות סיפור יציאת מצרים נכלל לימוד תורה בעניני פסח: "ואף אתה אמור לו כהלכות הפסח אין מפטירין אחר הפסח אפיקומן". ומה עוד, שגירסת הגר"א היא "עד אין מפטירין"; כלומר, למדהו כל הלכות הפסח עד ההלכה האחרונה, אם מוחו של הבן קולט.

ובביאורו של יסוד זה נראה, כי מקורו הוא בפרשת בן חכם. הבנים האחרים מופיעים בפרשת בא בקשר עם קרבן הפסח ואכילת מצה ואיסור חמץ. אולם בן חכם מופיע בפרשת ואתחנן (דברים ו, ח) כשואל בקשר עם לימוד התורה וקיום מצוותיה. שם חג הפסח לא נזכר כלל; התורה עוסקת בשמירת מצוות בכלל. היא מתחילה (ו, יז), "שמור תשמרון את מצות ה' אלהיכם ועדתיו וחקיו אשר צוך ועשית הישר והטוב וגו' כי ישאלך בנך מחר לאמר מה העדת והחקים והמשפטים אשר צוה ה' אלהינו אתכם". השאלה, כפי שנתנסחה בפרשת ואתחנן במשנה תורה, מתייחסת לשמירת תורה ומצוות בכלל. הבן שואל מה תועלת חיי תורה ומצוה. שאלה זו אינה מצטמצמת לקרבן פסח. מה אם כן הרעיון המרכזי של התשובה? שכדי להבין משמעות תורה ומצוות אין אנו צריכים לעסוק בחקירות פילוסופיות וספקולציות מטפיסיות, אלא לידע את דיני התורה מצד אחד, ולהיות נאמנים לקיום המצוות כולן מצד שני. "ויצונו ה' לעשות את כל המשפטים האלה" – לידע את המשפטים ולהגשים את רצון ה'. בהגדה, שאלת פרשת ואתחנן ותשובתה התמעטו בהיקפן. אין שאלת הבן מתייחסת לכל התורה כולה. הוא שואל רק ביחס למצוות הפסח וגם התשובה היא פרטית, והיא עוסקת אך ורק בדיני חג הפסח. ברם הרעיון המרכזי נשאר אחד. תשובת האב לבניו השואלים מובעת לא על ידי ספקולציה חקרנית כי אם על ידי לימוד ההלכה. מצוה פשוטה של תלמוד תורה לבנים נקבעה כאן, והיא

רָשָׁע
מַה הוּא אוֹמֵר

באה לידי ביטוי ביחס לפסח בתשובת האב על שאלת בנו. אם הבן החכם שואל על חג הפסח, אנו צריכים ללמדו יסודות החג הזה, כלומר, מה קרה במצרים ודיני החג. "ואף אתה אמור לו כהלכות הפסח" – דהיינו, עיקרי הפסח.

בפרשת ואתחנן, מצות ת"ת לבנים, כפי שהיא מודגמת ע"י ענין פסח, נקבעה לגבי בן חכם. אך הברייתא ייחסה אותה אף לשלשת הבנים האחרים. היות, כפי שאנו למדים מפרשה זו, וכל ענין סיפור יציאת מצרים מבוסס על לימוד ולא על הרצאת דברים, גם ליתר הבנים צריך ללמד ולא רק לספר, וכלשון המשנה, "ולפי דעתו של בן אביו מלמדו". אמנם תוכן הלימוד שונה מבן לבן, והיחס שבין המאורעות להלכות מותאם לכושרו ורמתו. אך העיקרון הוא אחד. את יסודות הפסח, עם הדינים ועם העובדות, צריך ללמד, ואף הסיפור עצמו טעון לא רק תיאור אלא הסברה עיונית.

(שעורים לזכר אבא מרי ז"ל)

תשובת התורה לקושיית הבן החכם היא: "ואמרת לבנך עבדים היינו לפרעה במצרים ויוציאנו ה' ממצרים ביד חזקה; ויתן ה' אותֹת ומֹפתים גדֹלים ורעים במצרים בפרעה ובכל ביתו לעינינו. ואותנו הוציא משם למען הביא אֹתנו לתת לנו את הארץ אשר נשבע לאבֹתינו" (דברים ו, כא-כג). מדוע, אם כן, משיבה ההגדה: "ואף אתה אמור לו כהלכות הפסח: אין מפטירין אחר הפסח אפיקומן"?

טעם הדבר מופיע בפסוק הבא: "ויצַוֵנו ה' לעשות את כל החֻקים האלה ליראה את ה' אלהינו לטוב לנו כל הימים לחיֹתנו כהיום הזה" (דברים ו, כד). חלק מן התשובה בכתוב עצמו מתייחס ל"חוקים האלה", ולכן יש לבארם. למעשה, בנוסח הגר"א להגדה מופיע: "ואף אתה אמור לו כהלכות הפסח, עד אין מפטירין אחר הפסח אפיקומן". במילים אחרות, למדהו את הדינים כולם עד סוף מסכת פסחים. לימוד הלכות הפסח הוא חלק ממצוות סיפור יציאת מצרים.

(קול הרב)

רָשָׁע מָה הוּא אוֹמֵר

הרשע מאתגר אותנו כשהוא אומר שליציאת מצרים אין עוד משמעות, אך

מָה הָעֲבֹדָה הַזֹּאת לָכֶם: שמות יב

לָכֶם וְלֹא לוֹ

וּלְפִי שֶׁהוֹצִיא אֶת עַצְמוֹ מִן הַכְּלָל

כָּפַר בָּעִקָּר

וְאַף אַתָּה הַקְהֵה אֶת שִׁנָּיו, וֶאֱמָר לוֹ

בַּעֲבוּר זֶה עָשָׂה יהוה לִי בְּצֵאתִי מִמִּצְרָיִם: שמות יג

לִי וְלֹא לוֹ

אִלּוּ הָיָה שָׁם, לֹא הָיָה נִגְאָל.

טעות בידו: בכוחה של המסורת שבידינו לעמוד בפני כל התנגדות או אתגר. גם על האתאיסט הרדיקלי ביותר אפשר לגבור, אם משתמשים במונחים הנכונים ובקטגוריות המתאימות. התורה שנתן לנו הקב"ה היא כוללת כול, חובקת כול, חודרת כול. יש לה התשובות לכל הבעיות, אף שלעתים איננו מצליחים לפענח את שפתה. התורה אינה חוששת. אל לנו לסגת ולהסתגר מכיוון שהרחוב "מזוהם". נסיגה פירושה תבוסה, "תחילת נפילה ניסה", בלשון הגמרא (סוטה מד ע"ב). ידו של האויב על העליונה כאשר הצבא מתחיל לסגת, לנוס, להימלט. כלפי לייא: אנו ניצבים מול הרשע. התורה אינה מצווה לזרוק את הרשע מן הבית, אלא להתעמת אתו ולהוכיח לו את טעותו: "הקהה את שיניו". תלמוד תורה דורש את השבת הבן האובד אל התלם. כעת הוא אמנם רשע, אך בתוכו טמון גם כוח אחר.

(קול הרב)

וּלְפִי שֶׁהוֹצִיא אֶת עַצְמוֹ מִן הַכְּלָל, כָּפַר בָּעִקָּר
הרמב"ם (הלכות תשובה ג, יב) כותב: "הפורש מדרכי צבור, ואע"פ שלא עבר עבירות, אלא נבדל מעדת ישראל ואינו עושה מצות בכללן ולא נכנס בצרתן ולא מתענה בתעניתן, אלא הולך בדרכו כאחד מגויי הארץ וכאילו אינו מהן, אין לו חלק לעולם הבא". כך הבן הרשע, המבדיל את עצמו מן הציבור, נידון ממילא כאפיקורס.

תָּם

מַה הוּא אוֹמֵר

מַה־זֹּאת — שמות יג

וְאָמַרְתָּ אֵלָיו

בְּחֹזֶק יָד הוֹצִיאָנוּ יהוה מִמִּצְרַיִם מִבֵּית עֲבָדִים:

וְשֶׁאֵינוֹ יוֹדֵעַ לִשְׁאֹל

אַתְּ פְּתַח לוֹ

שֶׁנֶּאֱמַר

וְהִגַּדְתָּ לְבִנְךָ בַּיּוֹם הַהוּא לֵאמֹר — שמות יג

בַּעֲבוּר זֶה עָשָׂה יהוה לִי בְּצֵאתִי מִמִּצְרָיִם:

וְהִגַּדְתָּ לְבִנְךָ

ההלכה נקבעה, שבכל דור ודור חייב אדם לראות את עצמו כאלו הוא יצא ממצרים; והרמב"ם (הלכות חמץ ומצה ז, ו) הוסיף ואמר כאילו הוא בעצמו יצא עתה משעבוד מצרים, ובמקום "לראות" כתב "להראות את עצמו", דהיינו ע"י שתיית ד' כוסות והסבה. כלומר, נטל החווייה הגדולה של יציאתו זה עתה ממצרים ועוצמתה צריכים להכריחו לעשות מעשים המעידים על רוב אשרו ושמחתו, ולהפגין, ללא יכולת התאפקות וחסימה, רגשות שמחה והתלהבות, כאילו זה עכשיו קרה לו הנס הגדול הזה, כאילו זה עתה יצא משעבוד מצרים, מטיט ולבנים לאור גדול. במלים אחרות, הוא עד ראיה ליציאת מצרים; המאורעות שעליהם הוא מספר לא קרו לאחר כי אם לו, והוא כולו נרגש

וְהִגַּדְתָּ לְבִנְךָ
יָכוֹל מֵרֹאשׁ חֹדֶשׁ
תַּלְמוּד לוֹמַר:
בַּיּוֹם הַהוּא.
אִי בַּיּוֹם הַהוּא יָכוֹל מִבְּעוֹד יוֹם

כמו שהיו אבותינו שיצאו באמת ממצרים. נמצא שכל סיפור יציאת מצרים הוא, לאמיתו של דבר, הגדת עדות – והגדת לבנך בתור עד שראה ומגיד את עדותו לפני ב"ד על המאורע הגדול הזה. נפשו נטולת מנוחה, חוויית הגאולה כבירה היא יותר מדי, והוא מוכרח לבטאה ולהגיד לאחרים. הגדה זו מקיים כל אחד ואחד מישראל בליל הפסח. "והגדת לבנך, בעבור זה עשה ה' לי בצאתי ממצרים". אתה מחוייב לא רק להגיד מלים בפה כי אם גם לקיים את ההגדה ולתת ביטוי לשמחתך והתלהבותך ע"י פעולות ומעשים. ומעניין הדבר כי הרמב"ם, לאחר שאמר ודברים האלו כולן נקראין הגדה, פתח ואמר בכל דור ודור חייב אדם להראות וכו'.

(שעורים לזכר אבא מרי ז"ל)

ההגדה מורכבת משני מרכיבים שונים – הסיפור וההלל – והפועל "הגיד" משמש בתורה בשתי משמעויות אלו. כך לשון הכתוב "והגדת לבנך" (שמות יג, ח) פירושה שיש לספר את אשר אירע, בעוד שהפסוק "הגדתי היום לה' אלוהיך" (דברים כו, ג) משמעותו להלל – כפי שמפרשים אותו הרשב"ם והתרגום ירושלמי שם. כך כלולים שני העניינים גם יחד, הסיפור וההלל, במונח "הגדה".

(רשימות)

יָכוֹל מֵרֹאשׁ חֹדֶשׁ

כתב הרמב"ם (הלכות חמץ ומצה ז, א): "מצות עשה של תורה לספר בנסים ונפלאות שנעשו לאבותינו במצרים בליל חמשה עשר בניסן שנאמר זכור את היום הזה אשר יצאתם ממצרים כמו שנאמר זכור את יום השבת וכו'". בספר המצות (מ"ע קנז) הרמב"ם ציטט לשון מכילתא דרשב"י: "מכלל שנאמר כי

ישאלך בנך, יכול אם ישאלך אתה מגיד לו ואם לאו אין אתה מגיד לו, ת"ל והגדת לבנך, אע"פ שאינו שואלך. אין לי אלא בזמן שיש לו בן, בינו לבין עצמו, בינו לבין אחרים מנין? ת"ל ויאמר משה אל העם זכור את היום הזה". הרמב"ם מוסיף "רוצה לומר שהוא צוה לזכרו כמו שאמר זכור את יום השבת לקדשו"; או, לפי גירסת ה"מגדל עוז" (הלכות חמץ ומצה פרק ז), "שהוא צוה בזכירתו בזמנו כאמרו זכור את יום השבת".

דברי הרמב"ם צ"ע, דהלא מצות סיפור יציאת מצרים חלוקה בעיקרה ובמהותה ממצות זכירת יציאת מצרים בכמה דברים יסודיים: א) זכירה כל דהוא סגי, סיפור הוא בפרוטרוט. ב) זכירה היא לעצמו, סיפור מצותו לכתחילה לאחר. ג) זכירה אינה זקוקה להלל, סיפור מחייב בהלל והודאה כמו שאנו אומרים בהגדה, על פי המשנה בפסחים (קטז ע"ב) "לפיכך אנחנו חייבים להודות ולהלל וכו'", וכמבואר בלשון הרמב"ם בספר המצוות שם: "כפי צחות לשון המספר וכל מי שיוסיף במאמר ויאריך הדברים בהגדלת מה שעשה לנו השם ומה שעשו לנו המצרים מעול וחמס ואיך לקח השם נקמתנו מהם ובהודות לו יתעלה על כל טוב שגמלנו יהיה יותר טוב". אם כן, בוקעת ועולה השאלה: איך אפשר ללמוד מצות סיפור מפסוק "זכור את היום הזה אשר יצאתם ממצרים"?

ברם הרמב"ם הרגיש בזה והעלה פירוש אחר לזכור. כי אם נפרש "זכור" במשמעותו המילולית, אי אפשר לזהות פסוק זה כמקור למצות סיפור יציאת מצרים. כדי להראות כי זכור משמש בפנים הרבה ציטט הרמב"ם את הכתוב זכור את יום השבת לקדשו. מה פירוש השוואה זו? יש לפרשה בשני פנים: א) כפי פירוש רש"י בזכור את יום השבת, "זכור לשון פעול הוא כמו (ישעיהו כב, יג) אכול ושתו (שמואל ב ג, טז) הלוך ובכה וכן פתרונו תנו לב לזכור תמיד את יום השבת שאם נזדמן לך חפץ יפה תהא מזמינו לשבת". (ועיין שם בפירוש הרמב"ן). במלים אחרות, זכרון בפרשת השבת מכוון למחשבה תמידית ולמצב נפש בלתי פוסק; לאי אפשרות היסח הדעת משבת. כל השבוע אדם מצפה לשבת, מתגעגע אליה, ומהרהר אך בה וכענין ההלכה, כפי שציין הרמב"ן שם, כי ימי החול אין להם שמות משלהם כי אם נוקפים על חשבונה של השבת, כעין יום שני בשבת יום שלישי בשבת וכו'. ב) ואילו בשבת מצות זכרון והמתנה ושאיפה מוצאת את ביטויה בקידוש היום; קיום מצותה הוא ניסוח דברים על קדושתה ומעלתה.

כך גם מצות זכור את היום הזה אשר יצאתם ממצרים. א) היא מחייבת שלא יסיח אדם דעתו מיציאת מצרים, שיהא כולו שקוע במאורע זה, וכפי שהמשנה (פסחים קטז ע"ב) קבעה, כי חייב אדם לראות את עצמו כאילו הוא יצא ממצרים; והרמב"ם, בצטטו את דברי המשנה (פ"י מהלכות חמץ ומצה

תַּלְמוּד לוֹמַר:
בַּעֲבוּר זֶה.
בַּעֲבוּר זֶה לֹא אָמַרְתִּי
אֶלָּא
בְּשָׁעָה שֶׁיֵּשׁ מַצָּה וּמָרוֹר מֻנָּחִים לְפָנֶיךָ.

ה"ו) אף הוסיף, "כאילו הוא בעצמו יצא עתה משעבוד מצרים", כולו מופעם, כולו רוטט וקורן אור. ב) ברם, זכור אינו בא רק להזכיר לנו שלא נשכח או שלא נעלים דעתנו. מצוה זו תובעת מן האדם הרבה יותר: הרגשת העבדות והחירות, ההרגשה, כפי שהדגיש הרמב"ם, כאילו הוא בעצמו זה עתה היה שם, וכאילו הוא חי עכשיו את המאורעות עליהם הוא מספר. על ידי חווייה זו אדם יוצא ידי חובת סיפור יציאת מצרים. לא ניתן להסתפק בזכרונות המבריקים וכבים, העולים ונעלמים, אך אינם מצטרפים לחווייה שלימה. אמנם מעשה מצות סיפור יציאת מצרים מתקיים על ידי פעולתו המילולית אבל יש במצוה יותר ממלל ומעשה פיזי. מובן, שהסיפור הנובע מחווייה כזו, סיפור עבדות וגם שחרור, הוא מפורט וממושך. אין האדם יכול להפסיק את סיפורו על דבר נסיונותיו ורשמיו. לפיכך, אין הפעול "זכור" מתייחס לזכירה ארעית נטולת מתח החווייה כי אם לשיחה שאינה ניתנת להפסק.

מבחינה זו אנו מבינים את הברייתא "יכול מר"ח תלמוד לאמר ביום ההוא". הדברים מוקשים מאד: למה לנו לשקול את האפשרות של מר"ח, הלא כתיב ביום ההוא? רבותינו מעולם לא שאלו ביחס למצות לולב: יכול מר"ח ת"ל ביום הראשון. אמנם לפי דברינו הנ"ל הדברים מאירים כשמש. כיון שמצות סיפור יציאת מצרים ילפינן מזכור כמו בשבת, ושם מצות זכירה מתחילה מראשון שבשבוע, א"כ גם כאן יתחילו למנות מר"ח לליל חמשה עשר. זה שקבעה הברייתא מסמרות להלכה, כי מצוה זו מתחילה רק בשעה שיש מצה ומרור, וכן העתיק אף הרמב"ם דברי הברייתא.

(שעורים לזכר אבא מרי ז"ל)

בְּשָׁעָה שֶׁיֵּשׁ מַצָּה וּמָרוֹר מֻנָּחִים לְפָנֶיךָ

כבר עלתה השאלה על שלחן מלכים, הרי המה בעלי התוספות, אם מקיים אדם סיפור יציאת מצרים אחר חצות לראב"ע הסובר שאין הפסח נאכל אחר

חצות ואין אדם יוצא ידי חובת מצה באותו זמן, כמבואר בפסחים (קכ ע״ב), ״אמר רבא אכל מצה בזמן הזה אחר חצות לראב״ע לא יצא ידי חובתו״. תמצית השאלה היא, אם ההלכה של מצה ומרור מונחים לפניך באה להפקיע רק את ערב יו״ט כמבואר בברייתא, יכול מבעוד יום ת״ל וכו׳, ואילו ביחס לליל פסח אין מצות סיפור תלויה בהכשר קיום מצה ומרור שהוקשו לפסח, ודינה שווה לשאר מצוות הנוהגות בלילה, שכשרות כל הלילה; או דילמא, קיימת תלות גמורה והקבלה מדוייקת בין קיום מצה ומרור וקיום הגדה, ובשעה שפקע חיוב מצה ומרור פקע גם חיוב סיפור.

עיין בסוגיא (פסחים קטז ע״ב), בה מבואר, לפירושם של ראשונים אחדים, כי בזה״ז לרב אחא בר יעקב מצות סיפור היא רק מדבריהם. א״כ מוכח כי הדרשה של בעבור זה אינה רק סימן בעלמא בנוגע לזמן, כי אם קובעת שקיומי מצה, פסח, וסיפור תלויים זה בזה. ואמנם מדברי התוספות במגילה (כא, א, ד״ה לאתויי) מבואר כי אי אפשר לקיים מצות סיפור יציאת מצרים אחר חצות, אם כי הקילו בהלל, משום שהרי מדרבנן היא, ואילו הר״ן בסוף פרק שני דמגילה ציטט שיטת בעלי התוס׳ כי גם ההלל אסור לדחות עד אחר חצות. על כל פנים בעלי התוס׳ סוברים כי מצות סיפור תלויה בזמן קיום אכילת מצה ואינה נוהגת אחר חצות לדברי ראב״ע. הסתירה בולטת, אם כן, ממעשה ברבי אליעזר ור׳ יהושע וראב״ע ור׳ עקיבא ור׳ טרפון שהיו מסובים בבני ברק והיו מספרים ביציאת מצרים כל אותו הלילה עד שבאו תלמידיהם, דכנראה שגם ראב״ע עסק בסיפור יציאת מצרים כל הלילה, אע״פ שהוא בעל השמועה של אין הפסח נאכל אלא עד חצות. אמנם עיין במכילתא סוף בא: ״רבי אליעזר אומר מנין אתה אומר שאם היתה חבורה של חכמים או של תלמידים שצריכים לעסוק בהלכות עד חצות לכך נאמר מה העדות״. מבואר להדיא בברייתא כי מצות סיפור יציאת מצרים היא רק עד חצות לראב״ע, שר״א סובר כמותו (כן כתב הריטב״א בפירושו להגדה). א״כ סותרות שתי הברייתות אהדדי, והריטב״א עמד על זה.

אולי י״ל, כי בנוגע לזה חלוק קיום סיפור ע״י הרצאת העובדות ודרישת פרשת ארמי מקיום סיפור והגדה ע״י לימוד הלכות. זמן סיפור ע״י פירוט העובדות בפעולת תיאור אינו תלוי בזמן מצה, אלא אם הלילה בא ונתחייב בסיפור אז נמשך החיוב עד עמוד השחר, ככל מצוות הנוהגות בלילה דכשרות כל הלילה. אולם קיום סיפור ע״י עסק בהלכות הפסח או במצות מצה ומרור נגמר עם חצות, דהמחייב הוא מצות פסח ומצה, ואם זמן מצוה זו חלף, ממילא אין דיני הפסח שונים מדיני לולב או שופר, שיש בלימודם קיום תלמוד תורה אבל לא מעשה מצוה של הגדה. בבני ברק היו מספרים ביציאת מצרים ע״י

מִתְּחִלָּה
עוֹבְדֵי עֲבוֹדָה זָרָה הָיוּ אֲבוֹתֵינוּ

הרצאת העובדות במסגרת של תורה שבכתב ושבע"פ, בשעה שהמכילתא מתייחסת לעיסוק בהלכות הפסח שמסתיים עם גמר מצותו.

(שעורים לזכר אבא מרי ז"ל)

החיבור שעושה ההגדה בין סיפור יציאת מצרים לבין חיוב מצה ומרור מצביע על כך שישנו קשר מהותי בין סיפור יציאת מצרים לבין מצוות אכילת מצה. יש להביא לכך ראיה מלשון הרמב"ם במניין המצוות שלו בתחילת הלכות חמץ ומצה: בתחילה הוא כותב שמצווה לאכול מצה "בליל הפסח", ולאחר מכן הוא מונה מצווה נוספת, לספר ביציאת מצרים "באותו הלילה". שינוי הלשון בין "בליל הפסח" לבין "באותו הלילה" מצביע על כך שיש לקיים את מצוות סיפור יציאת מצרים יחד עם מצוות אכילת מצה. אם כך, אין למצוות סיפור יציאת מצרים גדר זמן משל עצמה, אלא היא תלויה במצוות אכילת מצה ומרור.

(רשימות)

מִתְּחִלָּה עוֹבְדֵי עֲבוֹדָה זָרָה הָיוּ אֲבוֹתֵינוּ

המשנה (פסחים קטז ע"א) קובעת שאת מצוות סיפור יציאת מצרים יש לקיים באופן של "מתחיל בגנות ומסיים בשבח". לדעת שמואל בגמרא, ה"גנות" היא מ"עבדים היינו", בעוד שלדעת רב הגנות היא "מתחילה עובדי עבודה זרה היו אבותינו".

את המחלוקת ניתן להבין כך. שני צדדים לשעבוד: הצד הגשמי והצד הרוחני. בבואנו לספר על גנות השעבוד מדגיש רב את הגנות הרוחנית, בעוד שמואל מדגיש את הגנות הגשמית. כל אחד מן האמוראים מדגיש פן אחר של השעבוד. לפיכך, רב ושמואל לשיטתם (בגיטין לח-לט), שם נחלקו לגבי

מפקיר עבדו. לרב, אף על פי שהפקיר את העבד, הוא עדיין טעון גט שחרור, בעוד שלשמואל יוצא העבד לחירות בהפקר לבדו, גם ללא גט שחרור.

את המחלוקת ביניהם ניתן להבין כך: ישנם שני דינים בעבד כנעני. ראשית, העבד הוא רכושו של רבו ולכן קניין ממון שלו. שנית, לעבד יש מעמד אישי פחות בדרגה (אסור בבת ישראל ואינו מחויב בכל המצוות) – זהו הנקרא "קניין איסור".

לדעת רב, קניין האיסור הוא העיקרי בעבדות, וממילא גם אם לרב אין עוד קניין ממון בעבדו – כגון לאחר שהפקיר אותו – הרי שעדיין טעון העבד גט שחרור על מנת להתיר את קניין האיסור ולהשוות את מעמדו לזה של ישראל. לעומתו, לדעת שמואל העיקר הוא קניין ממון, וקניין האיסור תלוי בו. לפיכך, אם אין עוד קניין ממון, כמו במפקיר עבדו, ממילא פוקע קניין האיסור. רב מדגיש את הפן הרוחני שבעבדות, "מתחילה עובדי עבודה זרה היו אבותינו", בעוד ששמואל מדגיש את הפן הגשמי של השעבוד במצרים, "עבדים היינו", שהוא כנגד הקניין הממוני.

(רשימות)

מִתְּחִלָּה עוֹבְדֵי עֲבוֹדָה זָרָה הָיוּ אֲבוֹתֵינוּ, וְעַכְשָׁיו קֵרְבָנוּ הַמָּקוֹם לַעֲבֹדָתוֹ

בעולם הקדום נהגו עמים אחרים להסביר את מוצאם כתוצאה ממעשה של אהבים אשר התרחש בין יצור עליון ובין יצור אנושי; אומות ועמים אלו ראו עצמם כצאצאיהם של אלים, נסיכים ומלכים. לא זה הוא סיפורה של היהדות. בליל הפסח, בלילה שבו נבחר עם ישראל כעם הברית, אנחנו אומרים כי בחירתנו איננה נובעת מכוח הישגינו. "מתחילה עובדי עבודה זרה היו אבותינו", אנחנו מכריזים, ואילולי "קירבנו המקום לעבודתו", ממשיכים היינו להיות כאלה, עובדי עץ ואבן.

צנועים אנו במוצאנו; אבותינו עובדי עבודה זרה פשוטים היו. העובדה שאנחנו העם אשר הביא אל העולם את המונותיאיזם, מוסריות חדשה ומערכת חדשה של ערכים רוחניים, איננה תוצאה של מאמצינו או של גדולתנו. האלהים בא אלינו והציע לנו להצטרף אליו; היוזמה שלו היתה. גדולתנו נובעת ממעשה מיוחד של חסד אשר הרעיף עלינו ריבונו של עולם. יכול היה לבחור לו אומה אחרת מבין שבעים האומות, אך כמעשה של חסד הוא בחר בנו. לא גילינו שום תכונות אשר הכשירו אותנו ליהנות מן הכבוד שבהיותנו עמו הנבחר של ה', קהילת הברית. אנו חסרי ערך, ואיננו ראויים לכך. תורתנו מתייחסת רבות לשאלת הכרת הטובה. על כן, בליל הפסח, אף קודם שאנו מתחילים לספר את סיפור יציאת מצרים, אנו נותנים ביטוי של הכרת תודה לריבונו של עולם. אנו

וְעַכְשָׁו

קֵרְבָנוּ הַמָּקוֹם לַעֲבוֹדָתוֹ

שֶׁנֶּאֱמַר

וַיֹּאמֶר יְהוֹשֻׁעַ אֶל־כָּל־הָעָם יהושע כד
כֹּה־אָמַר יהוה אֱלֹהֵי יִשְׂרָאֵל
בְּעֵבֶר הַנָּהָר יָשְׁבוּ אֲבוֹתֵיכֶם מֵעוֹלָם
תֶּרַח אֲבִי אַבְרָהָם וַאֲבִי נָחוֹר
וַיַּעַבְדוּ אֱלֹהִים אֲחֵרִים:
וָאֶקַּח אֶת־אֲבִיכֶם אֶת־אַבְרָהָם מֵעֵבֶר הַנָּהָר
וָאוֹלֵךְ אוֹתוֹ בְּכָל־אֶרֶץ כְּנָעַן
וָאַרְבֶּ אֶת־זַרְעוֹ, וָאֶתֶּן־לוֹ אֶת־יִצְחָק:
וָאֶתֵּן לְיִצְחָק אֶת־יַעֲקֹב וְאֶת־עֵשָׂו
וָאֶתֵּן לְעֵשָׂו אֶת־הַר שֵׂעִיר לָרֶשֶׁת אוֹתוֹ

וְיַעֲקֹב וּבָנָיו יָרְדוּ מִצְרָיִם:

מכירים לו טובה לא רק בשל הניסים שאירעו מאוחר יותר, אלא בשל עצם העובדה שהוא זימן אותנו לעבודתו.

(זמן חירותנו)

קֵרְבָנוּ הַמָּקוֹם לַעֲבֹדָתוֹ

ה"מקום", ולא הקדוש ברוך הוא, קרבנו לעבודתו, מכיוון שהקדוש ברוך הוא לא היה הופך את זרעו של עובד עבודה זרה כתרח לממלכת כוהנים וגוי קדוש. המקום, לעומת זאת, מקרב כל אחד, יהיה מי שיהיה, בין אם הוא צדיק ובין

אם הוא רשע. המקום אינו עוזב איש. האל כול יכול, לית אתר פנוי מיניה. איש אינו מחוצה לו, כפי שאיש אינו מחוץ למרחב, ה"מקום", שהוא חודר כול וכולל כול. דבר אינו גדול כל כך עד שמן הנמנע שיהיה כלול במרחב, ודבר אינו קטן מדי. כמובן, תכף כאשר קירבנו המקום לעבודתו הרי ששמו משתנה ל"קדוש ברוך הוא"; ומיד לאחר מכן אנו מוצאים בהגדה: "הקדוש ברוך הוא חישב את הקץ".

(קול הרב)

כאשר רב מכריז כי ה"מתחיל בגנות ומסיים בשבח" היא "מתחילה עובדי עבודה זרה היו אבותינו ועכשיו קירבנו המקום לעבודתו" (פסחים קטז ע"א), כוונתו לומר כי יכול האדם לקיים את החובה לספר ביציאת מצרים באמצעות המילים "קירבנו המקום לעבודתו". אין ספק כי קיימת המצווה לדון באריכות ולהרבות בפרטים, אך רב מבקש בעצם לומר כי הרעיון המרכזי הוא לספר על בחירת ישראל, וכי סיפור זה יש לספר באמצעות הדיון בהלכות הפסח. למען האמת, סיפור יציאת מצרים חייב לפתוח בהצהרה על הלכות הפסח, החוקים והמשפטים, ורק לאחר מכן לספר את קורות היציאה עצמה. באמצעות סיפור המעשה מסבירים את המצוות. זו הסיבה שבשלה שולבו בהגדה הדינים המסדירים את סיפור יציאת מצרים גופו. המלומד יכול בדרך כלל לעשות יותר מכן, כדברי ההגדה "וכל המרבה לספר ביציאת מצרים הרי זה משובח", אך בהגדה נקבעה היחידה שאי־אפשר בפחות ממנה.

(זמן חירותנו)

וָאֶתֵּן לְעֵשָׂו אֶת־הַר שֵׂעִיר לָרֶשֶׁת אוֹתוֹ, וְיַעֲקֹב וּבָנָיו יָרְדוּ מִצְרָיִם
באופן לא צפוי נזכר כאן הר שעיר, מכיוון שההגדה רוצה להנגיד בין יעקב לעשו, אחים תאומים בני אותם אב ואם. הייעוד של שניהם אמור היה להיות זהה, אך אין הדבר כך. "ויקח עשו את נשיו ואת בניו ואת בנֹתיו ואת כל נפשות ביתו ואת מקנהו ואת כל בהמתו ואת כל קניָנו אשר רכש בארץ כנען וילך אל ארץ" (בראשית לו, ו). הוא לא נדד במדבר ארבעים שנה; הוא לא אכל את המן; הוא לא חטא בחטא העגל או בחטא המרגלים. לא הייתה כל מניעה, והבטחת הקב"ה התגשמה תוך זמן קצר; אך לאבותינו לא קיים הקב"ה את הבטחתו תכף ומיד.

(קול הרב)

ייעודיהם של יעקב ושל עשיו הפוכים זה מזה. הגמרא (מגילה ו ע"א) קובעת: "קסרי וירושלים, אם יאמר לך אדם חרבו שתיהן, אל תאמן; ישבו שתיהן,

בָּרוּךְ שׁוֹמֵר הַבְטָחָתוֹ לְיִשְׂרָאֵל

בָּרוּךְ הוּא

שֶׁהַקָּדוֹשׁ בָּרוּךְ הוּא חִשַּׁב אֶת הַקֵּץ

לַעֲשׂוֹת כְּמָה שֶׁאָמַר לְאַבְרָהָם אָבִינוּ בִּבְרִית בֵּין הַבְּתָרִים

אל תאמן; חרבה קסרי וישבה ירושלים, חרבה ירושלים וישבה קסרי, תאמן, שנאמר (יחזקאל כו, ב) אמלאה החרבה, אם מליאה זו חרבה זו, אם מליאה זו חרבה זו. רב נחמן בר יצחק אמר מהכא (בראשית כה, כג): ולאום מלאום יאמץ״.

בהתאם למצב עניינים זה מלמד אותנו הפסוק שתכף כאשר ירש עשו את הר שעיר, ירד יעקב אבינו למצרים.

(רשימות)

שֶׁהַקָּדוֹשׁ בָּרוּךְ הוּא חִשַּׁב אֶת הַקֵּץ

״הוא היה אומר: האב זוכה לבן, בנוי ובכוח ובעושר ובחכמה ובשנים ובמספר הדורות לפניו – והוא הקץ, שנאמר (ישעיה מא, ד): ׳קורא הדורות מראש׳. אעפ״י שנאמר (בראשית טו, יג): ׳ועבדום וענו אותם ארבע מאות שנה׳, ונאמר (שם טז): ׳ודור רביעי ישובו הנה׳״ (עדויות ב, ט).

אלה הם דבריו של רבי עקיבא, והשאלה היא: כיצד עלינו לבאר את דברי המשנה הזו (חייב אני הכרת טובה לרבי יצחק יעקב ריינס ז״ל על כמה היבטים של הביאור הזה בספרו ״אורה ושמחה״).

נוכל לשער שרבי עקיבא אמר את דבריו בימים הקשים והנוראים שלהם היה עד. מרד בר־כוכבא עמד לפרוץ ורבי עקיבא קבע ברוב אמונתו כי ״דרך כוכב מיעקב״, כשהוא מתכוון לבר־כוכבא שבו תלה תקוות גדולות. בתקופה קשה זו בוודאי נמצאו רבים שהצביעו על אי־בשלותו של מרד כזה; על כך שעדיין לא הגיע הזמן לאחוז בנשק נגד המעצמה הרומית. הבעיה הישנה נושנה אם צריך האדם להתערב בזרם המהלך ההיסטורי ואם לאו – דרשה הכרעה. רבי עקיבא נאלץ היה להביע דעתו והשקפתו בדבר הגישה הדו־אנפית לעניין הזמן: מניין השנים ומספר הדורות.

אכן ברור הדבר שאם הזמן נמדד כמותית, באמצעות מניין השנים, היינו שרק שבעים שנה מפרידות בין מרד בר־כוכבא ובין חורבן הבית – הרי תקופה קצרה היא שלא תספיק להכין את העם לתחייה מחדש ולביסוס עצמאות

מדינית. אולם אם הזמן נמדד איכותית, באמצעות מספר הדורות, היינו לפי מה שיכלו "הדורות" להשיג וליצור; אם אין הזמן נמדד על ידי שעון סתם, כי אם על ידי יצירתה של אומה – או אז בשבעים שנה יכלה אומה לעשות גדולות ונצורות, יכלה להיות מוכנה ומזומנה וראויה לחירות ולעצמאות. אם העבר נשאר בהווייתו, הרי "אם זוכה לכך" – העתיד עומד על הסף.

כהוכחה אלוקית ברורה לרעיון זה משמעות שתי האמירות המנוגדות בקשר למשך שיעבוד מצרים, אשר אחת מהן קובעת ארבע מאות שנה, והשנייה פחות בהרבה – ארבעה דורות. בפרקי דר' אליעזר מוסברת הסתירה הזאת בדרך של לימוד זכות: כאן שזכו וכאן שלא זכו. אם יצליח היהודי לפתח בקרבו את התודעה האיכותית של הזמן, יכולה תקופת המעבר להימשך ארבעה דורות בלבד. בזמן זה יכול העם להוציא מקרבו את משה רבנו גואלן של ישראל. אולם אם תהא תודעת המדידה כמותית, הרי אף ארבע מאות שנה נראות כבלתי מספיקות. במקרה כזה גורלו של העם יהא דומה למסע אין־סופי במדבר ויוכל הקב"ה להשתמש בקריטריון שלו, כביכול, עצמו: "כי אלף שנים בעיניך כיום אתמול". האידיאל של הקץ ו"סוף הדרך" אינו ניתן להשגה אם יהא נדרש במושגים כמותיים, זה יהא תהליך חד־מימדי ארוך וממושך עד אין תכלה.

הקץ, הגאולה אינם דבר סטאטי ורחוק, שלעברו נמשך האדם ממילא. זוהי מטרה, אידיאל או נורמה, שהאדם בעצמו מכניס בהם רוח חיים. אך ורק על ידי קריטריונים איכותיים של יצירתיות יוכל האדם לקצר את המרחק ולהגיע לקפיצות דרך מסוימות. הטכנולוגיה המודרנית כבשה את החלל. האידיאל הקשור בקץ הוא – כיבוש הזמן.

ואמנם, זו היתה דעתו הנחושה של רבי עקיבא בבואו אל עמו בדרישה למרוד ברומאים. ההשקפה בדבר תהליך היסטורי־אטי, שהיתה כה פופולרית אצל האומות שחיו בספירת ההשפעה היוונית, וכן ההתפתחות הממושכת מן החומר לצורה, מדרגה נמוכה לדרגה גבוהה ממנה – כל אלה יש להם משקל וערך כל זמן שהחיים מתקיימים לפי אמות מידה כמותיות. בתקופות כאלה נעים כוחות ההיסטוריה בקצב אטי ביותר; שנים, עשורי השנים ומאות שנים הן כטיפות בים הגדול של הנצח. אומה שאינה מבינה יפה את הדו־אנפיות שהזמן יכול להעניק לה, את האלטרנטיבות המוצעות לה, אומה כזו יכול שתהא כפופה לאותן מערכות־חוקים השולטות בתהליך הקוסמי של הטבע. על פי השיטה של "מניין השנים" כל ניסיון של מרידה נידון מראש לכישלון. אם יעזוב האדם את גורלו למקריות העיוורת והמיכנית של הכרעות נסיבתיות – לא יוכל לעולם להשיג פדות וגאולה. הקץ כאילו אינו קיים בשבילו, בדומה לטבע עצמו שאינו סובל מבוכה ובילבול.

שֶׁנֶּאֱמַר

וַיֹּאמֶר לְאַבְרָם בראשית טו

יָדֹעַ תֵּדַע כִּי־גֵר יִהְיֶה זַרְעֲךָ

בְּאֶרֶץ לֹא לָהֶם

וַעֲבָדוּם וְעִנּוּ אֹתָם אַרְבַּע מֵאוֹת שָׁנָה:

וְגַם אֶת־הַגּוֹי אֲשֶׁר יַעֲבֹדוּ דָּן אָנֹכִי

וְאַחֲרֵי־כֵן יֵצְאוּ בִּרְכֻשׁ גָּדוֹל:

והנה, היהודים ירשו מאברהם אבינו את האלטרנטיבה של מניין השנים. ניסיונו מעמיד לאדם אתגר שלא לחיות סתם בתוך הזמן, כי אם לעצב את הזמן, לתת לקצב הימים פירוש חדש ואופקים חדשים. בשבעים השנים מחורבן הבית עד פרוץ המרד של בר־כוכבא, העם היהודי כאילו חי וחווה משך זמן בלתי מוגבל, "והוא הקץ" המבשר את הגאולה.

(קודש וחול)

יָדֹעַ תֵּדַע כִּי־גֵר יִהְיֶה זַרְעֲךָ

כך אומר ה' לאברהם: "ידע תדע". מסירותך לארץ תהיה עזה ולוהטת, "כי", משום, ש"גר יהיה זרעך בארץ לא להם", משום שלא תקבל את הארץ לאלתר אלא יהיה עליך להמתין למענה תקופה ארוכה. הם ישועבדו ויתעללו בהם במשך ארבע מאות שנים. במשך הלילה האפל של הגלות יהיה לך רק חלום אחד, חזון אחד, שאיפה אחת, תקווה אחת: לשוב לארץ ישראל! "לשנה הבאה בירושלים". ולאחר שתשוב לארץ ישראל, מבטיח אני לך שתאהב עמוקות את הארץ. תהיה זו אהבה נצחית, לא רק מעשה אהבים חולף.

ארץ ישראל לא ניתנה מיד ליעקב, כדרך שניתן הר שעיר לעשו. התורה מספרת לנו על מעברו של עשו מארץ כנען להר שעיר כדרך שעובר אדם מדירה אחת לאחרת. "ויקח עשו את נשיו ואת בניו ואת בנתיו ואת כל נפשות ביתו ואת מקנהו ואת כל בהמתו ואת כל קנינו אשר רכש בארץ כנען וילך אל ארץ מפני יעקב אחיו" (בראשית לו, ו). אך כדי שיעקב ובניו יקבלו את ארץ ישראל, היה עליהם תחילה לרדת למצרים.

(עמודו של עולם)

וְגַם אֶת־הַגּוֹי אֲשֶׁר יַעֲבֹדוּ דָּן אָנֹכִי

בברית בין הבתרים מבטיח הקב"ה לאברהם אבינו שהוא ידון את מצרים. והלא הקב"ה הוא שופט כל הארץ, היושב על כיסא דין ולפניו יבוא הכול במשפט – ואם כן, מדוע בכלל נצרך להבטיח לאברהם אבינו שידון את מצרים? הגר"ח ביאר שלוּ הייתה ההבטחה אך ורק שהקב"ה ידון את מצרים, היה על הכתוב לומר: "אדין אנכי". מהלשון "דן אנכי" אנו למדים משהו אחר: הקב"ה לא ידון את מצרים בלבד. על הדיין להיות מי שאינו נוגע בדבר ומוטה לטובת אחד מן הצדדים; אך ביחס למשעבדי עם ישראל, הקב"ה אינו דן כמישהו שאינו נוגע בדבר, אלא מחפש עילה לנקום באויבי ישראל. הקב"ה יהיה צד בדין. זאת מכיוון שהקב"ה ועם ישראל קשורים זה לזה קשר בל יינתק. המשנה (סנהדרין ו, ה) אומרת: "בזמן שאדם מצטער, שכינה מה לשון אומרת, קלני מראשי, קלני מזרועי". כך נמצא הקב"ה עם האדם בייסוריו. כאשר עם ישראל נרדף, הקב"ה נרדף גם הוא, והקב"ה נעשה צד בדין מכיוון שגם הוא בצד הנרדף. שמו של הקב"ה וייעודו חד הם, ולכן הבטחת הקב"ה לאברהם אבינו היא שלא רק שהוא ישב בדין לדון את מצרים, אלא "דן אנכי": הקב"ה יהפך בזכות ישראל ויחפש עילה כנגד המצרים, מכיוון שהקב"ה וישראל יחד הם בעלי דין כנגד מצרים.

לגבי עשיית דין באויבי ישראל, מקשה המדרש (בראשית רבה פב, ט) שישנה סתירה לכאורה בין שני כתובים. כתוב אחד אומר: "נצב לריב ה'" (ישעיה ג, יג), וכתוב אחר אומר: "אשב לשפט את כל הגוים" (יואל ד, יב). המדרש משיב שבהתחלה יושב הקב"ה כדיין שאינו נוגע בדבר, הדן את הדין במתינות ובשיקול דעת, אך לאחר מכן נעשה בעל דין, ואז הוא ניצב לריב את הגויים למען עם ישראל. הגר"ח הסביר שמצד הדין, על הדיין לשבת ועל בעלי הדין לעמוד (שבועות ל ע"ב), ולפיכך אומר המדרש שהקב"ה ממלא שני תפקידים שונים במשפטם של אויבי ישראל – בתחילה הוא דיין, הדן במתינות כפי שמצופה מדיין, אבל לאחר מכן מתעוררת קנאתו למען עם ישראל, והוא הופך לבעל דין זועם. זוהי משמעות הבטחת הקב"ה לאברהם, "דן אנכי".

(קול הרב)

וְאַחֲרֵי־כֵן יֵצְאוּ

החשש מפני התפרצות של עבדים רדפה את כל הרודנים של העולם העתיק, כמו גם את אלה של התקופה המודרנית. מרידת עבדים משמעה הרס מוחלט. בהיסטוריה נרשמו הרבה התקוממויות עקובות מדם וחסרות רחמים של עבדים כנגד אדוניהם. הסיפּורים על אכזריותם של המורדים הם מקפיאי דם. הם היו להוטים לסגור חשבון ארוך של מעשי אכזריות, וטבח מעורר אימה אפיין

מכסה את המצות, אוחז את הכוס ואומר:

וְהִיא

שֶׁעָמְדָה לַאֲבוֹתֵינוּ וְלָנוּ
שֶׁלֹּא אֶחָד בִּלְבָד עָמַד עָלֵינוּ לְכַלּוֹתֵנוּ
אֶלָּא שֶׁבְּכָל דּוֹר וָדוֹר עוֹמְדִים עָלֵינוּ לְכַלּוֹתֵנוּ
וְהַקָּדוֹשׁ בָּרוּךְ הוּא מַצִּילֵנוּ מִיָּדָם

מניח את הכוס ומגלה את המצות.

את מעשיהם. אי־אפשר היה לעמוד בפני הדחף הפראי לנקמה, לסיפוק היסוד השטני שבאדם.

האם משהו מכל זה אירע בליל היציאה ממצרים? האם נלקחו תינוקות מצריים מחיק אמותיהם והושלכו אל היאור, כפי שנרצחו ילדי העברים רק זמן קצר קודם לכן? האם היכה העברי את הנוגש, אשר רק כמה ימים קודם לכן עינה אותו באכזריות? שום דבר מסוג זה לא אירע. שום אדם לא נפגע, שום בית לא נהרס.

העבדים המשוחררים מצאו בעצמם את האומץ לסגת, לדכא את הקריאה הטבעית של יצריהם. מה עשו בני ישראל בשעה שזכו לחירות? במקום לנהור אל רחובות גושן, הם הסתגרו בבתיהם, אכלו את קורבן הפסח ואמרו את ההלל. דבר זה הוא יחיד במינו בתולדות המהפכות. "ואתם לא תצאו איש מפתח ביתו עד בקר" (שמות יב, כב).

האם היינו מגנים את בני ישראל לו נזקפו לחובתם בליל חמישה עשר בניסן כמה מעשים של ונדליזם, או אפילו כמה מעשי רצח, בהורגם כמה מן הנוגשים אשר השליכו את תינוקותיהם אל היאור? ועם זאת, בני ישראל, במצוות ה', מיאנו לעשות כן. הם הכריזו מלחמה על עצמם וסירבו לספק צורך אנושי בסיסי, את הצורך בנקמה. אך כשגברו על עצמם, זכו אף לגדול שבניצחונות: הם נעשו בני חורין.

(זמן חירותנו)

צֵא וּלְמַד

מַה בִּקֵּשׁ לָבָן הָאֲרַמִּי
לַעֲשׂוֹת לְיַעֲקֹב אָבִינוּ

וְהִיא שֶׁעָמְדָה

כמבוא ל"ארמי אבד אבי" מגביהים אנו את כוסנו ואומרים "והיא שעמדה לאבותינו ולנו" – הבטחה זו קיימה והחייתה את אבותינו ואותנו. יציאת מצרים היא אירוע של קבע, מעשה של יום ביומו. תמיד נמצא פרעה כלשהו, או אף מישהו גרוע ממנו, השטוף בשנאה פסיכופתית, אכזרית, צמאת דם. רק השגחתו הקבועה של הקב"ה הצילה אותנו מהשמדה מוחלטת.

אנו חוגגים את חג יציאת מצרים לא רק משום שאנו זוכרים אותה, לא רק משום שאנו חווים אותה מחדש, אלא משום שזו דרמה תמידית וקבועה. כל דור ודור חי תוך מימוש חווית יציאת מצרים. על כן, קודם שאנו מתחילים לקרוא את פרשת "ארמי אבד אבי", לבאר אותה ולדון בה, אנו מודיעים לשומע כי אנו נוקטים בדרך הפרשנות הטוטלית, מעתיקים את העבר אל תוך ההווה, מזהים את הזיכרון עם המציאות. פרשה זו מלמדת אותנו כי אנו עם בודד, כי אנו קבוצה של ארמים נודדים הניצבים אל מול עוינות, כי עצם קיומנו הוא נס. סיפור יציאת מצרים הוא סיפור גורלנו!

את יציאת מצרים ראוי לזכור והיא רלוונטית תמיד. אנו חווים אותה רטרוספקטיבית וחשים כי ראויים אנו להודות עליה; אנו אף מכירים בכך שזה סיפורו של דורנו שלנו, אשר על גאולתו אנו מתפללים. אנו מגביהים את הכוס באומרנו "והיא שעמדה". בלשון המקרא תיבת "כוס" מסמלת את הייעוד: "דִשנת בשמן ראשי כוסי רויה" (תהלים כג, ה), "כוס ישועות אשא" (שם קטז, יג). הגבהת הכוס מסמלת את העובדה שההגדה היא ספר הייעוד היהודי.

(זמן חירותנו)

שֶׁפַּרְעֹה לֹא גָזַר
אֶלָּא עַל הַזְּכָרִים
וְלָבָן בִּקֵּשׁ לַעֲקֹר אֶת הַכֹּל

שֶׁנֶּאֱמַר

אֲרַמִּי אֹבֵד אָבִי דברים כו
וַיֵּרֶד מִצְרַיְמָה, וַיָּגָר שָׁם בִּמְתֵי מְעָט
וַיְהִי־שָׁם לְגוֹי גָּדוֹל עָצוּם וָרָב

שֶׁפַּרְעֹה לֹא גָזַר אֶלָּא עַל הַזְּכָרִים, וְלָבָן בִּקֵּשׁ לַעֲקֹר אֶת־הַכֹּל
בהגדה מציגים חז"ל את לבן כאויב עמנו. לבן עצמו מודה בכך כשהוא אומר: "יש לאל ידי לעשות עמכם רע" (בראשית לא, כט). יש להבחין בכך שהמילה "עמכם" היא בלשון רבים. מדוע לא משתמש לבן בלשון יחיד כאשר הוא פונה אל יעקב אבינו? התשובה היא שלבן פונה אל שתי בנותיו ואל נכדיו. לבן היה מוכן להרוג את בנותיו מכיוון שהן קיבלו על עצמן אמונה באל שאותו לבן אינו מבין; הוא היה מנוכר מבנותיו שלו עצמו, עד שהתמלא עליהן שנאה שפוכה. רק התערבותו של הקב"ה מנעה מלבן לבצע את זממו. בהשוואה אליו, פרעה היה שפוי. פרעה הורה להשליך את תינוקות העברים אל היאור, אך לא את בנו שלו. לבניו שלו הוא דאג; כאשר מת בנו הגדול במכת בכורות, הוא אץ למשה בלילה ואמר לו לצאת עם בני ישראל ממצרים תכף ומיד. פרעה היה רשע, נצלן ומשעבד, אך הוא היה אדם נורמלי. הוא הפיק רווח כלכלי מן השעבוד ההמוני, ורצה לשמור על בני ישראל משועבדים – אך לא להשמידם או לפגוע במשפחתו שלו.

(קול הרב)

אֲרַמִּי אֹבֵד אָבִי
פסוק זה הוא חלק ממקרא ביכורים, הנאמר בשעת הבאת הביכורים למקדש. מסתבר שאמירת הפרשה במסגרת הבאת הביכורים מהווה קיום של סיפור

יציאת מצרים. אם כך, אנו מצווים לספר ביציאת מצרים שתי פעמים: עם הבאת הביכורים, ובליל ט"ו בניסן. התורה לא ציוותה על נוסח מסוים שעלינו להגיד בליל ט"ו בניסן, אלא כתבה בלשון כללית: "והגדת לבנך" (שמות יג, ח); אך היא ציוותה על נוסח שיש לקרוא בעת הבאת הביכורים: "וענית ואמרת לפני ה' אלהיך: ארמי אבד אבי..." (דברים כו, ה). יש רגליים לסברה שגם את מצוות הסיפור בליל פסח יש לקיים בלשון זו. בשני המקרים מצווים אנו "לספר ביציאת מצרים".

אף שההגדה ומקרא הביכורים הן שתי מצוות העומדות כל אחת בפני עצמה, שורשן המשותף הוא הכרת הטוב. אמנם, אף שלשתיהן שורש משותף, אופן הביטוי של הכרת הטוב שונה ממצווה למצווה. מקרא ביכורים כולל שבח, בעוד שההגדה כוללת שירה.

במקרא ביכורים, עניין הכרת הטוב מתקיים בעקיפין, באמצעות סיפור יציאת מצרים. אין מילות שבח ותהילה מפורשות. די לנו בתיאור מה שאירע, וכל המוסיף גורע. חובת הכרת הטוב מתקיימת בסיפור האירועים בלבד, בדומה לקריאת המגילה בפורים. בביאור הטעם שאיננו אומרים הלל בפורים, אומרת הגמרא (מגילה יד ע"א): "קריאתה זו הללא". במילים אחרות, ההודאה טמונה בעצם הסיפור, וכל שעלינו לעשות הוא לספר את האמת.

בליל הסדר אנו משבחים את הקב"ה בפירוש. אף שאנו מספרים את הסיפור בשלמותו, לא די לנו לשבח בעקיפין. אנו שרים מזמור, קוראים הלל, אומרים שירה חדשה. בליל הפסח אנו לא רק אסירי תודה לקב"ה, אלא עולים על גדותינו מאהבה ומהכרת הטוב. זהו לילה של שיכרון חושים, כאשר האדם חולה אהבה לקב"ה; זהו לילה של "אני לדודי ודודי לי" (שיר השירים ו, ג). מוכרחים אנו לשיר; מוכרחים אנו לומר שירה על הכוס! "ונאמר לפניו שירה חדשה, הללויה".

(קול הרב)

ישנם חילוקים יסודיים בין זכירה לבין סיפור. ראשית, זכירה משמעותה הזכרת יציאת מצרים בעת קריאת פרשת ציצית בקריאת שמע. באמירת הפסוק החותם את הפרשה, "אני ה' אלוהיכם אשר הוצאתי אתכם מארץ מצרים" (במדבר טו, מא), קיימנו את המצווה. לעומת זאת, "סיפור" משמעותו תיאור האירועים באריכות, כולל קושי השעבוד והאותות והמופתים שעשה הקב"ה במצרים לגאלנו. שנית, זכירה נעשית בין האדם לבין עצמו, בעוד שסיפור כולל חובה לספר לאחרים, כדברי הכתוב: "והגדת לבנך" (שמות יג, ח). שלישית, זכירת יציאת מצרים אינה מצווה בפני עצמה, אלא היא נכללת במצוות קריאת שמע

וקבלת עול מלכות שמיים. סיפור יציאת מצרים, לעומת זאת, הוא מצווה בפני עצמה, אחת מתרי"ג מצוות. את החילוקים האלה שמעתי מאמו"ר זצ"ל בשם זקני זצ"ל. ונראה שיש להוסיף עוד חילוק אחד: הסיפור כולל מצווה להודות ולשבח, כפי שאנו אומרים בהגדה: "לפיכך אנו חייבים להודות, להלל, לשבח". חיוב כזה אינו קיים בזכירה.

חילוק נוסף הוא שסיפור מתקיים באמצעות תלמוד תורה, בעוד שזכירה מתקיימת בעצם אזכור יציאת מצרים. אנו יודעים שסיפור יציאת מצרים סובב סביב פרשת "ארמי אובד אבי" (דברים כו, ה-ח). ואכן, המשנה (פסחים י, ד; קטז ע"א) אומרת בפירוש: "ודורש מארמי אובד אבי עד שגומר כל הפרשה כולה". הרמב"ם מנסח הלכה זו באופן דומה (הלכות חמץ ומצה ז, ד): "שידרוש מארמי אובד אבי עד שיגמור כל הפרשה". נראה שלדעת הרמב"ם, לא ניתן לקיים "ידרוש" באמצעות סיפור המאורעות בלבד. לשם קיום המצווה בשלמותה יש ללמוד ולדרוש באמצעות תורה שבעל פה את פסוקי ארמי אובד אבי, ולא להסתפק בקריאת הפסוקים בלבד. הרחבת יריעת הסיפור באמצעות קריאת פרשיות אחרות מספר שמות אינה מספקת לקיום המצווה; יש לדרוש את פרשת ארמי אובד אבי דווקא.

(קול הרב)

החיוב הנזכר במשנה (פסחים י, ד) הוא: "דורש מארמי אובד אבי עד שיגמור כל הפרשה כולה". אך לאמיתו של דבר, איננו קוראים את הפרשה כולה מראש ועד סוף. אנו משמיטים את הפסוק וחצי האחרונים: "ויביאנו אל המקום הזה ויתן לנו את הארץ הזאת ארץ זבת חלב ודבש. ועתה הנה הבאתי את ראשית פרי האדמה אשר נתת לי ה'" (דברים כו, ט-י). מדוע לא נכלל הכתוב המדבר על הכניסה לארץ בנוסח ההגדה שלפנינו?

ניתן להציע כמה תשובות לשאלה הזו. ראשית, אם הייתה ההגדה דורשת גם את הפסוק הזה, היינו מקבלים את הרושם שישנן חמש לשונות גאולה, ולא ארבע. חז"ל סברו כפי הנראה שאין להזכיר לשון "והבאתי" (שמות ו, ח) בליל הסדר. הטעם לכך הוא שבניגוד לארבע לשונות הגאולה האחרות, שנאמרו למשה כדברים חדשים שלא הובטחו לאבות, "והבאתי" כבר הובטח לאברהם, ליצחק וליעקב בברית האבות שנכרתה עם כל אחד מהם.

שנית, אף שעם ישראל נכנס לארץ ישראל לאחר יציאת מצרים, לא הייתה זו מטרתה העיקרית של יציאת מצרים. המטרה הישירה של יציאת מצרים הייתה מעמד הר סיני, והפיכת עם של עבדים ל"ממלכת כהנים וגוי קדוש" (שמות יט, ו). המטרה לא הייתה רק להעניק להם חירות מדינית

וַיֵּרֶד מִצְרַיְמָה
אָנוּס עַל פִּי הַדִּבּוּר

וכלכלית, אלא יצירת גוי קדוש. במעמד הסנה שאל משה את הקב"ה: "מי אנכי כי אלך אל פרעה וכי אוציא את בני ישראל ממצרים?" (שמות ג, יא), ועל כך משיב לו הקב"ה תשובה שבמבט ראשון אינה עונה על שאלתו: "כי אהיה עמך, וזה לך האות כי אנכי שלחתיך: בהוציאך את העם ממצרים תעבדון את האלוהים על ההר הזה" (שמות ג, יב). לאמיתו של דבר, אמר לו הקב"ה: "משה, דע לך כי מטרת יציאת מצרים אינה חירות מדינית וחברתית. לא למטרה זו בחרתיך. לא בחרתיך להיות מדינאי, מלך או מנהיג פוליטי, אלא מטרת יציאת מצרים היא יצירת גוי קדוש, הפיכת עם ישראל לעם התורה. למטרה זו ישנו צורך ברב, מלמד ומורה שינהיג וינחה את העם הזה. ולמטרה זו, משה, אתה המתאים ביותר". פסח מוליך לשבועות, והמוטיב החוזר של רגלים אלו הוא יציאת מצרים המובילה למתן תורה. ארץ ישראל איננה הנושא המרכזי של שני החגים הללו.

שלישית, אין לי ספק שבזמן שבית המקדש היה קיים, אמרנו בהגדה של פסח את "ויביאנו" מתוך שמחה והודאה. חשנו חובה להודות לקב"ה לא רק על יציאת מצרים, אלא גם על הכניסה לארץ ישראל ועל בניין בית המקדש. המשנה מתארת כיצד חגגו את הפסח בזמן שבית המקדש היה קיים, לא בזמן הגלות. אלא שהשתנו הזמנים. בית המקדש נחרב; ארץ ישראל נכבשה ביד זרים; עם ישראל גלה מן הארץ. חז"ל כפי הנראה סברו שאין ראוי להודות בליל הסדר על ארץ ועל מקדש שנגזלו מאתנו.

(קול הרב)

אָנוּס עַל פִּי הַדִּבּוּר

ביטוי זה, המדגיש את הכפייה, הוא חריג ומופיע אך ורק בהגדה. היה על ההגדה לומר: "וירד מצרימה על פי הדיבור", בלי להזכיר לשון אונס. מכיוון שכך, נראה שיש לפרש שאין הכוונה שהקב"ה ציווה אותו לרדת, אלא שריבון העולמים סובב את הסיבות כך שיעקב אבינו לא יכול היה להישאר עוד בארץ כנען, מכיוון שכדי לראות את בנו האהוב יוסף, נאלץ יעקב לרדת למצרים בניגוד לרצונו. יעקב אבינו לא רצה לעזוב את ארץ כנען, אך הקב"ה עמד

וַיָּגָר שָׁם

מְלַמֵּד שֶׁלֹּא יָרַד יַעֲקֹב אָבִינוּ
לְהִשְׁתַּקֵּעַ בְּמִצְרַיִם, אֶלָּא לָגוּר שָׁם
שֶׁנֶּאֱמַר
וַיֹּאמְרוּ אֶל־פַּרְעֹה בראשית מז
לָגוּר בָּאָרֶץ בָּאנוּ
כִּי־אֵין מִרְעֶה לַצֹּאן אֲשֶׁר לַעֲבָדֶיךָ
כִּי־כָבֵד הָרָעָב בְּאֶרֶץ כְּנָעַן
וְעַתָּה יֵשְׁבוּ־נָא עֲבָדֶיךָ בְּאֶרֶץ גֹּשֶׁן:

לקיים את הבטחתו לאברהם, "כי גר יהיה זרעך בארץ לא להם". יעקב נאלץ לרדת למצרים מכורח הנסיבות שסובב הקב"ה, וזו המשמעות של "אנוס על פי הדיבור".

יעקב ובניו לא ויתרו על תביעת הבעלות שלהם על ארץ כנען בעת שירדו למצרים, מכיוון שהירידה הייתה "אנוס על פי הדיבור". יעקב אבינו לא ירד מרצונו. הבטחת הארץ לאברהם אבינו הייתה תלויה בהגעתו לארץ ובהליכתו לאורכה ולרוחבה, ובדרכו לחרן קיבל יעקב אבינו הבטחה מהקב"ה שהארץ תינתן לו לאחר שישוב: "לך אתננה ולזרעך" (בראשית כח, יג). אך ברדתו למצרים לא נאמרה ליעקב הבטחה דומה. הקב"ה אמר לו: "אנכי ארד עמך מצרימה ואנכי אעלך גם עלה" (בראשית מו, ד), ללא הבטחת הארץ.

הטעם ל"אנוס על פי הדיבור" הוא ההלכה שמה שנעשה מתוך אונס אינו מבטל זכויות ואינו יוצר התחייבויות. אף שיעקב ובניו נעדרו מן הארץ המובטחת, זכותם לארץ לא נפגעה.

מעניין כי הרמב"ם השמיט את הפסקה הזו מנוסח ההגדה שלו. המשנה (פסחים קטו ע"א) קובעת כי בליל הסדר ישנו חיוב לדרוש בפרשת ארמי אובד אבי. נראה שלדעת הרמב"ם חיוב המשנה נוגע רק למה שנלמד ישירות מן הפרשה, ומכיוון שבפרשה לא נזכר עניין האונס בתיאור הירידה למצרים ("וירד מצרימה"), סבר הרמב"ם שאין לכלול אותה בהגדה.

(רשימות)

לָגוּר בָּאָרֶץ בָּאנוּ, כִּי אֵין מִרְעֶה לַצֹּאן אֲשֶׁר לַעֲבָדֶיךָ
בני ישראל ירדו למצרים בתור רועי צאן. הארץ הובטחה לאבותינו, לאברהם, ליצחק וליעקב, בברית אשר נכרתה בין הקב"ה ובינם. אך בהבטחה זו נכרך גם תנאי: התממשותה הותנתה בשהיית צאצאי אברהם בארץ לא להם כעבדים וכשפחות. עד להגשמת התנאי תלויה היתה המתנה ועומדת; השלמתה והגשמתה המלאה של הברית התרחשו רק לאחר שבני ישראל עמדו באתגר של "כי גר יהיה זרעך" (בראשית טו, יג). על כן היו זכויותיהם בארץ המובטחת זכויות מוגבלות. לכל היותר עמד לרשותם קניין פירות, הזכות לעשות שימוש בארץ וליהנות מיבולה. מאוחר יותר, לאחר יציאת מצרים, זכו לקניין הגוף, לבעלות מלאה. בשל כך לא היתה להם זכות לפתח קודם ליציאת מצרים כלכלה חקלאית, לחפור, לבנות, להרוס, לשנות את פני הארץ. לרשותם עמדה רק הזכות ליהנות מן הפירות, וזה בדיוק מה שעשתה חברת הרועים. הם לא ניצלו את הארץ כדרכה של חברה חקלאית. הם נטלו מה שהארץ הציעה להם. כשיצאו ממצרים החלה התורה להכין אותם לקראת האתגר החדש שעמד בפניהם: הפיכת רועי צאן לחקלאים, מעבר מחברת רועים פשוטה אל חברה חקלאית מורכבת יחסית.

התורה העניקה לעם ישראל את מוסר הכלכלה החקלאית בצד המוסר של כלכלת הרועים. היא מנסה ללמד הן את האיכר והן את רועה הצאן כיצד להטמיע בעיסוקיהם הנפרדים יושר, טוב לב וכבוד – לא לחטוף בכוח, ולא לנסות להגיע אל דבר שהוא מעבר להישג ידיהם. התורה איננה מפלה בין שתי פעילויות אנושיות אלה. כל אחת מהן חייבת להיענות למוסר ההולם אותה. "ארמי אבד אבי וירד מצרימה". יעקב ירד למצרים משום שהיה נווד בעל זכויות מוגבלות על הארץ. רק הירידה למצרים הרחיבה את זכויותיו.

חברה חקלאית וחברת הרועים שונות זו מזו לא רק מבחינה כלכלית אלא גם מבחינה פסיכולוגית. האיכר יודע כיצד להגן על אחוזתו; אם ינסה מישהו לגזול ממנו את נחלתו או את יבולו, יש לאל ידו להילחם בו. האיכר אוהב את אחוזתו ונאמן לה. הוא לא יוותר על שטח האדמה שברשותו. הרועה או הנווד איננו יודע כיצד להגן על רכושו, כיוון שאין הוא מחויב למקום מוגדר אחד. אם יפלוש מישהו אל תחומו, ישנה את מקומו ויעבור אל מקום אחר. מאידך גיסא, הרועה הוא טוב לב ומכניס אורחים, בעוד שהאיכר הוא חסר רחמים, חסר רגישות ולעיתים אף אכזר. סיסמתו היא: "ביתי הוא מבצרי".

התורה רוצה שהיהודי יהיה נדיב ועדין כאותו רועה מן האגדות. מאידך גיסא, התורה מודעת היטב לשאלת הביטחון. היהודי שקוע במאבק תמידי, וכדי שיצא מהתנגשות היסטורית זו כשידו על העליונה עליו להיות קשוח

בִּמְתֵי מְעָט

כְּמָה שֶׁנֶּאֱמַר

דברים י בְּשִׁבְעִים נֶפֶשׁ יָרְדוּ אֲבֹתֶיךָ מִצְרָיְמָה

וְעַתָּה שָׂמְךָ יהוה אֱלֹהֶיךָ כְּכוֹכְבֵי הַשָּׁמַיִם לָרֹב:

ואמיץ. חטא הוא להיות טוב לב ועדין כאשר נדרשות תקיפות והחלטיות, אך לעיתים התלהבות מופרזת והעדר התחשבות הם רגשות הרסניים. התורה רוצה שהיהודי יהיה רועה ואיכר גם יחד.

(זמן חירותנו)

בעיניי, ציטוט דבריהם של בני יעקב לפרעה חשוב משתי סיבות. ראשית, בני יעקב הסבירו לפרעה שהם לא ירדו למצרים מארץ כנען משום שמצרים הייתה מדינה מתקדמת, מבחינה טכנולוגית וחקלאית כאחת, ואילו ארץ כנען הייתה נחשלת ופרימיטיבית מבחינה כלכלית. הם לא אמרו שהירידה נבעה מעליונותה של מצרים על פני ארץ כנען. הם הסבירו שהחלטתם נובעת מאירוע מכונן – הרעב. שנית, בני יעקב רצו להרשים את פרעה באהבתם ובחיבתם לצאן ולבקר. במילים אחרות, הם אמרו לפרעה: אנחנו נוודים, רועי צאן ובקר. לא נשנה את אורחות חיינו גם אם המצרים לא יכבדו את משלח ידנו. מטרת ההקדמה הזאת הייתה ליידע את פרעה שהם לא יתבוללו עם המצרים. הם הציעו לפרעה שיתיישבו בארץ גושן, בגטו. הם לא התכוונו לשנות את אורחות חייהם ואת מנהגיהם.

(קול הרב)

בִּמְתֵי מְעָט... כְּכוֹכְבֵי הַשָּׁמַיִם לָרֹב

האדם הוא יצור חלש וחזק בעת ובעונה אחת. הוא אדון לסביבתו, אך בה בעת הוא שבוי שלה. הוא חכם, אך גם טיפש. יש בו תעצומות נפש, ואף על פי כן הוא יצור מפוחד. בראש מעייניו עומד פחד המוות. המילה "מת" מתייחסת לעצם היותו של האדם בן תמותה: "עיר מתים" (דברים ב, לד; ג, ו) שווה ל"העיר ובני התמותה הנמצאים בה". "מת" מציג את האדם כיצור חסר וחלש ש"היום כאן ומחר בקבר" (ברכות כח ע"ב; לג ע"א), שהוא החוליה החלשה ביותר בשרשרת הביולוגית, קצר־ימים, נבוך, מבועת מאימת המוות ונס מפני

וַיְהִי־שָׁם לְגוֹי
מְלַמֵּד שֶׁהָיוּ יִשְׂרָאֵל מְצֻיָּנִים שָׁם

הכיליון. באופן דומה, המילה "נפש", המובאת בהגדה כאן, משמשת בתורה לציון חסרונותיו – הגופניים והרוחניים כאחד – של האדם: "נפש כי תחטא בשגגה" (ויקרא ד, ב). "במתי מעט" מציין אם כן מעט בני תמותה, מהגרים תועים אומללים.

האנתרופולוגיה שלנו דיאלקטית. האדם הוא שקר גדול, שקול כמי שאינו; אך הוא גם יצור רב כוח המסוגל להעפיל אל בין הכוכבים. האדם הוא בר־זמנית חלש וחזק; הוא שוגה, אך הוא גם שופך אור ומזהיר. ה"מתים" השקועים בסיר הבשר העפילו לגבהים מסחררים בתוך חודשים ספורים, כאשר נענו לקריאתו של הקב"ה במילים "כל אשר דיבר ה' נעשה ונשמע" (שמות כד, ז). כך, הפסוק המקביל, שאותו מביאה ההגדה, מבטא את ההפך הגמור מן המושג "מתים": "ועתה שמך ה' אלוהיך ככוכבי השמים לרוב" (דברים י, כב). האדם הוא יצור חולף שהיום כאן ומחר בקבר, אך הוא גם כוכב המקרין עלינו אור ממרחק אין־סופי.

(קול הרב)

וַיְהִי שָׁם לְגוֹי

בני ישראל נעשו לעם במצרים. הזוהר (שמות קפט ע"א) מדגיש את מילת "שם" – רק שם, במצרים, יכולים היו בני ישראל להיעשות לעם גדול; לולי היו במצרים, לא היו הופכים לגוי גדול. כנסת ישראל צריכה היתה להתייסר שנים כה רבות בעבדות כדי להשיג את מעמדה כעם ואת גדולתה. ליהודי נחוץ היה לחזות ברוע ולחוות אותו, את העריצות, את האכזריות – שכן אין האדם יכול לשנוא את השטן אלא אם כן הוא מכירו היטב וכבר התעסק עימו. אין די בשמיעת סיפורים על השטן; חוויה ישירה ומעורבות הן דבר שאי־אפשר בלעדיו. יוסף נמכר לפוטיפר, שר הטבחים, כדי שיתוודע לאכזריות האנושית.

לוּ נותר יעקב בכנען, לא היו בניו והדורות שאחריהם מפתחים רגישות מיוחדת זו כלפי הצדק והיושר. לא היינו שונאים בלהט ובהתלהבות את האכזריות ואת הרשעות. לולי היינו במצרים, לולי חשנו בכאב שגורם השוט המצליף, לא היינו מבינים את החוק האלהי האוסר ללחוץ את הגר ותובע

לאהוב את רעינו. לולי נגזר עלינו לבלות שנים של אימה, לא היינו יכולים לצמוח ולהתפתח ולהיעשות לגוי גדול. בכאב ובייאוש השגנו גדולה ומעמד של עם. "כשושנה בין החוחים כן רעיתי בין הבנות" (שיר השירים ב, ב).

(זמן חירותנו)

"גוי" מסמן פרצוף צבורי מסויים, פיסיוגנומיה לאומית (גוי – גוִיָה). ועיין בביאורי הגר"א לישעיהו, לפסוק "הוי גוי חוטא עם כבד עוון" וז"ל: "כי 'עם' יאמר על קיבוץ אנשים רבים יהיו המונים...אבל 'גוי' אינו אלא שומרי הנימוס...וז"ש חז"ל ויהי שם לגוי גדול, מלמד שהיו ישראל מצויינים שם". היחוד היהודי התחיל להתחשל בכור העינויים במצרים. הסבל ההיסטורי עיצב את דמותה של האומה כגוי בעל צביון מיוחד ודמות דיוקן אינדיבידואלית, והכינה למומנט הגדול והנשגב של כריתת הברית היעודית בסיני. מה יפה דרשת חכמינו: "מלמד שהיו ישראל מצויינים שם". גוי והצטיינות כחטיבה מיוחדת שוים המה. לאמתו של דבר יצירת עם־גוי הוותה תכלית השתעבדות אבותינו במצרים. ירדו כבני יעקב, ועלו כעם מקושר לאלהים וכגוי המזומן לגילוי שכינה ולכריתת ברית יעודית בסיני. "כד בעא קב"ה למעבד לה עמא חדא, עמא שלים, ולקרבא לון לגביה, אי לא נחתו בקדמיתא למצרים ולא יצטרפון תמן, לא הוו עמא יחידא דיליה" וכו' (זוהר, פרשת לך פג, א). "עד דנפקו ממצרים לא הווי גוי וכו' כשושנה בין החוחים כן רעיתי בין הבנות. בעא קב"ה למעבד לון לישראל בגוונא דלעילא ולמהוי שושנה חדא בארעא כגוונא עלאה, ושושנה דסלקא ריחא ואתבריר מכל שאר וורדין דעלמא, לא הוי אלא ההיא דסלקא בין החוחים" (זוהר, פרשת תשא קפט, ב).

(קול דודי דופק)

בני ישראל נעשו לגוי משום שהיו "מצוינים שם"; הם בלטו במצרים כישות נפרדת. הגאון מווילנא הצביע על כך שתיבת "גוי" נגזרת מן המילה "גוִיָה": תווי פנים, ארשת פנים, צורה. שורשה של מילת "גוי" הוא ברעיון האינדיבידואליות, בייחודיותו של כל פרצוף ופרצוף. כאשר מישהו מתבלט מתוך ההמון, כאשר עם כלשהו הוא שונה, הולם הוא לדבר על "גוי", על אינדיבידואליות, בין שהיא של אדם בודד ובין שהיא של קבוצת אנשים.

וזה בדיוק מה שאומרת ההגדה: "ויהי שם לגוי – מלמד שהיו ישראל מצוינים שם". בני ישראל בלטו כקבוצה בעלת ייחוד, וייחוד זה הוא שעשה אותם ל"גוי". לאור האמור לעיל, אנחנו מבינים גם את המאמר כי "בשביל

גָּדוֹל עָצוּם

כְּמָה שֶׁנֶּאֱמַר
וּבְנֵי יִשְׂרָאֵל פָּרוּ וַיִּשְׁרְצוּ שמות א
וַיִּרְבּוּ וַיַּעַצְמוּ בִּמְאֹד מְאֹד
וַתִּמָּלֵא הָאָרֶץ אֹתָם:

ארבעה דברים נגאלו ישראל ממצרים, שלא שינו את שמם ואת לשונם ולא אמרו לשון הרע ולא נמצא ביניהן אחד מהן פרוץ בערוה" (ויקרא רבה לב, ה; שיר השירים רבה ד, יב). הם בלטו בשונותם; הם היוו חברה ייחודית.

(זמן חירותנו)

גָּדוֹל

בהגדות רבות נלמד כי בני ישראל היו נבדלים מן המצרים מלשון הכתוב "גוי גדול", ולא "גוי" בלבד. צירוף המילים "גוי" ו"גדול" פירושו "מצוינים" – נבדלים, מיוחדים וניכרים לעצמם. גוי גדול מבדיל את עצמו בשתי צורות. ראשית, הוא מבדיל את עצמו מצד צדיקותו: "ומי גוי גדול אשר לו חוקים ומשפטים צדיקים ככל התורה הזאת?" (דברים ד, ח). כאשר אומה יכולה להכיל אי־צדק, אין היא יכולה לטעון לגדלות, ללא קשר לעוצמתה המדינית או הכלכלית או להישגיה בשטחי המדע והטכנולוגיה. גדולה אמתית טמונה בתכונות היסודיות של צדק וצדיקות, ובהתקוממות ספונטנית לנוכח צביעות ואנוכיות.

שנית, "גוי גדול" מבדיל את עצמו בתחום התפילה. גוי גדול הוא גוי מתפלל, אומה היודעת את סודה של התפילה. דבר זה נכון גם לגבי הפרט: אדם גדול הוא אדם היודע את סודה של התפילה. אברהם, יצחק ויעקב היו גדולים בשל היכרותם עם עולמה של תפילה: "ואעשך לגוי גדול" (בראשית יב, ב) – ומכיוון שכך אומרים אנו בתפילת העמידה "אלוהי אברהם" (פסחים קיז ע"ב). גוי גדול מורכב מפרטים מתפללים רבים, אשר כל אחד מהם חש את כאבו של הזולת, ואשר סובלים ומתפללים יחד בציבור.

הקב"ה אומר למשה רבנו: "ועתה לך ואשלחך אל פרעה והוצאת את עמי בני ישראל ממצרים" (שמות ג, י). הגר"א מעיר שלשון "עם" נובעת ממילת היחס "עִם", בחיריק, וכך מציינת עם שבניו קשורים זה לזה בתחושה חזקה של

וָרָב

כְּמָה שֶׁנֶּאֱמַר

רְבָבָה כְּצֶמַח הַשָּׂדֶה נְתַתִּיךְ יחזקאל טז

וַתִּרְבִּי וַתִּגְדְּלִי, וַתָּבֹאִי בַּעֲדִי עֲדָיִים

שָׁדַיִם נָכֹנוּ וּשְׂעָרֵךְ צִמֵּחַ, וְאַתְּ עֵרֹם וְעֶרְיָה:

סולידריות ואחווה. גלות מצרים הולידה שתי ישויות: "גוי גדול" ו"עם קדוש". בעוד ש"גוי" מתייחס לייחודיות הרוחנית-פסיכולוגית, אורח חיים ייחודי, השקפת עולם מסוימת וחוש מוסרי, "עם" מתייחס להיבט של אהבה וחמלה המשותפים לכולם: כולם חווים ייעוד משותף. יציאת מצרים היא המעיין שממנו נובעת החוויה הגדולה של גוי ועם.

(קול הרב)

עָצוּם... וַיִּרְבּוּ וַיַּעַצְמוּ

"עצום" מתייחס למספרים; בני ישראל היו רבים במצרים, הם היו פוריים וגדלו מאוד. עם זאת, אוכלוסייה גדולה אינה גוררת עמה בהכרח עוצמה. למעשה, ההיסטוריה מלמדת אותנו כי אומות חזקות אינן בהכרח הגדולות ביותר מספרית; אדרבה – לעתים קרובות, שלטו אומות קטנות באומות גדולות יותר. רומי שלטה על אוכלוסייה גדולה עשרת מונים מאוכלוסייתה שלה. כך היה גם באימפריה הבריטית. לאומה הגדולה ישנה נטייה להישאר במקומה, בעוד שהאומה הקטנה מונעת, מתוך פחד וקנאה, להגיע להישגים גדולים ולהתקדם באופן מתמיד. פשוט למדי להעיר את הילד הקטן; קשה יותר להעיר ענק רדום. במצרים, ה"וירבו" וה"ויעצמו" חברו יחד. ככל שגדלו מבחינה מספרית, כך התעצמו מבחינה רוחנית והגיעו להישגים גדולים יותר. הגודל המספרי והעוצמה השלימו זה את זו.

(קול הרב)

וְאַתְּ עֵרֹם וְעֶרְיָה

הדבר המדהים ביותר באשר ליציאת מצרים, שהוא כביר יותר מן האותות והמופתים, היא הטרנספורמציה שעבר עם עבדים, אשר חי עד כה בהוויה

ויש מוסיפים:

וָאֶעֱבֹר עָלַיִךְ וָאֶרְאֵךְ מִתְבּוֹסֶסֶת בְּדָמָיִךְ
וָאֹמַר לָךְ בְּדָמַיִךְ חֲיִי וָאֹמַר לָךְ בְּדָמַיִךְ חֲיִי:

חסרת גבולות, אשר העדיף חיי הפקר, אשר לא הבין את משמעות החוקים והאזהרות, את הציות לחוקים כאשר אין שום נוגש המאיים עליך. כעבדים הם הבינו דבר אחד בלבד: עליך לציית לנוגש, שכן אם לא תעשה כך, הוא יצליף בך בשוט שבידו. מדוע זה יציית אדם למצוות כגון מצה, כגון אכילת קורבן הפסח, כגון "ועצם לא תשברו בו" (שמות יב, מו) או "לא תותירו ממנו עד בֹקר" (שם, פסוק י), אם אין נוגש העומד מעליו? מדוע זה לא נוכל לשבור את עצמותיו של קורבן הפסח? אם טעימה היא העצם, נפצח אותה ונמצוץ את לשדה.

"ותרבי ותגדלי... ואת ערֹם ועריה" (יחזקאל טז, ז). חכמים החילו פסוק זה על העבדים המיועדים לצאת ממצרים, באומרם כי העם היה "ערום מכל מצוות" (מכילתא בא, ה; שמות רבה א, לה). בני ישראל חיו חיים עירומים, חיים של בהמיות, כאשר תאוות ותשוקות מושלות בהם. ואז התרחש שם הגדול שבכל הניסים: "וילכו ויעשו בני ישראל כאשר צוה ה' את משה ואהרן כן עשו" (שמות יב, כח)! העבדים חשו לפתע את החובה שבמצוות, את עוצמתם של חיים המוקדשים לאידיאות ולמטרות נשגבות יותר. הם הבינו מה משמעות הדבר להחזיק באידיאלים רוחניים, ומה משמעות כריתת ברית עם ריבונו של עולם. טרנספורמציה זו היתה נס נסתר בעל חשיבות אדירה. בני ישראל היו מסוגלים להבדיל בין הקודש ובין החול.

(זמן חירותנו)

וָרָב... וָאֹמַר לָךְ בְּדָמַיִךְ חֲיִי

יחזקאל מספר לנו על נערה שראתה את עצמה כילדה קטנה, נטולת אחריות, אשר נאמר לה מפי אחד העוברים כי היא כבר אדם בוגר, בעלת פוטנציאל להקים קהילה ולהעניק מידידותה ומנאמנותה לזולת. "רב", שמשמעותו בדרך כלל ריבוי מספרי, מתפרש בהגדה כבוגר ומפותח מבחינה רגשית.

התיאור מפעים ועוצר נשימה. לבני ישראל במצרים היה דימוי עצמי נמוך מאוד; הם לא האמינו שהם זכאים לחירות וראויים לכרות ברית של אהבה ומחויבות עם ריבונו של עולם. כאשר בא אליהם משה ובפיו בשורת החירות, הם לא היו בטוחים כי בכוחה של חבורת עבדים עמלים לאהוב את הקב"ה

ולזכות באהבתו. כמובן, הם היו בורים ולא־מפותחים – אך תוך כדי בורותם הם הפגינו גדולה. "בדמייך חיי!" – הפוטנציאל היה שם.

משה רבנו עצמו היה סקפטי באשר למידת המוכנות של עם ישראל לחיות חיי בני חורין, אך לא כך נראו הדברים בעיני הקב"ה. "ראה ראיתי" (שמות ג, ז) – רואה אני שתי תמונות: אחת של נערה פרועה ומוזנחת, ואחת של אישה בוגרת ורבת־יכולת. בני ישראל היו ראויים ליהנות מפירות החירות. במקום לנקום במשעבדיהם בשעת חירותם, הם נשארו בבתיהם, אכלו מקרבן הפסח ואמרו הלל. דבר כזה לא היה בכל תולדות המהפכות. "ורב" – הם היו בשלים ומוכנים לעמוד בפני האתגרים ההיסטוריים שלפניהם. הם היו מוכנים לשלטון עצמי ולהקמת חברה חופשית.

(קול הרב)

וָאֶעֱבֹר עָלַיִךְ וָאֶרְאֵךְ מִתְבּוֹסֶסֶת בְּדָמָיִךְ

המדרש (שמות רבה יז, ג; יט, ה) אומר כי הפסוק "ואעבֹר עליך ואראך מתבוססת בדמיך" (יחזקאל טז, ו) מדבר ב"דם הפסח ודם מילה". העבד שונא את הכאב הפיסי. הוא סובל דיו מן השוט שמניף עליו הנוגש העומד עליו, ואיננו מוכן לשאת כאב בשל צו שלא יגדיל את מנת מזונו מסיר הבשר. העבד הוא פחדן; הוא רועד בנוכחות בעליו ונוגשיו האלימים. אחרי הכול, העבד איננו מבין את רעיון ההקרבה העצמית, את המלחמה למען עיקרון או אידיאל. על כן אומרים חכמים כי העבד איננו יכול להיות עד מהימן; מרוב פחדנותו, פעמים רבות הוא לא יאמר את האמת.

משה בא ואמר לבני ישראל: קבלו עליכם כאב פיסי, מולו את עצמכם – "וכל ערל לא יאכל בו" (שמות יב, מח) – והקריבו את קורבן הפסח, אשר המצרים סוגדים לו. וכאשר יבחינו בכך המצרים, הם יאשימו בוודאי את בני ישראל בחילול קודשיהם. "הן נזבח את תועבת מצרים לעיניהם ולא יסקלנו?" (שם ח, כב). ועם כל זאת העבדים קיבלו על עצמם באהבה הן את הסבל והן את מצוות קורבן הפסח, ולא פחדו. הם נכונים היו לשלם בדם סבלותיהם ופחדיהם עבור הזכות למלא את מצוות ה'. וכך היא התגובה: "ואֹמַר לך בדמיך חֲיִי ואמר לך בדמיך חֲיִי" (יחזקאל טז, ו)!

גבורה היא יסוד של היהדות. קידוש השם בא לידי ביטוי על ידי אומץ הלב. בני ישראל הוכיחו בליל הפסח את אומץ לבם. משה רבינו אמר: "ולקחתם אגֻדת אזוב וטבלתם בדם אשר בסף והגעתם אל המשקוף ואל שתי המזוזֹת... ועבר ה' לנגף את מצרים וראה את הדם על המשקוף ועל שתי המזוזֹת ופסח ה' על הפתח ולא יתן המשחית לבא אל בתיכם לנגף" (שמות יב, כב–כג). ה'

מבקש לראות את הקורבן שאתם מקריבים, את הטרנספורמציה שאתם עוברים, את אומץ לבכם המופלא, את נכונותכם להתגבר על פחדכם וסבלכם. אתם למדתם להבדיל בין הקודש לחול, וגיליתם גבורה כאשר התגברתם על פחדכם ורצונכם; על כן יבדיל ה׳ ביניכם ובין המצרים, ויגלה את מידת גבורתו ואת סגולת האיפוק.

(זמן חירותנו)

וָאֹמַר לָךְ בְּדָמַיִךְ חֲיִי

כשאנו מתעמקים בהוויתנו ההיסטורית אנו מגיעים להכרה חשובה בהשקפת עולמנו. התורה מספרת לנו, כי הקב״ה כרת עם ישראל שתי בריתות. ברית אחת כרת במצרים – ״ולקחתי אתכם לי לעם והייתי לכם לאלהים״ (שמות ו, ז). הברית השניה – בהר סיני: ״ויקח ספר הברית...ויאמר הנה דם הברית אשר כרת ה׳ עמכם על כל הדברים האלה״ (שמות כד, ח). מהי תוכן של שתי בריתות אלה? כשם שהבדילה היהדות, במציאות האישית־אינדיבילואלית, בין גורל ליעוד, כך הבחינה בקיומנו הלאומי־היסטורי בין שתי אידיאות אלו. היחיד קשור לאומתו בעבותות הגורל וגם בחבלי היעוד. לאור הנחה זו יש לומר, כי ברית מצרים היתה ברית גורל, וברית סיני – ברית יעוד.

הגורל הפרדוכסלי שומר על הפרישה והיחוד של היהודי, למרות השתזרותו המדומה בסביבתו הנכרית. מציאות מיוחדת זו של התרפקות היחיד על הכלל והרגשת הניתוק מן העולם הזר, שלא ניתנה לביאור, נתחשלה במצרים. שם התרומם ישראל לדרגת עם אשר משמעותו היא יחדות – ״עִם״ – וגם יחוד הבוקע ועולה מתוך יחדות. תודעת ברית הגורל על כל גילוייה היא חלק אינטגרלי של עצמותנו ההיסטורית־מיטאפיסית. המצב המשותף של היהודים כולם, בלי הפליה כל שהיא, פותח מקורות חסד ורחמים בנפשו של הפרט ביחס לאחיו הנתונים בצרה שבעקיפין נוגעת גם אליו. חווית הגורל המעיקה על האדם מוצאה את תיקונה בהתלכדות הוויות אישיות־אינדיבידואליות לחטיבה חדשה ששמה עם. חובת האהבה לזולת נובעת מתודעת העם הגורלי, הבודד והתוהה על יחודו. עליה נכרתה ברית מצרים.

בסיני העלה הקב״ה את ברית הגורל, שכרת עם קיבוץ הבודד מאונס והגומל חסד לזולתו בשל בדילותו ההכרחית, לברית יעוד של קיבוץ בעל חפץ ורצון המקדש והמכוון את עצמו לקראת האלהים. ה״עם״, יחדות נטולת כוון ותכלית, הפך ״גוי״ המסמן פרצוף צבורי מסויים, פיסיוגנומיה לאומית (גוי – גויה); עם חסד התעלה לגוי קדוש. יסוד השיתוף היעודי הוא קדושה המתגבשת בדיוקנאות הויה מקורית.

ההשתזרות בתוך הגורל ובתוך היעוד של עם־גוי נבחר וחווית ההשתייכות לכנסת ישראל כחטיבה שלמה המגשמת בקיומה ההיסטורי את שתי האידיאות – חסד וקדושה – גם יחד לא נתנו לפירוק ולפירוד. ברית סיני השלימה את ברית מצרים; היעוד נדבק בגורל – שתיהן הפכו יחידה בריתית מסויימת. אי אפשר להכניס רווח בין הדבקים ולנסח השקפה הנוגדת אחדות זו של עם חסד וגוי קדוש. ישראל, המשתתף בסבל העם ובגורלו אבל לא נשתלב ביעודו המתבטא בחיי תורה ומצוות, מקצץ בנטיעות ופוגם את יהדותו. להיפך: ישראל, שאיננו כואב את כאב העם והמשתדל לפרוש מן הגורל היהודי, אעפ"י שהוא עושה מצוות, מחלל קדושת ישראל.

והנכרי הבא להסתפח אל האומה מקבל עליו עול שתי הבריתות. הוא משרה את עצמו בתוך מעגל הקסמים של הגורל היהודי ומקדש את עצמו ליעוד היהודי. בהצטרפות האדם לעם בן ברית מצרים ולגוי קדוש בן ברית סיני, מתמצה ענין הגירות. כלל גדול נקוט בידך: אין גירות לחצאין, ואי אפשר לוותר אפילו על קוצו של יו"ד של שתי הבריתות. ההתמכרות לכנסת ישראל כעם שנלקח בחזקה על ידי אלהים במצרים על כל מאורעותיו, סבלותיו, אחריותו ופעולותיו וכגוי קדוש המסור בכל לב ונפש לאלהי ישראל ולתביעותיו ההלכיות־מוסריות – היא יסוד היסודות של היהדות והיא גם עובדת יסוד בקבלת גירות.

לכן פסקה ההלכה, כי גר שמל ולא טבל, או טבל ולא מל, אינו גר עד שימול ויטבול. מילה שניתנה לאברהם העברי, אבי הגורל היהודי, ושנתקיימה במצרים עובר לעשיית הפסח ואכילתו – סמל גאולת מצרים – מסמנת את השוני הגורלי של האומה, את התבדלותה וגם יחדותה ההכרחיות. מילה היא האות החרותה בעצם הוויתו הפיסית של היהודי. היא אות מתמידה בין אלהי העברים ועמו שלא ניתנה להמחות. אם אין הבשר נחתם בברית הגורל, נעדרת היחדות של העם, והנכרי נשאר מחוץ לגבולות ברית מצרים.

הטבילה בניגוד למילה מייצגת את השתלבות האדם ביעוד הגדול וכניסתו לברית סיני. על הטבילה נצטוו ישראל קודם מתן תורה בסיני. יש בה משום הטיהור וההתעלות מחול לקודש, מחיים כמו שהם לחיים רצופי חזון נשגב. כשהבא להתגייר עולה מטבילתו, מתחדשת בו מציאות רוחנית רפודת יעוד, והוא מתקדש בקדושת ישראל. לא לחינם קשורה פעולת קבלת עול מצוות בפעולת הטבילה. כל עצמה של הטבילה לא באה אלא לייצג את חווית מתן תורה והעלאת העם לגוי קדוש על ידי ההתחייבות החפשית לקיים את דבר ה׳. אם מל ולא טבל, חסרה התקשרות האדם ליעוד, והנכרי מסתייג מברית סיני וזיהוי הלכתי־מוסרי עם גוי קדוש. במטבע של גירות בספר רות נתנסחו שני

וַיָּרֵעוּ אֹתָנוּ הַמִּצְרִים וַיְעַנּוּנוּ וַיִּתְּנוּ עָלֵינוּ עֲבֹדָה קָשָׁה:

דברים כו

האספקטים הללו, ותמציתם מובעת בארבעת המלים האחרונות (רות א, טז): "עמך עמי ואלהיך אלהי".

(קול דודי דופק)

הגמרא (כריתות ט ע"א) רואה את הכתוב "ואראך מתבוססת בדמיך" (יחזקאל טז, ו) כמהותי לברית הגרות שאליה נכנסו בני ישראל לפני שיצאו ממצרים: "מה אבותיכם לא נכנסו לברית אלא במילה וטבילה והרצאת דם, אף הם לא ייכנסו לברית אלא במילה וטבילה והרצאת דמים. בשלמא מילה, דכתיב: כי מולים היו כל העם היוצאים, אי נמי מהכא: ואעבור עליך ואראך מתבוססת בדמיך ואומר לך בדמיך חיי וגו'". רש"י שם מפרש כי "דמייך" פירושה דם מילה ודם קרבן הפסח. העולה מכך שפסח מצרים ייצג לא רק קרבן בפני עצמו – אלא, בדומה למילה, חלק מכניסתם של ישראל לברית, כקרבן גרות שעל כל גר להביא. הרי מבואר שכמו שהמילה הייתה משום גרות, כך קרבן פסח היה מדין גרות, ולכן נתנו דם פסח ודם מילה לאות על הבתים, כי שניהם היו בתורת גרות וכניסה לברית.

רש"י (שמות יב, מח) מסביר כי מן הפסוק "וכי יגור אתכם גר ועשה פסח" ניתן היה להבין שעל הגר להביא קרבן פסח תכף לאחר כניסתו לברית, וזאת גם שלא בשעת הפסח: "יכול כל המתגייר יעשה פסח מיד, ת"ל והיה כאזרח הארץ, מה אזרח בארבעה עשר אף גר בארבעה עשר". מקורה של אפשרות כזו הוא אופיו של קרבן הפסח כחלק מתהליך הגרות. על מנת לשלול את ההבנה הזו ממשיך הכתוב ואומר: "תורה אחת יהיה לאזרח ולגר הגר בתוככם".

ועיין במשך חכמה (פרשת בהעלותך) שכתב, וז"ל: "יתכן דאף דגר צריך להביא קרבן עולת העוף, זה דוקא בלא עשה פסח, אבל עשה פסח עם הצבור סגי בלא קרבן והוא כאזרח הארץ, ותו אינו צריך להביא את קרבנו ואוכל אח"כ בקדשים, כמו שישראל אכלו פסח בלא קרבן. ולכן אמר וכי יגור כו' ועשה פסח כו' המול לו כ"ז וכו' לעשותו והיה כאזרח הארץ, פירוש, שמעתה יהיה ככל כשרי ישראל לכל הלכותיו בלא קרבן. ועם כי זה חדש לא נזכר כלל, רק

וַיָּרֵעוּ אֹתָנוּ הַמִּצְרִים

כְּמָה שֶׁנֶּאֱמַר

הָבָה נִתְחַכְּמָה לוֹ שמות א

פֶּן־יִרְבֶּה

וְהָיָה כִּי־תִקְרֶאנָה מִלְחָמָה

וְנוֹסַף גַּם־הוּא עַל־שֹׂנְאֵינוּ

וְנִלְחַם־בָּנוּ, וְעָלָה מִן־הָאָרֶץ:

כן משמע ממשנה דסוף פ׳ האשה דערל גוי טובל ואוכל פסחו לערב ולא נזכר קרבן כלל. ועיין מה שכתבתי בס׳ אור שמח בזה (ריש הל׳ מחוסרי כפרה)״.

קרבן פסח חוזר ומאשר את הכניסה בברית. הוא מייצג, לאחר המילה, את שיא תהליך הגרות. מעניין להבחין כי פסח ומילה הן שתי מצוות העשה היחידות שמי שמבטל אותן נענש כרת. יתרה מזאת: ערל אסור באכילת הפסח, מכיוון שהמילה וקרבן הפסח שניהם מרכיבים מהותיים בזהותו של עם ישראל. (רשימות)

וַיָּרֵעוּ אֹתָנוּ הַמִּצְרִים

כשאנו מספרים על שעבוד מצרים, אנו מצטטים את הפסוק: ״וירעו אֹתנו המצרים״ (דברים כו, ו). לכאורה, משמעות הפסוק היא שהמצרים עוללו לנו רע, אלא שהצורה הדקדוקית אינה מדויקת, שהרי היה על הכתוב לומר: ״וירעו לנו המצרים״, ולא ״וירעו אֹתנו״.

באמת אומר לנו הפסוק שהמצרים לא רק עוללו לנו רע, אלא גם ״הרעו אותנו״: הם האשימו את בני ישראל בכך שהם אינם נאמנים, והם גיס חמישי הזומם מרד. לכן ההגדה מפרשת את המילים ״וירעו אותנו, כמה שנאמר (שמות א, י): והיה כי תקראנה מלחמה ונוסף גם הוא על שנאינו ונלחם בנו

וַיְעַנּוּנוּ

כְּמָה שֶׁנֶּאֱמַר
וַיָּשִׂימוּ עָלָיו שָׂרֵי מִסִּים שמות א
לְמַעַן עַנֹּתוֹ בְּסִבְלֹתָם
וַיִּבֶן עָרֵי מִסְכְּנוֹת לְפַרְעֹה
אֶת־פִּתֹם וְאֶת־רַעַמְסֵס:

וַיִּתְּנוּ עָלֵינוּ עֲבֹדָה קָשָׁה

כְּמָה שֶׁנֶּאֱמַר
וַיַּעֲבִדוּ מִצְרַיִם אֶת־בְּנֵי יִשְׂרָאֵל בְּפָרֶךְ: שמות א

ועלה מן הארץ", כלומר, המצרים הרעו אותנו בטענתם שבני ישראל זוממים למרוד ולברוח מן השעבוד. פשע כפול פשעו המצרים: ראשית, הם שעבדו את ישראל; שנית, הם גזלו מהם את שמם הטוב.

(רשימות)

ישנו הבדל משמעותי בין "וירעו אֹתנו" לבין "וירעו לנו המצרים". להרע למישהו פירושו לפגוע בו. להרע את מישהו פירושו לגרום לו נזק עצום. אם "וירעו אֹתנו" מתייחס לעצם המזימה לרדוף את בני ישראל – מזימה שהמצרים הוציאו לפועל בהמשך – כיצד יש בכך "הרעה"? אלא שהמצרים הרעו בעצם המזימה שרקחו. לא רק הפגיעה בזולת, אלא עצם המחשבה לגרום סבל היא

דברים כו וַנִּצְעַק אֶל־יהוה אֱלֹהֵי אֲבֹתֵינוּ
וַיִּשְׁמַע יהוה אֶת־קֹלֵנוּ
וַיַּרְא אֶת־עָנְיֵנוּ וְאֶת־עֲמָלֵנוּ וְאֶת־לַחֲצֵנוּ:

וַנִּצְעַק אֶל־יהוה אֱלֹהֵי אֲבֹתֵינוּ
כְּמָה שֶׁנֶּאֱמַר
שמות ב וַיְהִי בַיָּמִים הָרַבִּים הָהֵם, וַיָּמָת מֶלֶךְ מִצְרַיִם
וַיֵּאָנְחוּ בְנֵי־יִשְׂרָאֵל מִן־הָעֲבֹדָה, וַיִּזְעָקוּ
וַתַּעַל שַׁוְעָתָם אֶל־הָאֱלֹהִים מִן־הָעֲבֹדָה:

לא־מוסרית. כל הנאה הנגרמת ממחשבה זדונית היא חטא. הדיבר האחרון בעשרת הדיברות הוא "לא תחמוד": המזימה לפגוע היא עצמה פגיעה. ההגדה מזהה את "וירעו" עם "הבה נתחכמה". למונח "וירעו" משמעות מוגדרת היטב, וממנה אנו למדים כי השאיפה לרע היא תחילת ההוצאה שלו לפועל.

(קול הרב)

וַיְהִי בַיָּמִים הָרַבִּים הָהֵם
לתורה יש דרך לספר לנו סיפור באמצעות שתיקה. סיפור השכחה המוחלטת והייאוש המר מסופר על ידי כך שלא אומרים דבר. הפרטים מאחורי ימי הייאוש, הסתר הפנים, אינם מתועדים. אנשים השרויים בסבל רב עלולים לאבד את תחושת הזמן: ימים, לילות ושעות הופכים למונוטוניים ומשמימים. הזמן הופך מופשט ואנו מפסיקים להרגיש אותו. לפעמים הוא חולף במהירות ולפעמים באטיות. לעבד ולאדם החווה פחד או סכנה אין אומדן זמן. הזמן הופך לאוסף של דקות, שעות או ימים. ה"ימים הרבים ההם" היו ימי שתיקה שסומנו על ידי אותה השפלה, אותו לעג וקלס. הימים במחנות הריכוז הנאציים

היו דומים: הם הצטברו ללא משמעות. היהודים שסבלו את שעבוד מצרים והיהודים שעברו את השואה היו שותפים לאותה חוויית זמן מזעזעת ומפחידה. (קול הרב)

וַתַּעַל שַׁוְעָתָם אֶל־הָאֱלֹהִים

החיה חשופה לכאב, וכמוה העבד. עבד שכאב פוגע בו מגיב כחיה, מרים קול חד וצרחני. אולם, יללת החיה, כצווחת העבד, מתמשכת אך רגע בדממת הלילה וחשכתו. כהרף עין, שב הכל ומחריש. אין כל תולדה מאוחרת לתחושת הכאב של החיה או העבד; לא תבואנה בעקבותיה תלונה, תביעה, מחאה, לא שאלה למה ומה. אין העבד יודע סבל, מאחר שהוא נטול תודעת־צורך קיומית, תודעה המולידה את הסבל. לעולם אין הוא שרוי במצוקה, שהרי חסר הוא צרכים אנושיים. צריחתו של העבד, כמו צווחתו, לא אנושיים הם: מקורם הסיבתי של צרכיו ביולוגי הוא בלבד. העדר הסבל מפיג את תחושת הכאב. אסירים לשעבר במחנות ריכוז סיפרו לי, כי ברבות הימים התרגלו לכל כאב ועינוי, כאילו הורדמו בסם. יצורים אילמים היו. לא רק מלדבר חדלו, אלא אף מלהפיק קולות בעלי עקיבות הגיונית.

ספר הזוהר (רעיא מהימנא, פרשת וארא) מחלק את תהליך הגאולה לשלושה שלבים. בתחילה מזוהה השיעבוד עם העדרם של מלה ושל קול משמעותי כאחד, עם השתיקה הגמורה. אחר כך נפתחת הגאולה עם גילויו של הקול, אולם המלה עדיין נעדרת. לבסוף, עם גילויים של הקול והמלה כאחד, מגיעה הגאולה להגשמתה המלאה. קודם לבואו של משה, לא היה בנמצא אפילו קול בודד. תלונה לא הוגשה, אנחה או צעקה לא הושמעו. רק זעקת עינויים בלתי אנושית היתה מפלחת את דממתו המסתורית של הלילה. העבדים קודרים היו, נטולי קול ואילמים. אמהות לא זעקו לנוכח תינוקותיהן הנחטפים מזרועותיהן; גברים שמרו על שתיקתם תחת עינויים אכזריים בידי שומריהם. העינוי נחשב כדבר המובן מאליו, כדרכו של עולם. הכאב לא הוליד בעקבותיו סבל. הם לא היו מודעים לצורך כלשהו.

משבא משה, בא הקול לעולם: "כי אתא משה אתא קול". משה, בהגינו על היהודי חסר הישע, שיקם את רגישותם של העבדים קהי־הרגש. לפתע הכירו כי כל הכאב, הצער, ההשפלה והאכזריות, כל תאוות הבצע וחוסר הסובלנות של איש לרעהו, רעות המה. הכרה זו הביאה בעקבותיה לא כאב חד בלבד, אלא אף הכרה בסבל. עם הסבל באה המחאה הרמה, הזעקה, השאלה הבלתי מבוטאת, התביעה נטולת האומר לצדק ולתגמול. בקיצור, דממת המוות של העדר הקיום פסה מן העולם; מעתה נשמע קול הקיום האנושי: "ויהי בימים הרבים

וַיִּשְׁמַע יהוה אֶת־קֹלֵנוּ

כְּמָה שֶׁנֶּאֱמַר

שמות ב

וַיִּשְׁמַע אֱלֹהִים אֶת־נַאֲקָתָם
וַיִּזְכֹּר אֱלֹהִים אֶת־בְּרִיתוֹ
אֶת־אַבְרָהָם אֶת־יִצְחָק וְאֶת־יַעֲקֹב:

ההם וימת מלך מצרים ויאנחו בני ישראל מן העבדה ויזעקו ותעל שועתם אל האלהים מן העבודה".

מדוע לא זעקו קודם שפעל משה? מדוע החרישו לאורך שנות העבדות הרבות טרם שהופיע משה? הם חסרו את תודעת הצורך, לא חסר להם דבר, אם חירות אם כבוד אם קיום נטול כאב. הם לא התקוממו כנגד המציאות; הם חסרו את המתח המוליד סבל ומצוקה. קולם שב אליהם ברגע שבו גילו, רגשית, את תודעת הצורך ונעשו פגיעים לכאב – כבני אדם. מחאתו של משה היא שהובילה לתמורה זו.

(גאולה, תפילה, תלמוד תורה)

בני ישראל לא התפללו. הם לא ידעו את סודה של התפילה. לפי המדרש (מכילתא בשלח, מסכתא דויהי ב), את התפילה הם גילו על ים סוף. במצרים התפילה הייתה זרה להם. הם נאנחו באופן אינסטינקטיבי, אך האנחות הללו לא היו מכוונות, אלא היו תגובה טבעית לעינוי ולסבל. הם צעקו. זוהי אינה פעולה אנושית דווקא; גם בעל חיים מגיב לכאב בצעקה רמה. זוהי תגובה אינסטינקטיבית לחוסר נוחות. הקב"ה קיבל את צעקותיהם כתפילה. למעשה, מדובר היה באנחה פשוטה, צעקה פתאומית בלילה. עד מותו של פרעה, בני ישראל לא היו מודעים למצבם הנורא. הם היו אדישים לכאב. הם היו שקטים ואילמים. כאשר "איש מצרי מכה איש עברי" (שמות ב, יא), האיש המוכה אינו מתלונן. הוא סבור שזהו מהלך העניינים הטבעי. רק עם מותו של פרעה מבינים בני ישראל את האבסורד ואת הכיעור שבשעבוד. הם מתחילים להתלונן. עבדים שקטים הופכים לקבוצה סובלת המשמיעה את קולה. אין הם

עוד קבוצה של עבדים שאינם מבינים את העוול שנעשה להם. הם מתחילים למחות, לחוש כאב.

עם זאת, עדיין אין הם מכירים את התפילה. הם מתלוננים, אך לא לריבונו של עולם. ואף על פי כן, "ותעל שועתם אל האלוהים". צעקתם, הזעקה הספונטנית, עלתה אל האלוהים והוא קיבל אותה כתפילה מודעת. הסיבה לכך, כפי שמבהיר הפסוק הבא, היא בריתו של הקב"ה עם האבות.

(קול הרב)

וַיִּשְׁמַע אֱלֹהִים אֶת־נַאֲקָתָם

דורש העיקר השנים־עשר של עיקרי האמונה שכל יהודי יאמין באמונה שלמה לא רק בגאולה, אלא גם בביאת המשיח ובתפקידו בתהליך הגאולה. הקב"ה יעשה שימוש ביצור אנושי כמכשיר אשר יוציא לפועל את רצונו העמוק מני חקר. הגאולה מצריכה שליח. ה' הוא המשלח; היצור האנושי – שליחו. כאשר שמע ה' את זעקתם של בני ישראל במצרים, כאשר ראה את סבלותיהם, חש בכאבם וגזר כי זמן הגאולה הגיע, הוא קרא למשה כדי שיקבל את השליחות, כדי שייצג אותו. כמה רב רושם הוא המעבר מן הפסוק "וישמע אלהים את נאקתם... וירא אלהים את בני ישראל וידע אלהים" (שמות ב, כד-כה) אל "ומשה היה רֹעה את צאן יתרו" (שם ג, א). הכול היה מוכן. תהליך הגאולה עמד להתחיל. מה עיכב את האירועים הדרמטיים הכרוכים בגאולה? מה השהה את מימוש ההבטחה הגדולה לאברהם, ליצחק וליעקב? היעדרותו של משה. הפסוק הבא פותח בקריאה: משה היה עדיין רועה! הכול, כולם, מלאכים ובני אדם, ריבונו של עולם עצמו, כולם צריכים היו להמתין למשה שיבוא ויקבל את המשימה הגדולה להיות שליחו של ה'.

(על התשועות)

ה' מודאג בו־זמנית מן היקום בכללותו וכן מכל אדם בפני עצמו, למרות זניחותו היחסית. המילה "נאקתם" מנוסחת ברבים ומעידה על נאקת רבים, ומכאן שה' עונה לזעקותיו של כל אדם ואדם. המילה "בריתו", לעומת זאת, מנוסחת בלשון יחיד ומעידה על ברית אחת, כלומר שה' שומר את הברית עִם עַם ישראל כיחידה שלמה, כישות קיבוצית. במצרים דאג ה' לעמו בכללותו, מכיוון שאם לא יגאל את האומה – קהילת הברית לעולם לא תוכל לקום. הוא דאג גם לכאבו של כל יהודי ויהודי. תשומת לבו של ה' חובקת אפוא את הכלל ואת הפרט גם יחד.

(רשימות)

וַיַּרְא אֶת־עָנְיֵנוּ
זוֹ פְּרִישׁוּת דֶּרֶךְ אֶרֶץ
כְּמָה שֶׁנֶּאֱמַר
וַיַּרְא אֱלֹהִים אֶת־בְּנֵי יִשְׂרָאֵל, וַיֵּדַע אֱלֹהִים: שמות ב

וַיַּרְא אֶת־עָנְיֵנוּ
בחיי האדם ישנם אירועים מסוימים הגורמים לו לצעוק ולקרוא לקב"ה לישועה. אנו מוצאים התייחסות לסוג כזה של תפילה בפסקה הקודמת, שם נאמר "וישמע ה' את קולנו". עם זאת, ישנם אסונות שהאדם סובל בשקט, שבהם הוא אינו קורא לקב"ה. כך היה במצרים, שם השעבוד הגיע אל המחוזות הפרטיים ביותר של האדם. אך הקב"ה רואה־כול, מודע לסבל, ולפיכך מצטטת ההגדה את הפסוק "וידע אלוהים". הקב"ה שומע את הצעקות ואת הסבל שנאגרים בלבו של האדם, ומושיע אותו מצרותיו.

לאמיתו של דבר, הברכה בתפילת העמידה "ראה בעונייננו" נתקנה בדיוק למטרה זו. הקב"ה רואה את כל סבלותינו ומושיע אותנו מצרותינו, גם אם אנו נושאים את סבלותינו בדממה. חתימת הברכה "גואל ישראל" כוללת את הבקשה "שיגאלנו מן הצרות הבאות עלינו תמיד" (רש"י מגילה יז ע"ב). רש"י מצביע על כך שהגאולה האמורה בברכה אינה הגאולה העתידה, מכיוון שגאולה זו כלולה בברכות בונה ירושלים ומצמיח קרן ישועה.

בתענית ציבור, אנו מוסיפים בברכת גואל ישראל: "מי שענה את אברהם בהר המוריה, הוא יענה אתכם וישמע בקול צעקתכם היום הזה" (משנה תענית ב, ד). אך איננו מוצאים בכתוב שאברהם אבינו התפלל לקב"ה בעת העקדה. המדרש (בראשית רבה נו, יא) מלמדנו כי בשעה ששלח אברהם אבינו את ידו אל המאכלת לשחוט את בנו, זלגו דמעות מעיניו לתוך עיניו של יצחק. בעוד שלבו היה שמח על קיום דבר ה', הוא חווה גם את הרגשות

העזים של אב העומד לאבד את בנו. הקב"ה הרואה בצרותינו ראה את דמעותיו של אברהם אבינו ונענה להן, אף שאברהם לא פנה אל הקב"ה כדי להציל את יצחק. הקב"ה עונה גם לתפילות שאינן נאמרות בקול רם, אלא כמוסות בלבנו.

(רשימות)

וַיַּרְא... וַיֵּדַע

התורה (שמות ב, כד) אומרת כי הקב"ה שמע את זעקתם וזכר את בריתו. אך מיד בפסוק הבא כתוב: "וירא... וידע". אין כאן כפילות, משום שהעוול שנעשה לעבד גדול וחמור בהרבה ממה שהעבד מודע לו. הטרגדיה האמתית של העבד היא העובדה שהוא עצמו אינו מבין עד כמה משפילה ומזוויעה חוויית העבדות. במצרים התלוננו בני ישראל רק על עבודת הפרך הקשה, אך לא על התפוררות המשפחה בשל גזירת פרעה. הם לא האשימו את פרעה במניעת אחת מן הזכויות הבסיסיות שהעניק הקב"ה לכל נברא בצלם, היא הזכות לאיש ולאישה להקים יחד משפחה. ה' "שמע את קולנו", אך הוא ראה יותר מזה – "את עוניינו"; ובעיקר את ההפרדה בין איש לאשתו. יציאת מצרים לא הייתה גאולה שלמה אם הקב"ה היה נענה לתפילות ותו לא.

ניתן כמעט להגיד שאוי לנו אם הקב"ה היה רק נענה לתפילותינו. לעתים אנו מבקשים בתפילתנו דברים המזיקים לנו, ולעתים איננו מתפללים כלל על דברים בעלי חשיבות עליונה. אנו אומרים "שמע קולנו", אך מוסיפים לכך תנאי: "וקבל ברחמים וברצון" – אתה תבחר מה לקבל ומה לדחות, מכיוון שאיננו סומכים על עצמנו. אמנם "ויזעקו, ותעל שוועתם אל האלוהים מן העבודה" (שמות ב, כג). אך הגאולה באה גם בעטיין של עוולות שעשו המצרים לבני ישראל, אף שבני ישראל לא התלוננו עליהן. "וירא אלוהים את בני ישראל וידע אלוהים" (שמות ב, כה): רק הקב"ה ראה את הפגיעה בבני ישראל. רק הוא ידע.

(קול הרב)

וַיֵּדַע אֱלֹהִים

"וידע" כאן משמעו שהוא חש את עמלם, את כאבם, את סבלותיהם, את השפלתם. "כי ידעתי את מכאביו" (שמות ג, ז) משמעו: חשתי בכאבם. "והאדם ידע את חוה אשתו" (בראשית ד, א) פירושו שהוא אהב אותה ושררו ביניהם יחסים אינטימיים.

(עמודו של עולם)

וְאֶת־עֲמָלֵנוּ

אֵלּוּ הַבָּנִים

כְּמָה שֶׁנֶּאֱמַר

כָּל־הַבֵּן הַיִּלּוֹד, הַיְאֹרָה תַּשְׁלִיכֻהוּ שמות א

וְכָל־הַבַּת תְּחַיּוּן:

וְאֶת־עֲמָלֵנוּ

"עמל" מתקשר לעבודה בלתי פוסקת, עבודה שאין לה סוף. קהלת דיבר על "עמל" בהקשר כזה: "מה יתרון לאדם בכל עמלו שיעמול תחת השמש?" (קהלת א, ג). המטרה שהאדם מקדיש לה את כל חייו היא ילדיו: הוא מוטרד דרך קבע, דואג דאגה שאינה פוסקת ומשקיע את כל כולו בייעוד של ילדו. זו בדיוק כוונת ההגדה: "את עמלנו – אלו הבנים". יש לנו מחויבות אין־סופית לילדינו.

אך עם הזמן שכך הזעם על השלכת הזכרים ליאור. האירועים המדוברים בפסוק התרחשו בזמן שמשה היה תינוק, כשמונים שנה לפני יציאת מצרים. לאחר זמן בוטלה הגזירה להשליך את התינוקות ליאור, וקם "מלך חדש" עם גזירות משלו. הוא שכח את הגזירה של קודמו, ולא רצה להמשיך באותה מדיניות כאשר שב משה למצרים כאדם בוגר. הזכרים לא נרצחו עוד. גם ההורים עצמם – אלו שבניהם נלקחו – לא זכרו עוד. הם זעקו "מן העבודה" – על עבודת הפרך שהוטלה עליהם, אך העובדה שכשמונים שנה קודם לכן נחקק חוק אכזרי ונכתב בספר החוקים של פרעה, ולפיו כל בן זכר יושלך ליאור – נשכחה לחלוטין. הם התחילו דף חדש, שכחו מן העבר ולא הזכירו אותו עוד בתפילותיהם. בתפילותיהם, בני ישראל לא דיברו על אכזריות המצרים. הם התלוננו על קושי השעבוד, אך לא על התינוקות שנרצחו עשרות שנים קודם לכן.

אך הקב"ה לא שכח. הקב"ה דרש לפקוד על המצרים, בין אם תחת שלטונו של אותו פרעה או תחת שלטון ממשיכו, את עוון החיים שנגדעו שנים רבות קודם לכן. "ואת עמלנו – אלו הבנים": הכתוב מתייחס לאותם בנים נשכחים, שמותם הטרגי על קידוש השם לא נזכר בתפילותינו.

(קול הרב)

וְאֶת־לַחֲצֵנוּ

זֶה הַדְּחַק
כְּמָה שֶׁנֶּאֱמַר
וְגַם־רָאִיתִי אֶת־הַלַּחַץ   שמות ג
אֲשֶׁר מִצְרַיִם לֹחֲצִים אֹתָם:

וְאֶת־לַחֲצֵנוּ

"לחצנו" מתייחס ללחץ של אויבי ישראל לקטוע את הברית עם הקב"ה ולהפר את זהותם כבני ברית. גאולת מצרים באה לאחר שלושה פשעים שפשעו המצרים כנגד עם ישראל: עוני, עמל ולחץ. מונחים אלו מתייחסים לשלושה סוגי פשעים: 1. הניסיון להרוס את קהילת הנישואין ולגזור על האיש והאישה חיי בדידות, כנגד הקביעה האלוהית "לא טוב היות האדם לבדו". 2. רצח התינוקות. 3. הלחץ על עם ישראל. על אף זעקתם ותפילתם של ישראל, לא הייתה הגאולה באה מכוח ה"עוני" לבדו, מכיוון שזמן הגאולה טרם הגיע. הקב"ה הודיע לאברהם אבינו "ועבדום ועינו אותם ארבע מאות שנה" (בראשית טו, יג), ושעבוד בני ישראל עוד לא התארך כל כך. אך על הקב"ה היה לפעול מהר, כי עיכוב הגאולה היה מביא להתפוררותה של כנסת ישראל. ישראל היו משולבים בתוך העם, התרבות והכלכלה המצרית כל כך עד שהמתנה הייתה מביאה לחורבן כל התקוות וההבטחות. הקב"ה דילג על כמה מאות שנים כדי להציל את עם ישראל.

לכל אדם ישנה היכולת לשאת בסבל בלי לאבד את כבודו העצמי. יכולת זו היא שמקנה לאדם את האנושיות והייחודיות שלו. כך גם לגבי אומות. ישנן אומות בעלות "סף רדיפה" גבוה, המסוגלות להחזיק מעמד אל מול רוע ומצוקה מכל סוג. הן שומרות על זהותן, אף שההזדהות עם הקהילה היא פעולה של הקרבה הגוררת צער וייסורים. לאומות אחרות יש סף רדיפה נמוך. הן אינן יכולות לעמוד בעינוי ובסבל במשך זמן; הן נכנעות ללחץ ומתפוררות במהירות. בני ישראל במצרים הגיעו אל סף ההתבוללות הגמורה והבגידה הלאומית. רק שתי אפשרויות היו: חירות תכף ומיד, או התפרקות גמורה של קהילת הברית.

(קול הרב)

דברים כו

וַיּוֹצִאֵנוּ יהוה מִמִּצְרַיִם בְּיָד חֲזָקָה וּבִזְרֹעַ נְטוּיָה, וּבְמֹרָא גָּדֹל וּבְאֹתוֹת וּבְמֹפְתִים:

וַיּוֹצִאֵנוּ יהוה מִמִּצְרַיִם

בְּיָד חֲזָקָה וּבִזְרֹעַ נְטוּיָה

תפיסת המוסר של היהדות מבוססת על העיקרון של "והלכת בדרכיו" (דברים כח, ט), imitatio dei. אנו קוראים בתורה כי הקב"ה הוציא אותנו ממצרים "ביד חזקה ובזרוע נטויה", ומכך אנו למדים לקח נורמטיבי: אם הקב"ה משתמש ביד חזקה ובזרוע נטויה, עלינו גם כן להשתמש בהן מפעם לפעם. בעתות משבר ומצוקה נקרא האדם להתייצב ולהגן על עמדה מסוימת. "יד חזקה" פירושה פעולה אפקטיבית, ו"זרוע נטויה", מלמדת אותנו ההגדה, היא "וחרבו שלופה בידו, נטויה על ירושלים" (דברי הימים א' כא, טז): דריכות, ערנות, נכונות ומוכנות.

היהדות לימדה אותנו פעם אחר פעם כי האחריות שעל כתפינו אינה מוגבלת לפעילויותינו בלבד; מוטלת עלינו אחריות היסטורית. האדם נקרא לעצב את ההיסטוריה, להיות מעורב בה ולכוון את מהלך ההיסטוריה אל מטרות ראויות. האדם נקרא מפעם לפעם להשתתף בצמיחתה ובהתפתחותה של כנסת ישראל. על מנת ליטול חלק בדרמה ההיסטורית, עלינו לסגל לעצמנו שתי תכונות: האחת, להיות דרוכים ומוכנים תמיד לפעולה; השנייה, לפעול ביעילות כאשר נדרשת פעולה מעשית.

לעתים, כאשר האדם רגיש למאורעות סביבו ויודע שעליו לפעול באופן מידי, הוא אינו מצליח לנמק את תחושתו. קל לנו להצדיק החלטות משניות ושוליות. אך מה נענה אם נישאל מדוע אנו אוהבים אדם מסוים, מדוע אנו מחויבים לאידיאלים מסוימים, מדוע אנו מקריבים למען ערכים מסוימים? לא תמיד יכולים אנו להסביר את הטעם להחלטות מרכזיות המכריעות את גורלם של אדם, עם או ציבור.

הכתוב אומר: "שובי שובי השולמית שובי שובי ונחזה בך" (שיר השירים ז, א). המדרש (תנחומא, במדבר יא) מפרש פסוק זה כדברי הגויים הקוראים לעם ישראל להצטרף אליהם: שובי שובי השולמית אלינו. מדוע מפגינים היהודים כזו מסירות, כזו מחויבות, כל כך הרבה קרבנות, עינויים וייסורים

ויגון? השולמית משיבה: "מה תחזו בשולמית, כמחולת המחניים?" (שיר השירים ז, א). מה יכולה אני לומר לכם, משיבה השולמית. אני נמצאת במחול בין שני מחנות; אינני יכולה להשתחרר מן המחול. עליי להיות בת ישראל, מכיוון שאינני יכולה להיות בת גוי אחר. היות יהודי היא חלק ממודעות האני שלנו, חלק מעצם קיומנו. האם יכולים אנו להסביר את עצם קיומנו, מי אנו, מדוע רוצים אנו לחיות, מדוע מפחדים אנו מן המוות? האם יכולים אנו להסביר את יחסינו עם ילדינו, את יחסינו עם הורינו? היות יהודי היא חוויה בסיסית, חוויה מרכזית שאינה יכולה להיות מנומקת או מוסברת בהרצאה לפני קהל. מצויים אנו במחול שאיננו יכולים להשתחרר ממנו, ונתמיד בו עד היום שבו "יהיה ה' אחד ושמו אחד" (זכריה יד, ט).

(קול הרב)

בפרשת ואתחנן אומרת התורה: "והגדת לבנך עבדים היינו לפרעה במצרים ויוציאנו ה' אלוהינו משם ביד חזקה" (דברים ו, כ-כא), אך הזרוע הנטויה לא מוזכרת. בניגוד לכך, בליל הפסח ובאמירת מקרא ביכורים בפרשת ארמי אובד אבי, מצווים אנו להזכיר הן את היד החזקה והן את הזרוע הנטויה.

זרועו הנטויה של הקב"ה מסמלת את זרועו הפרושה תמיד מעל עמו ישראל להגן עליהם מפני אויביהם. גם לאחר שהציל הקב"ה את ישראל מאסון, נותרת זרועו פרושה מעליהם לשומרם מן הצרות העתידות לבוא. הפסוקים בפרשת ואתחנן מתמקדים רק בסיפור יציאת מצרים, לא בגאולות שאירעו בעבר או בגאולות העתידות לבוא. מכיוון שכך, התורה מזכירה את היד החזקה שפדתה אותנו, אך אינה מזכירה את הזרוע הנטויה. בניגוד לכך, בעת ההודאה לה' ראוי להודות על חסדו שעמנו תמיד ללא קץ. גם עד ימינו אלה נותרת חרבו נטויה בידו, פרושה מעל ירושלים להגן עלינו.

בליל הפסח, בנוסף למצווה לספר ביציאת מצרים, מוטלת חובה על כל אחד ואחד להודות לקב"ה. כפי שאומרת הגמרא (פסחים קטז ע"א): "אמר ליה רב נחמן לדרו עבדיה, עבדא דמפיק ליה מריה לחירות, ויהיב ליה כספא ודהבא, מאי בעי למימר ליה? אמר ליה בעי לאודויי ולשבוחי" – עבד שעשאו רבו בן חורין, מוטל עליו להודות ולשבח אותו. לפיכך, כחלק מן ההודאה מזכירה ההגדה את זרועו הנטויה של הקב"ה.

(רשימות)

וּבְמֹרָא גָּדֹל

פסוק זה מונה את הנסים הגלויים שביציאת מצרים, אך נראה כי נס "גילוי שכינה" משתייך לקטגוריה אחרת מזו של שאר הנסים הנזכרים בפסוק. ה"יד

לֹא עַל יְדֵי מַלְאָךְ,
וְלֹא עַל יְדֵי שָׂרָף

החזקה" וה"זרוע הנטויה" הם נסים השייכים דווקא ליציאת מצרים. הם היו התרחשויות חד־פעמיות, שמטרתן הייתה לשכנע את פרעה לשלח את בני ישראל. גילוי השכינה, לעומת זאת, הוא תופעה בעלת היקף רחב יותר שאינה שייכת, כך נראה, ליציאת מצרים בלבד. מדוע אם כן נזכר גילוי השכינה יחד עם היד החזקה והזרוע הנטויה?

לנסי יציאת מצרים הייתה מטרה כפולה. מטרה אחת הייתה לגאול את בני ישראל משעבוד מצרים. מטרה אחרת, חשובה לא פחות, הייתה לגלות לכל באי עולם, ובכללם פרעה, כי הקב"ה מתגלה בעולמנו. המטרות הללו של נסי יציאת מצרים שלובות זו בזו במידה רבה, ומסייעות לנו להבין פנים שונים בסיפור יציאת מצרים.

למשל, כאשר ביקש משה בתחילה מפרעה לצאת דרך שלושת ימים במדבר לזבוח לה' (שמות ה), לא היה זה ויכוח בין מעביד לעובד; הייתה זו אמתלה ללמד את פרעה על אודות נוכחות השכינה. אם היה פרעה מבין את נוכחות הקב"ה בעולם ואת החובה לעובדו, הרי שעצם הבנתו זו של פרעה הייתה מביאה בסופו של דבר לשחרורו של עם ישראל. אם היה פרעה מניח לבני ישראל לעבוד את ה', היו יוצאות אל הפועל שתי המטרות של יציאת מצרים. פרעה היה לומד על נוכחות השכינה בעולם ובסופו של דבר היה משלח את בני ישראל, ובכך מאפשר להם לעבוד את ה' עד עולם (ראו דברי פרעה בשמות ה, ב: "לא ידעתי את ה' וגם את ישראל לא אשלח"). במהלך סיפור יציאת מצרים אנו נתקלים שוב ושוב בהתנגדותו של פרעה להכיר בקב"ה. מכיוון שכך, "מורא גדול", גילוי שכינה, הוא חלק מהותי מיציאת מצרים, וזהו הטעם שגילוי השכינה נמנה כאן יחד עם שאר נסי יציאת מצרים.

(רשימות)

לֹא עַל יְדֵי מַלְאָךְ

הקב"ה לא שלח מלאך, מכיוון שבני ישראל טרם היו ראויים לגאולה. התנאים עדיין לא התמלאו. מצד האמת והצדק, היה על הגאולה להידחות לשנים רבות. רק הקב"ה עצמו, במידת החסד, ידע שליהודי, נמוך ככל שיהיה, ישנו כוח

וְלֹא עַל יְדֵי שָׁלִיחַ
אֶלָּא הַקָּדוֹשׁ בָּרוּךְ הוּא בִּכְבוֹדוֹ וּבְעַצְמוֹ

מיוחד בעת משבר. בזמנים קשים הוא הופך לבן אנוש גדול ומופלא. הוא פועל בצורה הרואית. הוא יכול לצלול לעומקים מזעזעים, אך יכול גם להגיע אל כוכבי שמיים. רק הקב"ה יכול היה להביא את הגאולה. מידת האמת לא רצתה בגאולה כזו.

על מנת להביא לגאולה שבני ישראל לא היו זכאים לה, היה על הקב"ה לשנות סדרי בראשית ולאפשר לסדר הנסי והאלוהי לגבור על הסדר הארצי והרגיל. הקב"ה אינו שש לעשות זאת. הוא חפץ כי האדם ימצא את מקומו בתוך סדרי הטבע, ויחווה את גילוי השכינה הנהדר בתוך העולם עצמו. זו הסיבה שהקב"ה אמר "וארד להצילו" (שמות ג, ח) – כלומר, בצער עליי לרדת. כדי לגאול את עמי, עליי להשעות את סדרי בראשית הרגילים ולהחליפם בסדר אחר, על-טבעי.

חז"ל אומרים כי קריעת ים סוף הייתה קשה לקב"ה (פסחים קיח ע"א, סוטה ב ע"א, סנהדרין כב ע"א). כאשר משתמש הקב"ה ביד חזקה ובזרוע נטויה, זוהי ירידה עבורו. המדרש (שמות רבה טו, ה) משווה את ירידתו של הקב"ה כאן לכוהן המחלל את עצמו על מנת להציל תרומה: "משל לכהן שנפלה תרומתו לבית הקברות. אומר, מה אעשה? לטמא את עצמי אי אפשר, ולהניח תרומתי אי אפשר. מוטב לי לטמא את עצמי פעם אחת וחוזר ומטהר ולא אאבד את תרומתי. כך אבותינו היו תרומתו של הקדוש ברוך הוא, שנאמר (ירמיה ב, ג) קדש ישראל לה' וגו' היו בין הקברות שנאמר (שמות יב, ל) כי אין בית אשר אין שם מת, ואומר (במדבר לג, ד) ומצרים מקברים. אמר הקב"ה, היאך אני גואלן? להניחן אי אפשר. מוטב לירד ולהצילן, שנאמר (שמות ג, ח) וארד להצילו מיד מצרים. כשהוציא, קרא לאהרן וטהר אותו, שנאמר (ויקרא טז, לג) וכפר את מקדש הקדש, (ויקרא טז, טז) וכפר על הקדש".

(קול הרב)

וְלֹא עַל יְדֵי שָׁלִיחַ

כיצד יכולה ההגדה לומר "לא על ידי שליח" בשעה שהקב"ה עצמו אומר למשה: "ועתה לכה ואשלחך אל פרעה" (שמות ג, י)? התשובה היא שמשה היה שליח שרק שימש כבן לוויה לקב"ה. כאשר בחר ה' במשה, מיאן משה לקבל

שֶׁנֶּאֱמַר

וְעָבַרְתִּי בְאֶרֶץ־מִצְרַיִם בַּלַּיְלָה הַזֶּה שמות יב

וְהִכֵּיתִי כָל־בְּכוֹר בְּאֶרֶץ מִצְרַיִם, מֵאָדָם וְעַד־בְּהֵמָה

וּבְכָל־אֱלֹהֵי מִצְרַיִם אֶעֱשֶׂה שְׁפָטִים

אֲנִי יהוה:

עליו את השליחות. משה ראה את עצמו כמי שאיננו מתאים להנהיג את העם ולהתעמת עם פרעה; הוא היה צנוע ועניו יתר על המידה. וה׳ השיבו: "כי אהיה עמך" (שמות ג, יב). ה׳ מבטיח למשה שלעולם לא יזנח אותו; הוא ישתתף עימו בביצוע השליחות, ויחדיו ייכנסו אל ארמונו של פרעה. על כן, כאשר ה׳ מצווה על משה להופיע לפני פרעה, הוא משתמש בלשון הציווי "בא" במקום "לך". כאשר משה יפנה אל פרעה, ה׳ יהיה נוכח שם; כאשר יניף את מטהו, יעמוד ה׳ לצדו. למעשה אומר לו ה׳: "בוא עמדי אל פרעה". שליח שכזה איננו ראוי לדברי הערכה, ועל כן שמו איננו נזכר. כל נס ונס שהוצא לפועל בידי משה בוצע בידי הקב"ה.

(זמן חירותנו)

וְהִכֵּיתִי כָל־בְּכוֹר

הבן הבכור הוא, כמובן, החזק שבין הילדים שבבני הבית. הבכור מסוגל להטיל את מרותו על אחיו הצעירים ממנו. לעיתים קרובות, יכולים הבנים המבוגרים לענות בפשטות את הצעירים מהם. במסגרת המשפחה יכול ילד בן שבע לפקד על בן החמש, ובן השתים עשרה יכול למשול באחיו בן השמונה. בחברה הפטריארכלית של ימים עברו היה האב בבחינת החוק העליון, רק משום שהוא היה החזק ביותר ויכול היה לעשות שימוש בכוחו. היתה זו חברה של עבדים, והעריצות האכזרית שלטה לאורך הפירמידה החברתית כולה, מן הזקן שבראשה ועד לתחתית החברה. בני ישראל היו עבדים במצרים, אך הם נשתעבדו לא לפרעה בלבד. בהיותם חסרי הגנה וחלשים, נתונים היו לאכזריות ולגסות שהפגין כלפיהם כל פקיד או כל אדם אחר אשר תפש עמדה של כוח במצרים, כל מי שהיה חזק מהם. הבכור מייצג לא רק את המבוגר יותר, אלא אף את החזק יותר, את מי שמפעיל את כוחו.

בליל הפסח היכה הקב"ה כל בכור, היינו: את כל אלה שנולדו ראשונה והפעילו סמכות אכזרית באלצם אנשים אחרים לציית לרצונם. כל אחד מהם

וְעָבַרְתִּי בְאֶרֶץ־מִצְרַיִם	אֲנִי וְלֹא מַלְאָךְ
וְהִכֵּיתִי כָל־בְּכוֹר	אֲנִי וְלֹא שָׂרָף
וּבְכָל־אֱלֹהֵי מִצְרַיִם אֶעֱשֶׂה שְׁפָטִים	אֲנִי וְלֹא הַשָּׁלִיחַ
אֲנִי יהוה	אֲנִי הוּא וְלֹא אַחֵר

היה אדון לעבדים. ה׳ העניש גם את אליליהם, משום שכאשר מענישים עם, חובה להרוס גם את תורתו. מי שמוענש בעוד שתורתו נותרת על כנה, ישוב ויחזור על אותן שגיאות.

"ובאלהיהם עשה ה׳ שפטים" (במדבר לג, ד). פירושו של דבר כי בליל הפסח פגע ה׳ באידיאולוגיה של העבדות, של דיכוי באמצעות כוח ואלימות, של שלטון בבני אדם באמצעות הפחד.

(זמן חירותנו)

אֲנִי הוּא וְלֹא אַחֵר

כתב הרמב"ם (הלכות חמץ ומצה ז, ב): "לפי דעתו של בן אביו מלמדו. כיצד, אם היה קטן או טיפש אומר לו, בני, כולנו היינו עבדים כמו שפחה זו או כמו עבד זה במצרים ובלילה הזה פדה אותנו הקב"ה ויוציאנו לחירות. ואם היה הבן גדול וחכם מודיעו מה שאירע לנו במצרים ונסים שנעשו לנו על ידי משה רבינו, הכל לפי דעתו של בן". מדוייק מלשונו שכשמספרים לבן קטן או טיפש, אומרים לו עבדים היינו ויוציאנו הקב"ה לחירות, וכשמודיעין לבן חכם מודיעין מה שאירע לנו במצרים ונסים שנעשו לנו על ידי משה רבינו. מתעוררת השאלה: מדוע הכניס את שמו של משה רבינו דווקא לבן החכם, הלא השם הזה אינו מופיע כלל בהגדה, על פי גזרת הכתוב ד"אני ולא מלאך אני ולא שרף אני ולא השליח". דכנראה שמשמעות כפולה לכתוב זה: א) שהקב"ה יפדה אותנו מיד מצרים בעצמו ולא ע"י שליח; ב) שבסיפור יציאת מצרים לא ייזכר שמו של השליח, רק שמו של הקב"ה. א"כ למה דייק הרמב"ם לכתוב, ע"י משה רבינו?

עיין במדרש שיר השירים (ג, א): "על משכבי בלילות – זה לילה של מצרים, בקשתי את שאהבה נפשי – זה משה, בקשתיו ולא מצאתיו וכו׳ כמעט שעברתי מהם עד שמצאתי את שאהבה נפשי – זה משה, אחזתיו ולא ארפנו עד שהבאתיו אל בית אמי – זה סיני, ואל חדר הורתי – זה אהל מועד". כל

בְּיָד חֲזָקָה

זוֹ הַדֶּבֶר

כְּמָה שֶׁנֶּאֱמַר

הִנֵּה יַד־יהוה הוֹיָה בְּמִקְנְךָ אֲשֶׁר בַּשָּׂדֶה בַּסּוּסִים בַּחֲמֹרִים בַּגְּמַלִּים, בַּבָּקָר וּבַצֹּאן, דֶּבֶר כָּבֵד מְאֹד: שמות ט

המפרשים פירשו מאמר זה ביחס לגלות מצרים. אך לאמיתו של דבר שמעתי מפי אבא מרי ז"ל, כי המדרש מתייחס לליל הפסח (ליל יציאת מצרים). בקשתי את שאהבה נפשי – זה משה; כלומר, כנסת ישראל, המכירה טובה למנהיגה ולאב הנביאים, רוצה לנקוב אותו בשמו בסידור דברי הגדה. ברם, בקשתי את הרועה הנאמן לשוא, איני מוצאת אותו בסיפור יציאת מצרים. הגאולה שייכת כולה לקב"ה, ואין לבשר ודם, אפילו הגדול שבגדולים ואדון הנביאים, חלק בה. אני ולא שרף אני ולא השליח. אולם כנסת ישראל המבקשת את משה מוצאת אותו לא בלילי פסחים במצות סיפור יציאת מצרים, כי אם בסיני, במסגרת נתינת תורה שבכתב ושבע"פ. "עד שמצאתי את שאהבה נפשי אחזתיו ולא ארפנו עד שהבאתיו אל בית אמי ואל חדר הורתי" – זה סיני ואוהל מועד. כלומר, בנוגע לנתינת התורה ומסירתה לכלל ישראל משה משתתף והיא גם נקראת על שמו, "תורת משה עבדי". אמנם היא תורת ה' אבל גם תורת משה כאחת, בשעה שהגאולה שייכת לקב"ה, ואין למשה – ובמקביל, לא למלך המשיח, בגאולה העתידה, וכדברי המדרש (תהלים קז), "וכן ישעיה מפרש ופדויי ה' ישובון ולא פדויי אליהו ולא פדויי מלך המשיח אלא פדויי ה', לכך נאמר גאולי ה'" – חלק בה.

לכן חילק הרמב"ם (הלכות חמץ ומצה ז, ב) בין בן חכם לטיפש. בנוגע לטיפש, לגביו אנו מסתפקים בסיפור מה שאירע במצרים, אין מזכירין את משה רבינו כלל. ברם בטפלנו בבן החכם ולמדנו אותו את יסודות הפסח שאינו נגמר במצרים אלא מתגשם בהר סיני – "בהוציאך את העם ממצרים תעבדון את האלהים על ההר הזה" (שמות ג, יב) – אז מופיע גם משה בתור מורה ורב מובהק של בני ישראל, ותעודה זו ניתנה לו במצרים, כי הלא משה עומד ודורש הלכות פסח ולימד את העם. ובכן יתכן שהביאור בדברי הרמב"ם דמודיעו מה

וּבִזְרֹעַ נְטוּיָה

זוֹ הַחֶרֶב
כְּמָה שֶׁנֶּאֱמַר
וְחַרְבּוֹ שְׁלוּפָה בְּיָדוֹ, נְטוּיָה עַל־יְרוּשָׁלָםִ: דברי הימים א׳ כא

וּבְמֹרָא גָּדֹל

זֶה גִּלּוּי שְׁכִינָה
כְּמָה שֶׁנֶּאֱמַר
אוֹ הֲנִסָּה אֱלֹהִים לָבוֹא לָקַחַת לוֹ גוֹי מִקֶּרֶב גּוֹי דברים ד
בְּמַסֹּת בְּאֹתֹת וּבְמוֹפְתִים וּבְמִלְחָמָה
וּבְיָד חֲזָקָה, וּבִזְרוֹעַ נְטוּיָה, וּבְמוֹרָאִים גְּדֹלִים
כְּכֹל אֲשֶׁר־עָשָׂה לָכֶם יהוה אֱלֹהֵיכֶם בְּמִצְרַיִם לְעֵינֶיךָ:

שאירע לנו במצרים ונסים שנעשו לנו ע״י משה רבינו הוא, כי מבאר לו לא רק מה שקרה במצרים, אלא אף הנסים שאירעו אחרי יציאת מצרים עד מתן תורה; וכשהוא מבאר מתן תורה אז אסור לו להשמיט שמו של משה, שהרי הוא מסר נפשו עליה והיא שלו.

(שעורים לזכר אבא מרי ז״ל)

בְּיָד חֲזָקָה זוֹ הַדֶּבֶר
מכת הדבר היא המכה הראשונה שערערה את יסודותיה הצבאיים והכלכליים של האימפריה המצרית. בעוד שהמכות הקודמות הקשו על שגרת החיים, הן לא המיטו נזק בלתי הפיך על כוחה הצבאי והכלכלי של מצרים. פרעה ראה את בני ישראל כרכוש שלו, ולא רצה לשלחם. ריבונו של עולם לימד את פרעה שאף רכושו אינו שלו; ואם כך, כיצד יכול פרעה לתבוע בעלות על בני אדם שכל חטאם היה שדרו במצרים? כך, "יד חזקה" היא היד השוללת מהאדם את רכושו, ובכך את האשליה שהוא־הוא בעלים על הכול. הזרוע הנטויה היא החרב, הנטויה להכות – והיא מסמלת את חוסר הביטחון, את היותו של האדם

וּבְאֹתוֹת

זֶה הַמַּטֶּה

כְּמָה שֶׁנֶּאֱמַר

וְאֶת־הַמַּטֶּה הַזֶּה תִּקַּח בְּיָדֶךָ, שמות ד

אֲשֶׁר תַּעֲשֶׂה־בּוֹ אֶת־הָאֹתֹת:

וּבְמֹפְתִים

זֶה הַדָּם

כְּמָה שֶׁנֶּאֱמַר

וְנָתַתִּי מוֹפְתִים בַּשָּׁמַיִם וּבָאָרֶץ יואל ג

מטיפים יין מן הכוס שלוש פעמים ואומרים:

דָּם וָאֵשׁ וְתִימְרוֹת עָשָׁן:

דָּבָר אַחֵר בְּיָד חֲזָקָה שְׁתַּיִם

וּבִזְרֹעַ נְטוּיָה שְׁתַּיִם

וּבְמֹרָא גָּדֹל שְׁתַּיִם

וּבְאֹתוֹת שְׁתַּיִם

וּבְמֹפְתִים שְׁתַּיִם

חשוף לפגעים ואת הפתאומיות שבה עלול להתרגש אסון. מעבד נשללים הרכוש והזכות לביטחון. הקב"ה הראה שאף אחד – ובכלל זה פרעה בכבודו ובעצמו – אינו ניחן בזכויות אלו מטבעו באופן מוחלט.

(רשימות)

אֵלּוּ עֶשֶׂר מַכּוֹת

שֶׁהֵבִיא הַקָּדוֹשׁ בָּרוּךְ הוּא עַל הַמִּצְרִים בְּמִצְרַיִם וְאֵלּוּ הֵן

מטיפים יין מן הכוס על כל מכה ומכה ועל "דצ"ך עד"ש באח"ב", ואומרים:

דָּם צְפַרְדֵּעַ כִּנִּים

עָרוֹב דֶּבֶר שְׁחִין

בָּרָד אַרְבֶּה חֹשֶׁךְ

מַכַּת בְּכוֹרוֹת.

רַבִּי יְהוּדָה הָיָה נוֹתֵן בָּהֶם סִימָנִים

דְּצַ"ךְ עֲדַ"שׁ בְּאַחַ"ב

אֵלּוּ עֶשֶׂר מַכּוֹת

מה נחשב לנס ביהדות? המילה "נס" אינה נושאת בחובה קונוטציה של העל-טבעי. היא מעולם לא מוקמה ברמה הטרנסצנדנטלית. המילים "נס" או "פלא" מתארות אך ורק אירוע יוצא דופן ומעורר השתאות. נקודת מפנה בהיסטוריה היא תמיד נס, משום שהיא דורשת תשומת לב כאירוע שמתערב בצורה גורלית ביצירת הקבוצה או היחיד. כשאנו קוראים את סיפור יציאת מצרים, מרשימה אותנו הנטייה המובחנת של המקרא לתאר את האירועים במושגים טבעיים. הצפרדעים יצאו מהנהר בגאות הנילוס, הרוח הביאה את הארבה וקרעה את ים סוף. מאחורי הפסוקים במקרא אפשר להבחין בכוונה נבדלת לתאר את המכות

רַבִּי יוֹסֵי הַגְּלִילִי אוֹמֵר

מִנַּיִן אַתָּה אוֹמֵר
שֶׁלָּקוּ הַמִּצְרִים בְּמִצְרַיִם עֶשֶׂר מַכּוֹת
וְעַל הַיָּם לָקוּ חֲמִשִּׁים מַכּוֹת

בְּמִצְרַיִם
מַה הוּא אוֹמֵר
וַיֹּאמְרוּ הַחַרְטֻמִּם אֶל־פַּרְעֹה אֶצְבַּע אֱלֹהִים הִוא: שמות ח

וְעַל הַיָּם
מַה הוּא אוֹמֵר
וַיַּרְא יִשְׂרָאֵל אֶת־הַיָּד הַגְּדֹלָה אֲשֶׁר עָשָׂה יהוה בְּמִצְרַיִם שמות יד
וַיִּירְאוּ הָעָם אֶת־יהוה
וַיַּאֲמִינוּ בַּיהוה וּבְמֹשֶׁה עַבְדּוֹ:

באופן טבעי ככל האפשר. המקרא לעולם אינו מדגיש את חוסר הטבעיות שבמאורעות, רק את עוצמתם ואת כוחם.

הסיבה לכך מובנת מאליה. השקפה שמתייחסת לדרמה העולמית כאל תהליך קבוע ומכני הנשלט על ידי עיקרון אדיש וחסר תבונה, עלולה להתייחס לנס כאל תופעה טרנסצנדנטלית, על־טבעית, שאינה משתלבת בשגרה הסיבתית וחסרת המשמעות. אבל עם ישראל, שמסתכל על ההתרחשות האוניברסלית כמימוש מתמשך של המוסר האלוקי הטבוע בחי ובדומם, לעולם לא יוכל לסווג את הנס כדבר ייחודי וחסר פשר. הן השגרה הטבעית והן מרכיב ההפתעה בטבע מבטאים את דבר ה'. שניהם תופעות קבועות וחוקיות. שתי התופעות נובעות מאותו מקור. במזמור המפורסם בתהלים קד, ברכי נפשי, מתאר משורר תהלים את התופעה הטבעית היסודית ביותר, כדוגמת התפשטות

האור, במושגים של פליאה והשתאות – כמו בשירת משה על ים סוף. כל היקום נחשף בתור התגלות נסית של אלהים. קו ההפרדה בין ההתגלות לבין הטבע כמעט אינו קיים.

(הופעתו של איש המוסר)

וְעַל הַיָּם לָקוּ חֲמִשִּׁים מַכּוֹת

אף שנוסח ההגדה שלפנינו מדבר על קריעת ים סוף, פסקאות אלו אינן מופיעות בנוסח ההגדה של הרמב"ם. הרמב"ם כותב: "מצות עשה של תורה לספר בנסים ונפלאות שנעשו לאבותינו במצרים בליל חמשה עשר בניסן" (הלכות חמץ ומצה ז, א). חלקה האחרון של ההלכה יכול להתפרש בשני אופנים. האם הרמב"ם נוקב בתאריך שבו ישנה מצווה לספר ביציאת מצרים (כלומר בליל הסדר, ט"ו בניסן), או שהוא קובע כי יש לספר אך ורק בנסים שאירעו דווקא בתאריך ט"ו בניסן, או שהיו הכנה לתאריך זה? לפי ההבנה האחרונה, ניתן להבין מדוע הושמטו הפסקאות העוסקות בקריעת ים סוף, שהרי קריעת הים אירעה לאחר ט"ו בניסן. בדומה לכך, לפי ההבנה השנייה ברור מדוע שירת הים אינה נאמרת בליל הסדר, אף שנראה לכאורה כי ראוי לכלול אותה בהגדה של פסח.

טעם אחר לכך ששירת הים אינה נכללת בהגדה הוא שהיא לא נאמרה בידי דוד המלך, ועל ההלל הפורמלי להיאמר בידי דוד המלך דווקא, "נעים זמירות ישראל". כפי שמעיר רש"י, השירות והתשבחות שבמקדש הן דווקא אלו שנאמרו על ידי דוד המלך (שמואל ב' כג, א, רש"י ד"ה ונעים זמירות ישראל). באופן דומה, עקב מעמדו של דוד המלך כנעים זמירות ישראל, קובע הרמב"ם כי על פסוקי מלכויות, זיכרונות ושופרות בתפילת ראש השנה להיות פסוקים מספר תהלים דווקא (הלכות שופר ג, ח). תפיסה זו משתקפת ביתר שאת בברכת ברוך שאמר, לפני פסוקי דזמרה, שם נאמר: "ובשירי דוד עבדך נהללך". הדרישה שפסוקי דזמרה יהיו דווקא כאלה שנאמרו בידי דוד מסבירה מדוע לא כלל הרמב"ם את שירת הים בתוך פסוקי דזמרה, אלא שילב אותה לאחר "ישתבח".

(רשימות)

וַיַּאֲמִינוּ בַּה' וּבְמשֶׁה

בפסח פוגש ה' את הקהילה בכללותה, ולא יהודי יחיד זה או אחר. אין העדפה לאף אדם על פני האחרים; שום אדם – גדול ובעל עוצמה רוחנית ככל שיהיה – איננו זוכה להבלטה; אין התייחסות שונה ומיוחדת לשום מנהיג, גם

כַּמָּה לָקוּ בְּאֶצְבַּע
עֶשֶׂר מַכּוֹת.
אֱמֹר מֵעַתָּה
בְּמִצְרַיִם לָקוּ עֶשֶׂר מַכּוֹת
וְעַל הַיָּם לָקוּ חֲמִשִּׁים מַכּוֹת.

רַבִּי אֱלִיעֶזֶר אוֹמֵר
מִנַּיִן שֶׁכָּל מַכָּה וּמַכָּה
שֶׁהֵבִיא הַקָּדוֹשׁ בָּרוּךְ הוּא עַל הַמִּצְרִים בְּמִצְרַיִם
הָיְתָה שֶׁל אַרְבַּע מַכּוֹת
שֶׁנֶּאֱמַר:
יְשַׁלַּח־בָּם חֲרוֹן אַפּוֹ תהלים עח
עֶבְרָה וָזַעַם וְצָרָה, מִשְׁלַחַת מַלְאֲכֵי רָעִים:

אם הוא מעורר השראה ומרשים. על כן הולם הוא ששמו של משה רבינו לא יופיע בהגדה (להוציא פעם אחת, אגב גררא, בפסוק המובא כראיה; בהגדתו של הרמב"ם משה אינו נזכר כלל). באותו ליל התגלות אפוף מסתורין הופיע ה׳, עטוף בהוד ובהדר, בפני הקהילה כולה. כולם, גדול החכמים והפתי, מלך ועבד, עשיר ועני, אציל ופְשוט עַם – כולם ראו את ה׳ וכולם ניצבו לנכחו. גם ההתגלות בהר סיני בשבועות, שבה הגיעה הגאולה לשיאה, נשאה אופי קהילתי. כל העם עמד לרגלי ההר.

(זמן חירותנו)

עֶבְרָה אַחַת

וָזַעַם שְׁתַּיִם

וְצָרָה שָׁלוֹשׁ

מִשְׁלַחַת מַלְאֲכֵי רָעִים אַרְבַּע

אֱמֹר מֵעַתָּה

בְּמִצְרַיִם לָקוּ אַרְבָּעִים מַכּוֹת

וְעַל הַיָּם לָקוּ מָאתַיִם מַכּוֹת.

רַבִּי עֲקִיבָא אוֹמֵר

מִנַּיִן שֶׁכָּל מַכָּה וּמַכָּה

שֶׁהֵבִיא הַקָּדוֹשׁ בָּרוּךְ הוּא עַל הַמִּצְרִים בְּמִצְרַיִם

הָיְתָה שֶׁל חָמֵשׁ מַכּוֹת

שֶׁנֶּאֱמַר: יְשַׁלַּח־בָּם תהלים עח

חֲרוֹן אַפּוֹ, עֶבְרָה וָזַעַם וְצָרָה, מִשְׁלַחַת מַלְאֲכֵי רָעִים:

חֲרוֹן אַפּוֹ אַחַת

עֶבְרָה שְׁתַּיִם

וָזַעַם שָׁלוֹשׁ

וְצָרָה אַרְבַּע

מִשְׁלַחַת מַלְאֲכֵי רָעִים חָמֵשׁ

אֱמֹר מֵעַתָּה

בְּמִצְרַיִם לָקוּ חֲמִשִּׁים מַכּוֹת

וְעַל הַיָּם לָקוּ חֲמִשִּׁים וּמָאתַיִם מַכּוֹת.

כַּמָּה מַעֲלוֹת טוֹבוֹת לַמָּקוֹם עָלֵינוּ

אִלּוּ הוֹצִיאָנוּ מִמִּצְרַיִם
וְלֹא עָשָׂה בָהֶם שְׁפָטִים דַּיֵּנוּ

אִלּוּ עָשָׂה בָהֶם שְׁפָטִים
וְלֹא עָשָׂה בֵאלֹהֵיהֶם דַּיֵּנוּ

אִלּוּ עָשָׂה בֵאלֹהֵיהֶם
וְלֹא הָרַג אֶת בְּכוֹרֵיהֶם דַּיֵּנוּ

אִלּוּ הָרַג אֶת בְּכוֹרֵיהֶם
וְלֹא נָתַן לָנוּ אֶת מָמוֹנָם דַּיֵּנוּ

אִלּוּ נָתַן לָנוּ אֶת מָמוֹנָם
וְלֹא קָרַע לָנוּ אֶת הַיָּם דַּיֵּנוּ

אִלּוּ קָרַע לָנוּ אֶת הַיָּם
וְלֹא הֶעֱבִירָנוּ בְתוֹכוֹ בֶּחָרָבָה דַּיֵּנוּ

אִלּוּ הֶעֱבִירָנוּ בְתוֹכוֹ בֶּחָרָבָה
וְלֹא שִׁקַּע צָרֵינוּ בְּתוֹכוֹ דַּיֵּנוּ

אִלּוּ שִׁקַּע צָרֵינוּ בְּתוֹכוֹ
וְלֹא סִפֵּק צָרְכֵּנוּ בַּמִּדְבָּר אַרְבָּעִים שָׁנָה דַּיֵּנוּ

אִלּוּ סִפֵּק צָרְכֵּנוּ בַּמִּדְבָּר אַרְבָּעִים שָׁנָה
וְלֹא הֶאֱכִילָנוּ אֶת הַמָּן דַּיֵּנוּ

אִלּוּ הֶאֱכִילָנוּ אֶת הַמָּן
וְלֹא נָתַן לָנוּ אֶת הַשַּׁבָּת דַּיֵּנוּ

אִלּוּ נָתַן לָנוּ אֶת הַשַּׁבָּת
וְלֹא קֵרְבָנוּ לִפְנֵי הַר סִינַי דַּיֵּנוּ

אִלּוּ קֵרְבָנוּ לִפְנֵי הַר סִינַי
וְלֹא נָתַן לָנוּ אֶת הַתּוֹרָה דַּיֵּנוּ

אִלּוּ נָתַן לָנוּ אֶת הַשַּׁבָּת

שבת וכיבוד אב ואם קשורים יחד בעשרת הדיברות וגם בפסוק בפרשת קדושים שחוזר עליהם: "איש אמו ואביו תיראו ואת שבתותי תשמורו" (ויקרא יט, ג). ישנה גם השוואה נוספת: "את שבתותי תשמורו ומקדשי תיראו" (ויקרא יט, ל). שמירת השבת מושווית למורא המקדש.

האין־סוף מגביל ומצמצם את עצמו כדי לשכון בתוך העולם הסופי, במקום צר שאנו קוראים לו קודש הקודשים. לעתים, בוחר האין־סוף – במקום לשכון במקדש פיזי מקרשים ומזהב, מכסף ומנחושת – לשכון בתוך בן אנוש. הוא שוכן בתוך אב או אם, בעומקי נפשם. ההורה הוא מקום משכנו של הקב"ה, ומכיוון שכך מחייבת התורה כיבוד אב ואם בלתי מוגבל.

כך גם לגבי שבת. ביום טוב, נקרא כל יהודי להתקרב לשכינה. זוהי מצוות עלייה לרגל. הוא יצא מביתו, אי שם בגליל, וצעד, בעקבות השכינה,

אִלּוּ נָתַן לָנוּ אֶת הַתּוֹרָה
וְלֹא הִכְנִיסָנוּ לְאֶרֶץ יִשְׂרָאֵל דַּיֵּנוּ

אִלּוּ הִכְנִיסָנוּ לְאֶרֶץ יִשְׂרָאֵל
וְלֹא בָנָה לָנוּ אֶת בֵּית הַבְּחִירָה דַּיֵּנוּ

לכיוון ירושלים. אך יום טוב אינו משכן לשכינה. התורה לא ציוותה על עלייה לרגל בשבת. אין בכך צורך – בשבת השכינה עצמה נוקשת בדלת. כל שעלינו לעשות הוא להכניסה פנימה. אותה שכינה שמלווה את האב או את האם, מלווה את היהודי בשבת. אנו יראים מפני המקדש ומכבדים אותו, מכיוון ששם איווה הקב"ה לשכון. כך גם באשר לשבת ובאשר להוריו של אדם.

(קול הרב)

אִלּוּ הִכְנִיסָנוּ לְאֶרֶץ יִשְׂרָאֵל וְלֹא בָנָה לָנוּ אֶת בֵּית הַבְּחִירָה
דברי הרמב"ם על מצוות בניין המקדש שופכים אור על אזכור בית הבחירה כאן. הגמרא (סנהדרין כ ע"ב) קובעת ששלוש מצוות נצטוו ישראל בכניסתם לארץ – למנות מלך, להכרית זרעו של עמלק ולבנות את בית הבחירה. הרמב"ם פוסק גמרא זו להלכה בהלכות מלכים (א, א), ומביא מקור לכל אחת מן המצוות. באשר לבניית בית הבחירה מצטט הרמב"ם את הפסוק "לשכנו תדרשו ובאת שמה" (דברים יב, ה). לעומת זאת, בהלכות בית הבחירה, שגם בהן מוזכרת המצווה לבנות בית לה', מובא פסוק אחר: "ועשו לי מקדש ושכנתי בתוכם" (שמות כה, ח). הלחם משנה על הרמב"ם שואל מדוע נזקק הרמב"ם לשני פסוקים שונים למצוות בניין המקדש.

התשובה לקושיית הלחם משנה היא שלדעת הרמב"ם כוללת מצוות בניין המקדש שתי מצוות נפרדות. האחת, בניית המקדש, נובעת מן הכתוב "ועשו לי מקדש", ואינה תלויה בכניסה לארץ ישראל. מכיוון שכך, בניית המשכן במדבר גם היא קיום של המצווה הזו. ישנה מצווה נוספת, לבנות את "בית הבחירה" בירושלים, והיא נובעת מן הפסוק "לשכנו תדרשו". הרמב"ם אומר שמאחר שנבנה בית הבחירה במקומו המיועד בירושלים, שוב אינו זז משם. הקמת בית הבחירה בירושלים מפקיעה את קיום עבודת המקדש בכל מקום אחר.

מכיוון שכך יכלו בני ישראל להיכנס לארץ לאחר קיום מצוות בניית

עַל אַחַת כַּמָּה וְכַמָּה
טוֹבָה כְפוּלָה וּמְכֻפֶּלֶת לַמָּקוֹם עָלֵינוּ

שֶׁהוֹצִיאָנוּ מִמִּצְרַיִם
וְעָשָׂה בָהֶם שְׁפָטִים
וְעָשָׂה בֵאלֹהֵיהֶם
וְהָרַג בְּכוֹרֵיהֶם
וְנָתַן לָנוּ אֶת מָמוֹנָם
וְקָרַע לָנוּ אֶת הַיָּם
וְהֶעֱבִירָנוּ בְתוֹכוֹ בֶּחָרָבָה
וְשִׁקַּע צָרֵינוּ בְּתוֹכוֹ
וְסִפֵּק צָרְכֵּנוּ בַּמִּדְבָּר אַרְבָּעִים שָׁנָה
וְהֶאֱכִילָנוּ אֶת הַמָּן
וְנָתַן לָנוּ אֶת הַשַּׁבָּת

המקדש, ולחוות נוכחות שכינה במשכן שבמדבר או במקומות אחרים מחוץ לירושלים, כמו נוב וגבעון. אנו מודים לקב"ה בנוסף על כך שנתן לנו את בית הבחירה, מקום משכנו המיועד של הקב"ה, במקומו שבירושלים.

(רשימות)

וְנָתַן לָנוּ אֶת הַשַּׁבָּת

ההלכה הטופית מעונינת רק בחומר הקוגניטיבי, לא בתקפות האקסיולוגית; במיבנים פורמליים, כגון אלו של הפיסיקאים או המתמטיקאים, ובזיקה הלוגית ההדדית שבינם לבין כלל המערכת [הפעילות היצירתית של ההלכה מתרחשת בשתי רמות: הפורמאלית־מעשית והמטפיזית־ערכית. את הראשונה

וְקֵרְבָנוּ לִפְנֵי הַר סִינַי
וְנָתַן לָנוּ אֶת הַתּוֹרָה
וְהִכְנִיסָנוּ לְאֶרֶץ יִשְׂרָאֵל
וּבָנָה לָנוּ אֶת בֵּית הַבְּחִירָה
לְכַפֵּר עַל כָּל עֲוֹנוֹתֵינוּ.

מכנה הרב סולוביצ׳יק "ההלכה הטופית" והשנייה "ההלכה התמטית", מונחים שמקורן במילים היווניות ל"שטח" (טופוס) ו"שורש" (תימה)]. ברמה הטופית של ההלכה, השבת היא רק משך זמן או תקופה בת עשרים וארבע שעות, אשר במהלכן צריך אדם להימנע ממלאכה ולחדול משגרת יומו; זאת ולא יותר מזאת. שום דבר אחר איננו נוטל חלק ביחסה של ההלכה ברמה זו אל רעיון השבת. אך כשאנו מסבים את תשומת לבנו מן החשיבה ההלכתית אל התחושה ההלכתית, מן ההלכה הטופית אל זו שעניינה בתימות אקסיולוגיות, אנו מוצאים עצמנו לפתע בממד חדש, דהיינו בממד הקדושה. לפתע משתנה השבת והופכת מנורמה מופשטת, מקונצפט פורמלי, ל"מציאות", למהות חיה, לישות נושמת; מערכת ממושמעת שהאדם פועל על פיה מתוך כפייה, נעשית לחוויה אדירה שהאדם מגשים אותה במעשיו באורח ספונטני. ישנן, כמובן, פרשות רבות בתנ"ך העוסקות בשבת, אך הפרשה הבסיסית הכוללת את רעיון השבת במסגרת התייחסותה הפורמלית־שיטתית של ההלכה הטופית היא הציווי בעשרת הדיברות ביחס להיבט הנורמטיבי של השבת: "זכור את יום השבת לקדשו. ששת ימים תעבד ועשית כל מלאכתך. ויום השביעי שבת לה׳ אלהיך; לא תעשה כל מלאכה, אתה ובנך..." (שמות כ, ח–י).

תיבת "לקדשו", אם מנתחים אותה לאור ההלכה הטופית הפוזיטיבית, משמעה רק הימנעות משגרת חיי היום־יום או שביתה ממלאכה. בהקשר טופי זה, אין "לקדשו" מכוון או רומז לאיכות כריזמטית כלשהי הטבועה בפנימיותו של היום השביעי. אין הוא אלא יום שהופרש משאר ימות השבוע כיום שיש לשבות בו מן המלאכה; לא יותר מכך. זו היא גישה פורמלית אל רעיון השבת.

בניגוד להלכה הטופית, הפסוק המשמש כמוטו מרכזי להלכה התמטית במה שנוגע לשבת הוא, כך אני מאמין, הפסוק אפוף המסתורין העומד בסיומו של סיפור הבריאה שבספר בראשית: "ויברך אלהים את יום השביעי ויקדש

רַבָּן גַּמְלִיאֵל הָיָה אוֹמֵר
כָּל שֶׁלֹּא אָמַר שְׁלוֹשָׁה דְבָרִים אֵלּוּ בַּפֶּסַח
לֹא יָצָא יְדֵי חוֹבָתוֹ
וְאֵלּוּ הֵן

אתו" (ב, ג). תקופה בת עשרים וארבע שעות נתגדלה ונתקדשה. לפתע היא נעשתה לישות מטפיסית אשר ריבונו של עולם העניק לה בחסדו מענק יחיד במינו, מענק שאין כיוצא בו, רוצה לומר: מענק של ברכה ושל קדושה.

(מן הסערה)

כָּל שֶׁלֹּא אָמַר שְׁלֹשָׁה דְּבָרִים אֵלּוּ בַּפֶּסַח, לֹא יָצָא יְדֵי חוֹבָתוֹ

סיפור יציאת מצרים מתבצע בשתי דרכים: באמירת ההגדה, ובפעולות – אכילת הפסח, המצה והמרור ושתיית ארבע הכוסות. סיפור יציאת מצרים הוא תמהיל של סיפור, לימוד תורה ואכילת מאכלים סמליים. זוהי התמזגות של הדיבור עם המעשה הגשמי של האכילה והשתייה, חיבור ההנאה הגופנית עם שקלא וטריא של תורה, שילוב דבר ה' עם פעולה המונעת מדחף ביולוגי, המשותפת גם לבעלי החיים ואינה מייחדת את האדם.

אכילת המצה והמרור היא מצווה כפולה. מצוות האכילה, עצם פעולת האכילה, היא מעשה דתי, מעשה קיום מצווה. אך אכילת הפסח, המצה והמרור היא גם כלי לסיפור יציאת מצרים. אנו מספרים את הסיפור לא רק בדיבור, אלא גם באכילה. על מנת לקיים את מצוות סיפור יציאת מצרים בשלמותה, על האדם לפרש ולבאר את המשמעות הסמלית של פסח, מצה ומרור.

(קול הרב)

לפום ריהטא, דברי רבן גמליאל מתייחסים לחובת סיפור יציאת מצרים. ברם עיין במהרש"א שמפרש דקאי על מצוות מצה ומרור עצמן, שלגביהן אינו יוצא ידי חובה, שכן העיר, "לא מצינו בשאר מצוות דבעיא שיאמר בהן על שם". ואמנם גם הרמב"ן במלחמות בפ"ק דברכות מפרש כן, שהרי בא להוכיח שלשון לא יצא ידי חובתו הוא לפעמים לאו דווקא, ממה שלא מצאנו, אפילו לרבן גמליאל, "שיהא צריך לחזור ולאכול פסח מצה ומרור"; ועי"ש בדבריו.

ונראה דישנם שני קיומים בפסח מצה ומרור. א) עצם תורת אכילתם על

פֶּסַח מַצָּה וּמָרוֹר

פי גזיה"כ ד"בערב תאכלו מצות", "על מצות ומרורים יאכלוהו", "ואכלו את הבשר בלילה הזה". קיום מצוות אלו נעשה ומתגשם ע"י פעולת אכילה שהיא תחילת וסוף המצוה. ב) קיום סיפור יציאת מצרים ע"י אכילת פסח מצה ומרור על פי גזיה"כ ד"בעבור זה עשה ה' לי בצאתי ממצרים", "בעבור זה – לא אמרתי אלא בשעה שיש מצה ומרור מונחים לפניך", אשר על פיה לדעת הרבה ראשונים ישנו חדא מחייב של מצה ומרור עם סיפור יציאת מצרים, ועצם אכילת מצה ומרור מהווה קיום של והגדת לבנך. לאמיתו של דבר, כל שאלות הבנים סובבות סחור סחור פסח מצה ומרור; ונראה שרבן גמליאל בודאי יליף דינו כי כל שלא אמר ג' דברים אלו בפסח מן גזירת הכתוב דבעבור זה עשה ה' לי, דהיינו בעבור מצה ומרור. הילפותא היא כי והגדת לבנך מעכב בקיום מצה ומרור, ברם המעכב אינו בקיום מצות אכילה על פי גזיה"כ דבערב תאכלו מצות או ואכלו את הבשר, כי אם בקיום מצות אכילה של סיפור יציאת מצרים על פי ההלכה של והגדת לבנך בעבור זה עשה ה' לי. לכן שפיר פירשו הרמב"ן והמהרש"א, כי ישנה פגימה בעצם מצוות מצה ומרור, אם אין האכילה מלווה סיפור יציאת מצרים המבארת מגמת מצוות אלו, וזה ע"פ גזיה"כ דבעבור.

(שעורים לזכר אבא מרי ז"ל)

פֶּסַח, מַצָּה וּמָרוֹר

הגמרא (פסחים כח ע"ב; קכ ע"א) קובעת: "כל ערל לא יאכל בו (שמות יב, מח) – בו הוא אינו אוכל, אבל אוכל הוא במצה ובמרור". הגמרא דורשת כך לגבי מומר, וקובעת שמומר אוכל מצה ומרור. התוספות (פסחים כח ע"ב ד"ה כל) סוברים שיסוד האיסור של מומר באכילת קרבן פסח נעוץ במעמדו של קרבן פסח כקודשים. מכיוון שכך, שואלים התוספות מדוע נזקקה הגמרא ללמדנו שמומר אוכל מצה ומרור, שהרי אלו אינם קודשים, ופשיטא שמותר לו לאוכלם. ועיין בתוספות מה שתירצו.

פשוט שהתוספות סבורים שהאיסור על מומר לאכול מהפסח נובע מקדושת קרבן. הבנה זו של דברי התוספות עולה בקנה אחד עם דברי התוספות ביבמות סב ע"א (ד"ה התורה), שם מסבירה הגמרא את סברתו של משה רבנו

ששבר את הלוחות מכיוון שראה שישראל חטאו בעגל. לדברי הגמרא, משה סבר שמומר אסור באכילת הפסח, ועל אחת כמה וכמה שלאחר שחטאו בעגל, ובני ישראל כולם בגדר מומרים, הם אסורים בקבלת התורה. התוספות שם מקשים על סברת משה רבנו: "אין זה קל וחומר גמור, דשאני פסח משום דקדשים, אבל כל התורה כולה אדרבה יש לו ללמדם ולהחזירם בתשובה". דברי התוספות מוכיחים שהם סוברים שאיסור אכילת מומר בפסח נובע ממעמדו כקודשים.

הרמב"ם, לעומתם, סבור אחרת. בהלכות קרבן פסח (ט, ח) הוא קובע כי אף שערל אינו אוכל מהפסח, הוא אוכל מצה ומרור. לדעת הרמב"ם, דרשת הגמרא "אבל אוכל הוא מצה ומרור" היא היתר ולא חיוב. הרמב"ם סבור שהאיסור על מומר לאכול מן הפסח אינו נובע ממעמדו כקודשים. לפי הרמב"ם, אין מקום להווה אמינא כזו, כי אז לא היה מקום לדברי הגמרא "בו הוא אינו אוכל, אבל אוכל הוא במצה ובמרור". אמנם, ישנו איסור מיוחד על אכילת מומר וערל בקודשים, אלא שבקרבן פסח ישנו ממד נוסף. מלבד המצווה של אכילת פסח, מצה ומרור, בכל אחד מן השלושה ישנה גם מצוות סיפור יציאת מצרים. ניתן להביא סיוע להבנה זו מרש"י (דברים טז, ג): "למען תזכור – על ידי אכילת פסח והמצה". מצוות האכילה-לכאורה כוללות גם מרכיב מהותי של סיפור יציאת מצרים. לפיכך מבין הרמב"ם כי הפקעת מומר מאכילת קרבן פסח נובעת מהפקעתו מסיפור יציאת מצרים. באופן דומה, היינו יכולים לחשוב שהוא מופקע מאכילת מצה ומרור, ולפיכך מלמדת אותנו הגמרא שאף שבכל השלושה ישנו קיום של סיפור יציאת מצרים, ומומר אסור באכילת הפסח, מותר המומר באכילת מצה ומרור.

הבנה זו של איסור אכילת מומר בפסח מפורשת בספר החינוך (מצווה יג), הקובע: "על כן ראוי שלא יאכל בו מומר, מאחר שאנו עושין אותו לאות ולזכרון שבאנו באותו הזמן לחסות תחת כנפי השכינה ונכנסנו בברית התורה והאמונה, אין ראוי שנאכיל ממנו למי שהוא הפך מזה שיצא מן הכלל וכפר באמונה". לפי המבואר בשיטת הרמב"ם וספר החינוך, מובן היטב הקל וחומר שדן משה רבנו בשבירת הלוחות, שאם בן נכר אסור בקרבן פסח לפי שהוא אות של ברית התורה, קל וחומר שאסור להוריד לעם של בני נכר את לוחות הברית שכוללים את הברית של התורה עצמה.

(רשימות)

סדר הפריטים במאמרו של רבן גמליאל הוא תמוה במידת מה. הוא מדבר בפסח, במצה ובמרור, אך צריך היה לפתוח במרור, המסמל את ה"גנות", חיי

כשאומר ׳פֶּסַח שֶׁהָיוּ אֲבוֹתֵינוּ אוֹכְלִים׳ לא יגביה את התבשיל שהוא זכר לפסח.

פֶּסַח

שֶׁהָיוּ אֲבוֹתֵינוּ אוֹכְלִים בִּזְמַן שֶׁבֵּית הַמִּקְדָּשׁ הָיָה קַיָּם

עַל שׁוּם מָה

עַל שׁוּם שֶׁפָּסַח הַקָּדוֹשׁ בָּרוּךְ הוּא

עַל בָּתֵּי אֲבוֹתֵינוּ בְּמִצְרַיִם

שֶׁנֶּאֱמַר

שמות יב וַאֲמַרְתֶּם זֶבַח־פֶּסַח הוּא לַיהוה

אֲשֶׁר פָּסַח עַל־בָּתֵּי בְנֵי־יִשְׂרָאֵל בְּמִצְרַיִם

בְּנָגְפּוֹ אֶת־מִצְרַיִם

וְאֶת־בָּתֵּינוּ הִצִּיל

וַיִּקֹּד הָעָם וַיִּשְׁתַּחֲווּ:

העבדות והדיכוי המשפילים שבהם אנחנו פותחים את הסיפור, ורק לאחר מכן להזכיר את הפסח, אירוע השיא שהתרחש בליל חמישה עשר בניסן, כאשר פסח ה׳ על בתי ישראל בהכותו את המצרים (שמות יב, כז). הוא צריך היה להזכיר את המצה אחרונה, משום שהיא מסמלת את האירוע האחרון, את הגאולה שהתרחשה בבוקר שבו יצאו בני ישראל ממצרים (שם, פסוק לט).

הרמב״ם (הלכות חמץ ומצה ז, ה וכן ח, ד) מצטט גם הוא בתחילה את סדר הפריטים כפי שהוא בהגדה שלנו: פסח, מצה ומרור. אך כאשר הוא מתחיל לדון שם במצוות, סדר הדברים משתנה: פסח, מרור ומצה. ולאחר מכן, בהגדתו, הוא שב וחוזר אל סדר הדברים שבהגדתנו: פסח, מצה ומרור. מכל מקום, פירוט הדברים איננו עוקב אחר סדר האירועים – מרור, פסח ולבסוף מצה – כי ההגדה היא ספר לימוד אודות יציאת מצרים, ולא סיפור מעשים בעלמא. ההגדה משמעה תלמוד תורה. יש להסביר את מצוות הפסח, המצה והמרור ולפרשן במסגרת סיפור יציאת מצרים, לא על פי השתלשלות

האירועים כהתרחשותם אלא במסגרת ההלכה ובזיקה לרצף הקונצפטואלי של המצוות.

המצווה המרכזית כיום היא המצה, משום ש"מצה בזמן הזה דאורייתא ומרור דרבנן" (פסחים קכ ע"א). הפסוק קובע לגבי קורבן הפסח כי "על מצות ומרֹרים יאכלהו" (במדבר ט, יא), ובכך הוא רומז שאת המרור יש לאכול רק במקום שבו ישנו קורבן פסח. מסקנה זו אין כוחה יפה לגבי המצה, משום שלגביה ישנו פסוק אחר המחייב את אכילתה: "בערב תאכלו מצֹת" (שמות יב, יח) – ללא התייחסות אל קורבן הפסח.

הווי אומר, כי בעוד שמדאורייתא תלוי המרור בקורבן הפסח, למצה נועדים שני היבטים מקוריים – אחד מהם קשור בקורבן ואחד בלתי תלוי בו. בזמן המקדש קיים כל האוכל מצה שתי מצוות, בעוד שבאכילת מרור קיים רק חיוב אחד מדאורייתא. מבחינה הלכתית, קורבן הפסח הוא המצווה העיקרית, משום שהמצה והמרור גם יחד תלויים בו. מחצית מחשיבותה של המצה נובעת מן הקורבן, בעוד שהמרור תלוי בו לחלוטין, משום שבמקום שבו אין קורבן, אין מרור מדאורייתא.

ועל כן, בפרקים ז-ח של הלכות חמץ ומצה, כאשר הרמב"ם דן בליל הסדר כהתרחשותו בזמן המקדש, הוא פותח בפסח, הקובע את אופיים של המצה והמרור, ממשיך במה שתלוי תלות גדולה יותר בקורבן הפסח – קרי: במרור – ומסיים במצה. ועם זאת, בהלכה ט שבפרק ח הוא מודיענו כי דין "על השובע" חל על הפסח והמצה גם יחד, משום ש"אכילתן היא המצווה", וכוונתו לומר כי אכילת שני אלה היא המצווה המרכזית – קורבן הפסח בזמן המקדש, והמצה בזמן הזה. בימי הבית דחה קורבן הפסח את המצה במה שנוגע לדין "על השובע", אך בימינו תפשה המצה את מקומו של הפסח כמצווה העיקרית. ועל כן בהגדתו של הרמב"ם, שהיא "ההגדה שנהגו בה ישראל בזמן הגלות", סדר הדברים הוא שונה. שם מוסבר תחילה עניין הפסח, משום שהוא "זכר למקדש"; לאחר מכן אנו מסבירים את עניין המצה, משום שהיא המצווה העיקרית; ולבסוף המרור. באופן דומה דן רבן גמליאל בענייני ליל הסדר (משנה פסחים י, ה) בתקופה שלאחר החורבן, ועל כן סדר הדברים אצלו הוא: פסח, מצה ומרור.

(זמן חירותנו)

פֶּסַח

לידתה של קהילת החסד – אומה אשר במסגרתה מתלכדים האנשים, נותנים משלהם, דואגים זה לזה וחולקים את רכושם – מסומלת בקורבן הפסח. הקב"ה

לא היה זקוק לשה המוקרב; לא היה לו עניין בקורבן. הוא רצה בפשטות שהאנשים – עבדים שזה עתה נחלצו משעבוד – יצאו מבידודם ומהתמקדותם המטורפת בעצמם ויצטרפו אל קהילת החסד, אשר בה גם המעט שיש לאדם הוא הרבה מדי עבורו, אשר בה רכושו גדול מכפי יכולתו ליהנות ממנו.

אחווה חדשה נוצרה סביב קורבן הפסח, קהילה חדשה צצה וקמה. טקס קורבן הפסח איפשר את השהייה בצוותא, חיי איש עם רעהו ונטילת חלק בדבר המשותף לרבים. ההלכה טבעה את המונח "חבורה" ביחס לקבוצת האנשים המתאספים יחדיו כדי לקיים את הטקס (כגון משנה פסחים ח, ז). האכילה בצוותא היא אמצעי חשוב של תקשורת בין אנשים נפרדים, ועל כן הם חולקים בכול.

העבד מבחין לפתע כי המעט שחסך לעצמו, שה אחד, הוא הרבה יותר מכפי צרכו. העבד עושה לפתע ובאורח ספונטני דבר שלא האמין כי הוא מסוגל לעשותו, רוצה לומר, הוא מקיש על דלת שכנו, שעד כאן לא הבחין בו, ומזמין אותו לאכול יחד עימו את בשר השה.

(זמן חירותנו)

עַל שֵׁם מָה

לקטע הזה יש שני נוסחים. האחד: "על שום מה", והשני: "על שם מה". מהו ההבדל ביניהם?

הנוסח "על שום מה" שואל מהו הטעם שהקב"ה ציווה לאכול מצה. לפי נוסח זה, ההגדה מבקשת להבין את רצון ה', להבין מדוע ציוונו לאכול מצה.

הנוסח "על שם מה" שואל שאלה אחרת: מהו התוכן של ציווי זה? מהי החשיבות באכילת מצה? לפי הנוסח הזה, איננו צריכים להעמיק ולהבין את רצונו של הקב"ה; מחשבותיו עמקו מאתנו. יכולים אנו רק לשאול מהי משמעות אכילת מצה, וכיצד משפיעה המצווה על מי שמקיים אותה.

ניתן להבין את ההבחנה בין "על שום" ובין "על שם" על פי דברי הראשונים ביחס לטעמי המצוות. הרמב"ם במורה נבוכים (חלק ג פרק מח) סבור שישנה מחלוקת בחז"ל בשאלה האם ניתן להציע טעמים למצוות. המשנה קובעת כי: "האומר על קן ציפור יגיעו רחמיך, משתקין אותו". בטעם הלכה זו אומרת הגמרא (ברכות לג ע"ב): "פליגי בה תרי אמוראי במערבא, רבי יוסי בר אבין ורבי יוסי בר זבידא, חד אמר מפני שמטיל קנאה במעשה בראשית, וחד אמר מפני שעושה מדותיו של הקדוש ברוך הוא רחמים ואינן אלא גזרות". הרמב"ם מבין שנחלקו האם בדרך כלל יש להציע טעמים למצוות, או שכולן גזירות.

הרמב"ן (דברים כב, ו) מרחיב בנושא זה אגב דיונו במצוות שילוח הקן,

מגביה את המצה הפרוסה ומראה ואומר:

מַצָּה זוֹ

שֶׁאָנוּ אוֹכְלִים, עַל שׁוּם מָה
עַל שׁוּם שֶׁלֹּא הִסְפִּיק בְּצֵקָם שֶׁל אֲבוֹתֵינוּ לְהַחֲמִיץ
עַד שֶׁנִּגְלָה עֲלֵיהֶם מֶלֶךְ מַלְכֵי הַמְּלָכִים
הַקָּדוֹשׁ בָּרוּךְ הוּא, וּגְאָלָם

ומבחין בין טעם למצווה המנסה להתחקות אחר טעמו של הקב"ה שציווה עליה, לבין טעם למצווה המתאר את המשמעות שלה עבור האדם המקיים אותה. הבעיה במשפט "על קן ציפור יגיעו רחמיך" היא שמשתמע ממנה שרחמי הקב"ה גרמו לו לצוות על מצווה זו. נובע מכך שהקב"ה מצווה מצוות לתועלת עצמו, כדי למלא את רצונו להיות רחמן, וזאת אי אפשר לקבל כי זוהי פגיעה בשלמות האל. הדרך הנכונה היא לומר שמצוות שילוח הקן נועדה ללמד את האדם להיות רחמן.

הבחנה זו יכולה להסביר את ההבדל בין "על שום" לבין "על שם". הניסוח "על שום" שואל מדוע הקב"ה, מצדו, ציווה לאכול מצה. לגבי הקב"ה, שאלת "מדוע" אינה שייכת. רצונו של הקב"ה אינו נזקק לשום הצדקה חיצונית. "על שם", לעומת זאת, מתייחס לזווית הראייה של האדם המקיים את המצווה: מה אנחנו לומדים ממנה? כיצד משפיעה המצווה עלינו? מכיוון שכך, הנוסח הראוי יותר הוא "על שם".

הגר"ח הסביר עוד שאת טעמי המצוות יש להבין לא כ"סיבות המצוות" אלא כ"טעמים", מלשון "טעמו וראו כי טוב ה'" (תהלים לד, ט).

(רשימות)

וּגְאָלָם

הגאולה האמיתית מגיעה תמיד לפתע, באופן בלתי צפוי, בשעה שבני האדם נכונים לוותר על כל תקווה. מצבים היסטוריים נמצאים לעיתים בהידרדרות נמשכת והולכת; האנשים מתפללים וזועקים, מתחננים לרחמים – אך אין כל מענה לתפילתם; רק דממה. ברגע זה, כאשר המשבר מגיע לשיאו והוא מאיים

שֶׁנֶּאֱמַר

שמות יב וַיֹּאפוּ אֶת־הַבָּצֵק אֲשֶׁר הוֹצִיאוּ מִמִּצְרַיִם
עֻגֹת מַצּוֹת, כִּי לֹא חָמֵץ
כִּי־גֹרְשׁוּ מִמִּצְרַיִם
וְלֹא יָכְלוּ לְהִתְמַהְמֵהַּ
וְגַם־צֵדָה לֹא־עָשׂוּ לָהֶם:

על עצם קיומה של הקהילה, כאשר בני האדם מתחילים להתייאש, מתרחשת לפתע הגאולה ומוציאה אותם מארץ סבלותיהם. היא מגיעה באמצע הלילה ונוקשת על הדלת בשעה שאיש איננו מצפה לה, כאשר כולם מפקפקים בה, כאשר הכול מזלזלים בלעג באפשרות להיגאל.

זה מה שאירע במצרים. "ויאנחו בני ישראל מן העבֹדה ויזעקו ותעל שועתם אל האלהים מן העבֹדה" (שמות ב, כג). ה׳ לא השיב באותו רגע, והעם לא ידע כי "וירא אלהים את בני ישראל וידע אלהים" (שם, פסוק כה). כאשר הגיע המשבר לשיאו, והעם היהודי עמד על סף התבוללות מוחלטת והיעלמות, הופיע משה רבינו. בתחילת דרכו היה רחוק מאוד מהצלחה; המכות, ככל הנראה, לא שכנעו את בני ישראל שהגאולה אכן קרבה ובאה. הם לא ציפו להתגלות אלהית באותו לילה. זה אכן המאפיין החשוב ביותר של גאולת מצרים. גאולה זו עניינה לא רק בעצם העובדה שאבותינו יצאו משעבוד לחירות, אלא, וזה חשוב יותר, בעובדה שהגאולה והתגלות הקב"ה באו עליהם בהפתעה. זה טיבה של הגאולה.

(זמן חירותנו)

וְלֹא יָכְלוּ לְהִתְמַהְמֵהַּ

הגאולה האמיתית מגיעה תמיד לפתע, באופן בלתי צפוי, בשעה שבני האדם נכונים לוותר על כל תקווה. מצבים היסטוריים נמצאים לעיתים בהידרדרות נמשכת והולכת; האנשים מתפללים וזועקים, מתחננים לרחמים – אך אין כל מענה לתפילתם; רק דממה. ברגע זה, כאשר המשבר מגיע לשיאו והוא מאיים על עצם קיומה של הקהילה, כאשר בני האדם מתחילים להתייאש, מתרחשת לפתע הגאולה ומוציאה אותם מארץ סבלותיהם. היא מגיעה באמצע הלילה

מגביה את המרור ואומר:

מָרוֹר זֶה

שֶׁאָנוּ אוֹכְלִים עַל שׁוּם מָה
עַל שׁוּם שֶׁמֵּרְרוּ הַמִּצְרִים אֶת חַיֵּי אֲבוֹתֵינוּ בְּמִצְרַיִם
שֶׁנֶּאֱמַר
וַיְמָרְרוּ אֶת־חַיֵּיהֶם בַּעֲבֹדָה קָשָׁה שמות א
בְּחֹמֶר וּבִלְבֵנִים
וּבְכָל־עֲבֹדָה בַּשָּׂדֶה
אֵת כָּל־עֲבֹדָתָם אֲשֶׁר־עָבְדוּ בָהֶם בְּפָרֶךְ:

ונוקשת על הדלת בשעה שאיש איננו מצפה לה, כאשר כולם מפקפקים בה, כאשר הכול מזלזלים בלעג באפשרות להיגאל.

זה מה שאירע במצרים. "ויאנחו בני ישראל מן העבֹדה ויזעקו ותעל שועתם אל האלהים מן העבֹדה" (שמות ב, כג). ה' לא השיב באותו רגע, והעם לא ידע כי "וירא אלהים את בני ישראל וידע אלהים" (שם, פסוק כה). כאשר הגיע המשבר לשיאו, והעם היהודי עמד על סף התבוללות מוחלטת והיעלמות, הופיע משה רבינו. בתחילת דרכו היה רחוק מאוד מהצלחה; המכות, ככל הנראה, לא שכנעו את בני ישראל שהגאולה אכן קרבה ובאה. הם לא ציפו להתגלות אלהית באותו לילה. זה אכן המאפיין החשוב ביותר של גאולת מצרים. גאולה זו עניינה לא רק בעצם העובדה שאבותינו יצאו משעבוד לחירות, אלא, וזה חשוב יותר, בעובדה שהגאולה והתגלות הקב"ה באו עליהם בהפתעה.

לאמיתו של דבר, זה בדיוק מה שהגדת הרמב"ם קובעת לפני "הא לחמא עניא": "בבהילו יצאנו ממצרים". בהלה עניינה אימה הנגרמת בידי ערבוביה ומבוכה. ההגדרה שהגדיר רבן גמליאל את הגאולה הועברה בידי הרמב"ם אל ראש ההגדה. "ויאפו את הבצק אשר הוציאו ממצרים עֻגות מצות כי לא חמץ כי גֹרשו ממצרים ולא יכלו להתמהמה וגם צדה לא עשו להם" (שמות יב, לט). זה טיבה של הגאולה.

(זמן חירותנו)

בְּכָל דּוֹר וָדוֹר

פסחים קטז: חַיָּב אָדָם לִרְאוֹת אֶת עַצְמוֹ כְּאִלּוּ הוּא יָצָא מִמִּצְרַיִם

שֶׁנֶּאֱמַר

שמות יג וְהִגַּדְתָּ לְבִנְךָ בַּיּוֹם הַהוּא

לֵאמֹר

בַּעֲבוּר זֶה עָשָׂה יהוה לִי בְּצֵאתִי מִמִּצְרָיִם:

לֹא אֶת אֲבוֹתֵינוּ בִּלְבָד גָּאַל הַקָּדוֹשׁ בָּרוּךְ הוּא

אֶלָּא אַף אוֹתָנוּ גָּאַל עִמָּהֶם

שֶׁנֶּאֱמַר

דברים ו וְאוֹתָנוּ הוֹצִיא מִשָּׁם

לְמַעַן הָבִיא אֹתָנוּ

לָתֶת לָנוּ אֶת־הָאָרֶץ

אֲשֶׁר נִשְׁבַּע לַאֲבֹתֵינוּ:

חַיָּב אָדָם לִרְאוֹת אֶת עַצְמוֹ כְּאִלּוּ הוּא יָצָא מִמִּצְרַיִם

הרמב"ם קובע כי על האדם להתנהג כאילו הוא בן חורין שיצא ממצרים – "בכל דור ודור חייב אדם להראות את עצמו כאילו הוא יצא ממצרים" (הלכות חמץ ומצה ז, ו). "לראות" משמעותו לחוות, להרגיש ולחיות מחדש את העבדות ואת היציאה לחירות. יציאת מצרים אינה אירוע השייך לימי קדם בלבד, לשחר ההיסטוריה שלנו ללא השלכה על חיינו עתה. עלינו לחוות אותו מחדש. "זכירה" ביהדות אין פירושה רק לזכור את האירועים במובן הטכני, אלא גם לחיות אותם מחדש. המילה "להראות" מוסיפה ממד אחר: על החוויה־מחדש להיות עוצמתית, עד שהיא מתפרצת ומתבטאת במעשים. כאשר רגשותינו עולים על גדותיהם, איננו יכולים להדחיק אותם; איננו יכולים לשלוט בעצמנו. אנו נשיר ונרקוד; נזעק ונצעק; נזיל דמעות ונתחבק

מכסים את המצות ומגביהים את הכוס
עד אחר ברכת 'בּוֹרֵא פְּרִי הַגָּפֶן' (טור ומחבר סי' תע"ג ס"ז).

לְפִיכָךְ אֲנַחְנוּ חַיָּבִים
לְהוֹדוֹת לְהַלֵּל לְשַׁבֵּחַ
לְפָאֵר לְרוֹמֵם לְהַדֵּר
לְבָרֵךְ לְעַלֵּה וּלְקַלֵּס
לְמִי שֶׁעָשָׂה לַאֲבוֹתֵינוּ וְלָנוּ אֶת כָּל הַנִּסִּים הָאֵלֶּה

עם הזולת. על חוויית יציאת מצרים בליל הסדר להיות כה עוצמתית ועולה על גדותיה, עד שהיא תתבטא במעשים.

(קול הרב)

לְפִיכָךְ

הקטע הפותח ב"לפיכך" מדבר על הודאה לה' על ניסים שעשה "לאבותינו ולנו". ברכת "אשר גאלנו" – הבאה בעקבות אמירת שני מזמורי ההלל הראשונים – מודה לה' "אשר גאלנו וגאל את אבותינו ממצרים". אם אנו מודים לה' על אירוע היסטורי אשר יש לו עדיין שייכות אלינו, עלינו להזכיר תחילה את אבותינו, אשר האירוע התרחש להם, ורק לאחר מכן את עצמנו. אך אם אנו חווים את האירוע בעצמנו, עלינו להודות תחילה לה' על הנס שאירע לנו, ורק לאחר מכן להודות לו גם על גאולתם של קודמינו. הקטע הפותח ב"לפיכך" צריך היה לומר "שעשה לנו ולאבותינו את כל הניסים", אך זאת רק אם אנו מסוגלים למעשה לקיים ולממש את ההלכה ש"בכל דור ודור חייב אדם לראות את עצמו כאילו הוא יצא ממצרים". אין כל קושי באכילת מצה ומרור. אך "בכל דור ודור" איננה מצווה של אכילה; היא רגש, הלוך רוח. זו מעורבותו של אדם מודרני החי, עם זאת, בתוך אירועים עתיקי יומין – מצווה מורכבת ביותר. אנו יכולים להוכיח שקיימנו את המצווה על ידי קריאת ההלל, וכל עוד לא אמרנו את ההלל, לא קיימנו את "בכל דור ודור". עד שלא קראנו את ההלל, אין אנו רשאים לומר "לנו ולאבותינו" ועל כן אנו אומרים "לאבותינו ולנו". בו ברגע שקראנו את ההלל, אנו מאמינים כי עשינו זאת בהתלהבות ובשמחה, כאילו התרחש האירוע רק לאחרונה. על כן יכולים אנו, לאחר אמירת שני מזמורים, להזכיר את עצמנו ראשונים ורק לאחר מכן את אבותינו.

(זמן חירותנו)

הוֹצִיאָנוּ מֵעַבְדוּת לְחֵרוּת
מִיָּגוֹן לְשִׂמְחָה
מֵאֵבֶל לְיוֹם טוֹב
וּמֵאֲפֵלָה לְאוֹר גָּדוֹל
וּמִשִּׁעְבּוּד לִגְאֻלָּה
וְנֹאמַר לְפָנָיו שִׁירָה חֲדָשָׁה
הַלְלוּיָהּ.

יש נוהגים להניח כאן את הכוס (ספר המנהגים לר"א קלויזנר) ומגביהים אותה שוב בברכת 'אֲשֶׁר גְּאָלָנוּ' (עמ' 126).

הַלְלוּיָהּ

המשנה בפסחים (קטז ע"ב) קובעת כי תחילת ההלל נאמרת על הכוס השנייה. מלשון ההגדה ניתן להבין כי אמירת הלל היא חלק מקיום סיפור יציאת מצרים והחיוב לחוות־מחדש את היציאה: "לפיכך אנחנו חייבים להודות, להלל, לשבח... למי שעשה לאבותינו ולנו את כל הנסים האלו... ונאמר לפניו הללויה". אנו אוחזים בכוס ומצהירים כי בשל גאולתנו בדרך נס מחויבים אנו להודות ולהלל לה'.

עם זאת, ישנו יסוד נוסף המחייב אותנו באמירת הלל בליל הסדר, והוא מצוות קרבן פסח. הגמרא (פסחים צה ע"א-ע"ב) מונה את ההבדלים בין פסח ראשון לפסח שני. אחד ההבדלים הנמנים שם הוא שההלל נאמר רק בפסח ראשון. דין זה נלמד מן הפסוק "השיר יהיה לכם כליל התקדש חג" (ישעיהו ל, כט). מהשקלא וטריא בגמרא עולה כי אמירת ההלל בליל הסדר נובעת ממצוות קרבן פסח כמו גם ממצוות סיפור יציאת מצרים. ונראה שגמר ההלל שאומרים על הכוס הרביעית הוא ההלל של אכילת הפסח.

היום, כשאין בית המקדש קיים ואין לנו קרבן פסח, מסתבר שאמירת ההלל היא רק חלק ממצוות סיפור יציאת מצרים. זוהי דעת הר"ן והכל בו, שסבורים שאין מברכין על ההלל בליל הסדר מכיוון שאומרים אותו בתורת שירה על הנס, כלומר, כחלק מסיפור יציאת מצרים.

לעומתם, שיטת הרמב"ן (פסחים קיח) היא שמברכים על ההלל בליל הסדר: "ותמה על עצמך, היאך לא יהא טעון ברכה, שאין לך הלל חובה כאכילת

פסחים שהוא שעת גאולה". ואף שמפסיקים באמצע ההלל, מבאר הרמב"ן ש"אינו הפסק, שכך התקינו למצוה, וסדרו של יום הוא". לפי הרמב"ן נראה שישנו רק מחייב אחד של הלל – אכילת הפסח, ובזמן הזה אכילת המצה – אבל אין שני מחייבים נפרדים לאמירת הלל. אך שיטת הרמב"ן טעונה ביאור, מכיוון שהוא גם מביא את דברי הירושלמי שלפיהם האומר הלל בבית הכנסת יצא ידי חובתו, ויש לשאול כיצד אמירת ההלל בבית הכנסת נקשרת לקרבן הפסח. ועוד קשה: מהרמב"ן משתמע שאדם שאמר הלל בבית הכנסת חוזר ואומר הלל בליל הסדר – ואם באמירת הלל בבית הכנסת יצא ידי חובתו, מדוע עליו לחזור ולומר הלל שנית?

הגמרא (ערכין י ע"ב) לומדת מן הפסוק "השיר יהיה לכם כליל התקדש חג" שיש לומר הלל ביום טוב המקודש בעשיית מלאכה דווקא. מסתבר שכוונת הרמב"ן איננה שההלל נאמר על קיום מצוות אכילת קרבן פסח, אלא שמצוות ליל פסח הופכות לילה זה ליום טוב של גאולה, והוא הוא הזמן הראוי לאמירת הלל. מכיוון שכך, הערב כולו קרוי זמן ראוי לאמירת הלל, גם בבית הכנסת. סימוכין להבנה זו בדעת הרמב"ן יש להביא מדברי רבנו חננאל (פסחים צח ע"א), הקובע שמי שמת לו מת ביום י"ד ניסן אחר חצות היום אינו נעשה אונן, מכיוון שיום י"ד אחר חצות הוא זמן הבאת קרבן פסח ואמירת ההלל שנלווית לה. מצוות אלו מרוממות את הזמן ומעניקות לו גדר של יום טוב, שלא שייכת בו אבלות.

אולם נראה שגם לפי הרמב"ן יש עוד דין של אמירת הלל מצד דין הלל על הכוס ומסדר של הלילה וסיפור יציאת מצרים, ולכן סובר הרמב"ן שהאומר הלל בבית הכנסת חוזר ואומרו בביתו, מדין הלל על הכוס, אך דין הלל זה אינו מתורת הלל, אלא כדרך שיר של זמר והודאה. ובזה גם הרמב"ן מודה שאומרים הלל בלא ברכה, ולכן מי שאמר הלל בבית הכנסת יצא לעניין ברכה, אף שעדיין חייב לומר הלל בביתו בלא ברכה.

(רשימות)

בתיאור מצוות סיפור יציאת מצרים בספר המצוות (מצווה קנז) כולל הרמב"ם חיוב לספר "בהגדלת מה שעשה לנו השם ומה שעשו עמנו המצרים מעול וחמס ואיך לקח השם נקמתנו מהם, ובהודות לו יתברך על מה שגמלנו מחסדיו". נראה שדעת הרמב"ם היא שאמירת ההלל בליל הסדר היא מצווה מדאורייתא. כך משמע גם מדברי ספר החינוך (מצווה כא), "לספר בעניין יציאת מצרים בליל חמישה עשר בניסן כל אחד כפי צחות לשונו, ולהלל ולשבח השם יתברך על כל הנסים שעשה לנו שם, שנאמר והגדת לבנך". לאמיתו של דבר, גם

תהלים קיג

הַלְלוּיָהּ

הַלְלוּ עַבְדֵי יהוה, הַלְלוּ אֶת־שֵׁם יהוה:
יְהִי שֵׁם יהוה מְבֹרָךְ, מֵעַתָּה וְעַד־עוֹלָם:
מִמִּזְרַח־שֶׁמֶשׁ עַד־מְבוֹאוֹ, מְהֻלָּל שֵׁם יהוה:
רָם עַל־כָּל־גּוֹיִם יהוה, עַל הַשָּׁמַיִם כְּבוֹדוֹ:
מִי כַּיהוה אֱלֹהֵינוּ, הַמַּגְבִּיהִי לָשָׁבֶת:
הַמַּשְׁפִּילִי לִרְאוֹת, בַּשָּׁמַיִם וּבָאָרֶץ:
מְקִימִי מֵעָפָר דָּל, מֵאַשְׁפֹּת יָרִים אֶבְיוֹן:
לְהוֹשִׁיבִי עִם־נְדִיבִים, עִם נְדִיבֵי עַמּוֹ:
מוֹשִׁיבִי עֲקֶרֶת הַבַּיִת, אֵם־הַבָּנִים שְׂמֵחָה

הַלְלוּיָהּ:

מלשון ההגדה עצמה נראה שאמירת ההלל היא חלק מהותי ממצוות סיפור יציאת מצרים, מתוך הלשון "לפיכך אנחנו חייבים להודות ולהלל". אכן, אמירת ההלל היא אחד מן המאפיינים המבדילים בין מצוות סיפור יציאת מצרים בליל הסדר לבין מצוות זכירת יציאת מצרים שבכל יום.

עם זאת, מתעוררות מספר קושיות. התוספות (מגילה כא ע"א ד"ה לאתויי) קובעים שמותר לסיים את אמירת ההלל לאחר חצות הלילה מאחר שחיוב אמירתו רק מדרבנן – סברה העומדת לכאורה בסתירה ללשון ההגדה עצמה. קושיה אחרת מתעוררת מהסברו של רש"י (פסחים לו ע"א ד"ה שעונים), שמצה קרויה "לחם שעונים עליו דברים הרבה" – לפי "שגומרים

עליו את ההלל ואומרים עליו הגדה". דברי רש"י אלו קשים גם מכיוון אחר – הלא איננו גומרים את ההלל על המצה, שהרי האפיקומן נאכל בטרם סיום ההלל.

ניתן ליישב את הקושיות הללו אם נחלק בין חציו הראשון של ההלל, הנאמר כחלק מן ה"מגיד", לבין חציו השני של ההלל, הנאמר לאחר האפיקומן. חציו הראשון של ההלל, הכולל את "בצאת ישראל ממצרים", מבטא את השבח לקב"ה על שהוציאנו ממצרים. התוספות יודו שאמירת חציו הראשון של ההלל, שהיא חלק בלתי נפרד מן המגיד, היא חיוב דאורייתא. חציו השני של ההלל, שהוא דברי שבח כלליים שאינם קשורים ליציאת מצרים דווקא, הוא זה שחיובו מדרבנן, ולכן הוא נאמר גם לאחר חצות. ההיתר לומר את חציו השני של ההלל לאחר חצות אינו מתוך צד קולא שיש בו, אלא מכיוון שהוא שונה מטבעו מן החצי הראשון. בעוד החצי הראשון הוא קיום של סיפור יציאת מצרים, ולכן שייכים בו כל הדינים השייכים בסיפור יציאת מצרים, כולל החובה לסיימו לפני חצות, הרי שהחצי השני הוא קיום המצווה מדרבנן לשבח את הקב"ה על כל החסד שגמלנו. החצי הראשון הוא הודאה והחצי השני הוא שבח. ניתן להביא ראיה נוספת לכך ששני חלקי ההלל הם שני קיומים נפרדים מדברי התוספות בברכות (יד ע"א ד"ה ימים), שם מתייחסים התוספות למנהג לברך שתי ברכות על ההלל בליל הסדר, אחת על החצי הראשון ואחת על החצי השני.

הבחנה זו בין שני החצאים תסביר את דברי רש"י שאנו גומרים את ההלל על המצה – אנו גומרים את ההלל של יציאת מצרים לפני אכילת המצה. במבט כללי, ראיית ההלל כבעל שני חלקים מובחנים זה מזה, האחד עוסק בסיפור יציאת מצרים והשני עוסק בשבחים לקב"ה על כל החסדים, מסייעת להבין את ההפרדה התמוהה של ההלל לשני חלקים בליל הסדר, כאשר בתווך נמצא "שולחן עורך". ההפרדה בין שני החצאים מכוונת, ומטרתה להדגיש את סיפור יציאת מצרים ולשלב את חציו של ההלל הנוגע לכך כחלק מן המצווה מדאורייתא לאומרו על המצה, לפני חצות.

ישנה נקודה אחרת הראויה לציון. חלוקת ההלל, כפי שאנו נוהגים, היא לדעת בית הלל. בית שמאי חילקו את ההלל באופן שונה. לדעת בית שמאי, רק הפסקה הראשונה של ההלל נאמרת כחלק מן ה"מגיד", בעוד שהפסקה השנייה, "בצאת ישראל ממצרים", נאמרת לאחר אכילת האפיקומן יחד עם שאר ההלל, על הכוס הרביעית (פסחים קטז ע"ב). נראה שלדעת בית שמאי חציו השני של ההלל, כמו זה הראשון, הוא ביטוי של סיפור יציאת מצרים.

(רשימות)

תהלים קיד

בְּצֵאת יִשְׂרָאֵל מִמִּצְרָיִם, בֵּית יַעֲקֹב מֵעַם לֹעֵז:
הָיְתָה יְהוּדָה לְקָדְשׁוֹ, יִשְׂרָאֵל מַמְשְׁלוֹתָיו:
הַיָּם רָאָה וַיָּנֹס, הַיַּרְדֵּן יִסֹּב לְאָחוֹר:
הֶהָרִים רָקְדוּ כְאֵילִים, גְּבָעוֹת כִּבְנֵי־צֹאן:
מַה־לְּךָ הַיָּם כִּי תָנוּס, הַיַּרְדֵּן תִּסֹּב לְאָחוֹר:
הֶהָרִים תִּרְקְדוּ כְאֵילִים, גְּבָעוֹת כִּבְנֵי־צֹאן:
מִלִּפְנֵי אָדוֹן חוּלִי אָרֶץ, מִלִּפְנֵי אֱלוֹהַּ יַעֲקֹב:
הַהֹפְכִי הַצּוּר אֲגַם־מָיִם, חַלָּמִישׁ לְמַעְיְנוֹ־מָיִם:

בְּצֵאת יִשְׂרָאֵל מִמִּצְרָיִם

עבד "שרבו הניח לו תפילין" יוצא לחירות (גיטין מ ע"א) משום שעבדות איננה יכולה לעלות בקנה אחד עם ההצהרה על אחדותו של האלהים וקבלת עול מצוותיו, כפי שהן באות לביטוי בארבע הפרשיות שבתפילין. בתורה נאמר "לא תסגיר עבד אל אדניו" (דברים כג, טז), וחכמים הסבירו פסוק זה כמדבר בעבד שברח לארץ ישראל מחוץ לארץ (גיטין מה ע"א); עבד שברח מן החול אל הקודש זוכה בכך לחירותו.

ההבדל בין חירות הנרכשת מתוך כיבוש לבין חירות שקונה הקדושה – על ידי בריחה לארץ ישראל, טבילה לשם גיור, הנחת תפילין או קריאה בתורה – דומה מאוד להבדל שמעלה הרמב"ם (הלכות תרומות א, ה) באשר לקדושתה הראשונה והשנייה של ארץ ישראל. לדעתו של הרמב"ם, קדושתה הראשונה של ארץ ישראל, בימיו של יהושע, היתה בתוקף עד לגלות בבל; כאשר חרבה ארץ ישראל ותושביה יצאו לגלות, פג תוקפה של קדושה זו. בימיו של יהושע נתקדשה הארץ באמצעות התגלות ה' בבחינת דין, בשינוי סדרי הטבע, בידו החזקה ובזרועו הנטויה, באותות ובמופתים ובהשגחה גלויה. קדושה באמצעות כיבוש איננה יכולה להתמיד לנצח, משום שהתגלות אלהית כביטוי לעוצמה, יד חזקה וזרוע נטויה, איננה יכולה להימשך בלא גבול. בשעת החורבן, כאשר ה' מסתיר את פניו, כאשר אומה אחרת לוקחת ממך את אשר כבשת, נעלמת הקדושה, משום שזו קדושה של "יד חזקה". מאידך גיסא, הקדושה השנייה, זו שבימי עזרא, נובעת מהתגלות אלהית שהתרחשה לא בטבע, לא ביד חזקה ובזרוע נטויה, אלא בתוך הנפש האנושית, בקדושת החיים, בהשגבת הגופניות,

במחויבות ובמסירות עליונה, ב"קול דממה דקה". לא ניתן לבטל סוג כזה של התקדשות.

אדון יכול לרכוש מחדש את עבדו אשר נכבש ממנו; דבר אינו משתנה במעמדו האישי של העבד, וזה נותר מבחינה מוסרית ורוחנית עבד, גס ואיש של חולין. הכיבוש תקף כל עוד המנצח הוא בעל הכוח, אך כאשר אדונו לשעבר הוא החזק יותר, מתבטל הכיבוש. לעומת זאת, כאשר חירותו של העבד נובעת מטרנספורמציה אשר חלה באישיותו, מהתרוממות הנפש מן החולין אל הקודש, מקבלת עול המצוות, מעזיבת ארץ העמים והגעה אל ארץ ישראל, אזי לא ניתן עוד לבטל את המעמד החדש שנתייסד לו. "קדושת הגוף – לא פקעה בכדי" (נדרים כט ע"ב). בחירת ישראל במצרים לא באה באמצעות כיבוש, באמצעות היד החזקה והזרוע הנטויה, באותות ובמופתים, אלא באמצעות התגלות קול הדממה הדקה בלב האומה.

התורה מכריזה על ניהוג כל המצוות – קורבן הפסח, המצה, המרור, סיפור יציאת מצרים – בליל חמישה עשר בניסן, בעוד שבני ישראל היו עדיין במצרים. רבי אלעזר בן עזריה טוען, כי יש לקיים את כל המצוות המיוחדות לליל הסדר דווקא לפני חצות, קודם לזמנה של מכת בכורות (פסחים קכ ע"ב). ומדוע? משום שקדושתו הגדולה של ליל השימורים איננה נעוצה בניסים ובנפלאות שעשה ה' באותו לילה, לא בקניין כיבוש המבוצע ביד רמה ובזרוע נטויה, אלא בקניין קידוש, באמצעות המצוות, באמצעות גילוי שכינה בקול דממה דקה. בני ישראל עצמם ביצעו את הגדול שבניסים: הם רוממו את עצמם לדרגת עם קדוש. רק לאחר שנס זה התרחש, החלה הגאולה באמצעות הכיבוש, ובא זמנם של הניסים אשר נעשו ביד חזקה ובזרוע נטויה.

לולי גאלו בני ישראל את עצמם תחילה, על ידי שקידשו את עצמם בליל השימורים במצרים, לא היתה הגאולה באמצעות הכיבוש מגיעה לשלמותה. "בצאת ישראל ממצרים בית יעקב מעם לעז, היתה יהודה לקדשו ישראל ממשלותיו", ורק לאחר מכן – "הים ראה וינס הירדן יסב לאחור" (תהלים קיד, א-ג).

(זמן חירותנו)

הָיְתָה יְהוּדָה לְקָדְשׁוֹ

מדרש תהלים (עו) מסביר שהביטוי מתייחס לנחשון בן עמינדב משבט יהודה. אחרי צאת בני ישראל ממצרים, נחשון קפץ לים סוף במפגן של אמונה, מתוך ביטחון שה' יקרע את הים. ואכן, הפסוק הבא מאשר שכתוצאה ממעשיו של נחשון – "הים ראה וינוס". המדרש כותב שאחת הסיבות לכך שמלכי ישראל

מכסים את המצות ומגביהים את הכוס.

בָּרוּךְ אַתָּה יהוה אֱלֹהֵינוּ מֶלֶךְ הָעוֹלָם
אֲשֶׁר גְּאָלָנוּ, וְגָאַל אֶת אֲבוֹתֵינוּ מִמִּצְרַיִם
וְהִגִּיעָנוּ הַלַּיְלָה הַזֶּה, לֶאֱכָל בּוֹ מַצָּה וּמָרוֹר.

יבואו לימים משבט יהודה נובעת מן המנהיגות שגילה נחשון. מי ששואף להישגים נדרש לעתים לבצע קפיצת אמונה מנוגדת להיגיון, כפי שיכולים להעיד בוניה של ארץ ישראל בעת החדשה, חרף קשיים כלכליים וצבאיים גדולים מנשוא.

(רשימות)

אֲשֶׁר גְּאָלָנוּ

המשנה (פסחים קטז ע"ב) מביאה שתי דעות באשר לנוסח ברכת אשר גאלנו. לדעת רבי טרפון, זוהי ברכה קצרה המזכירה את גאולתנו ואת גאולת אבותינו, ומסתיימת ללא חתימה. לדעת רבי עקיבא, זוהי ברכה ארוכה יותר, הכוללת חתימה, והיא מזכירה גם את שאיפתנו לחגוג את הרגלים בבית המקדש שייבנה.

לכאורה, זוהי מחלוקת בהלכות ברכות. רבי טרפון דוחה את השילוב של שני עניינים – שבח ובקשה – בברכה אחת, ולכן דורש ברכה קצרה. הרמב"ם בפירוש המשניות פוסק כרבי עקיבא, ולפיכך דוחה את עמדתו של רבי טרפון. עם זאת, במשנה תורה (הלכות חמץ ומצה ח, ה) מביא הרמב"ם את שני הנוסחים: בתחילה הוא מזכיר את הנוסח הקצר, ומוסיף שבזמן הזה נאמרת הברכה עם חתימה. נראה שלשיטתו, שתי הדעות אינן מוציאות זו את זו.

אם כך, המחלוקת אינה עקרונית אלא משקפת הבדל בין זמנים שונים. רבי טרפון היה זקן מרבי עקיבא והורה הלכה עוד בזמן שבית המקדש היה קיים, כפי שעולה מדברי הספרי (במדבר עה) לגבי כשרותו של מנודה לתקוע בחצוצרות במקדש. רבי טרפון מעיד שראה שכך היה מעשה, ורבי עקיבא מתקן אותו מסברה ומזכיר לו שלא כך היה המעשה. מתוך כך נובעת דעתו של רבי טרפון, הסבור שיש לברך ברכה קצרה. הנוסח הארוך שמביא רבי עקיבא, עם התקווה לגאולה, משקף את המציאות שלאחר החורבן.

(רשימות)

כֵּן יהוה אֱלֹהֵינוּ וֵאלֹהֵי אֲבוֹתֵינוּ יַגִּיעֵנוּ לְמוֹעֲדִים וְלִרְגָלִים אֲחֵרִים

הגמרא (פסחים קח ע"א-ע"ב) קובעת שנשים חייבות במצוות ארבע כוסות, אף שהיא מצוות עשה שהזמן גרמה, משום שאף הן היו בנס יציאת מצרים. התוספות (פסחים קח ע"ב ד"ה היו באותו הנס) מקשים מה בין מצוות ארבע כוסות, קריאת המגילה והדלקת נר חנוכה – שבהן נשים חייבות אף שהן מצוות עשה שהזמן גרמן, מכיוון שהן היו באותו הנס – לבין מצוות סוכה, שממנה נשים פטורות מכיוון שהזמן גרמה, אף שגם הנשים היו בנס "כי בסוכות הושבתי" וההשגחה של הקב"ה על כנסת ישראל במדבר.

הגר"מ סולובייצ'יק הציע ליישב כך את קושיית התוספות. היסוד שנשים מחויבות במצוות עשה שהזמן גרמן אם היו באותו הנס נוגע רק למצוות שיסוד קיומן הוא פרסומי ניסא. המשותף לארבע כוסות, קריאת המגילה והדלקת נר חנוכה הוא לא רק שבכולן הנשים היו באותו הנס, אלא שהמצוות הללו הן קיום של פרסומי ניסא, וזהו עיקר מהותן. באשר לישיבת סוכה, לעומת זאת, נשים היו באותו הנס, אך הקיום בישיבת סוכה אינו פרסומי ניסא כשלעצמו, אלא ישיבת סוכה.

הגר"מ המשיך בכיוון זה וקבע שהסימן האם יסוד קיומה של מצווה הוא פרסומי ניסא אם לאו הוא בשאלה אם המצווה טעונה ברכת שעשה נסים. דבר זה ברור בהדלקת נר חנוכה ובקריאת המגילה, ששתיהן טעונות ברכת שעשה נסים. באשר למצוות ארבע כוסות, ברכת "אשר גאלנו" מקבילה לברכת שעשה נסים. הסברה שברכת אשר גאלנו מקבילה לברכת שעשה נסים מופיעה בפיוט "אלוהי הרוחות" לשבת הגדול, מר' יוסף טוב עלם. לגבי קידוש, הוא אומר "ואינו אומר נס עדיין" – דהיינו, ברכת שעשה נסים אינה נאמרת בקידוש כי היא נאמרת בהמשך, בהגדה; "וראוי לכפלו אין" – כלומר, אין ראוי לומר את הברכה פעמיים. מצוות סוכה, לעומת זאת, אינה טעונה ברכת שעשה נסים, והרי לנו שהקיום במצוות ישיבת סוכה אינו פרסומי ניסא.

(רשימות)

כֵּן ה' אֱלֹהֵינוּ וֵאלֹהֵי אֲבוֹתֵינוּ יַגִּיעֵנוּ לְמוֹעֲדִים וְלִרְגָלִים אֲחֵרִים
כשהרמב"ם מתאר את סדר המעשים בליל חמישה עשר בניסן, הרי הוא שוכח לרגע, כי הוא חי לערך אלף שנה אחרי חורבן הבית, והוא מצייר את דמותו של

הַבָּאִים לִקְרָאתֵנוּ לְשָׁלוֹם
שְׂמֵחִים בְּבִנְיַן עִירֶךָ וְשָׂשִׂים בַּעֲבוֹדָתֶךָ
וְנֹאכַל שָׁם מִן הַזְּבָחִים וּמִן הַפְּסָחִים
/במוצאי שבת: **מִן הַפְּסָחִים וּמִן הַזְּבָחִים**/
אֲשֶׁר יַגִּיעַ דָּמָם עַל קִיר מִזְבַּחֲךָ לְרָצוֹן
וְנוֹדֶה לְּךָ שִׁיר חָדָשׁ עַל גְּאֻלָּתֵנוּ וְעַל פְּדוּת נַפְשֵׁנוּ
בָּרוּךְ אַתָּה יהוה, גָּאַל יִשְׂרָאֵל.

בָּרוּךְ אַתָּה יהוה אֱלֹהֵינוּ מֶלֶךְ הָעוֹלָם, בּוֹרֵא פְּרִי הַגָּפֶן.
שותים בהסבת שמאל.

ליל התקדש חג בשלל צבעים מרהיבי עין, המשתקפים במושג של פסח לעתיד לבוא או של ירושלים העתיקה. כך כתב הרמב"ם בפרק ח מהלכות חמץ ומצה, הלכה א: "סדר עשיית מצוות אלו בליל חמישה עשר כך: מתחילה מוזגין כוס לכל אחד ואחד ומברך בורא פרי הגפן ואומר עליו קידוש היום ושותה". ונוסחה זו ידועה לנו מ"אורח חיים", "חיי אדם", סידורו של ר' יעקב עמדין, סידור "דרך החיים" של ר' יעקב איש ליסא, קיצור "שולחן ערוך" וכיוצא בהם, ומצלצלת באזנינו כפזמון של קדש ורחץ וכו' שתינוקות של בית רבן רגילים בו. נדמה לנו, כאילו אין בין פרק ח' מהלכות חמץ ומצה להגדה מצוירת שקונים בשתי פרוטות, אלא שינוי לשון וסגנון בלבד. ברם, כשאנו ממשיכים לקרוא הרי אנו נתקלים בסדר "משונה": "ואח"כ מברך וכו' ומביאים שולחן ערוך ועליו מרור וירק אחר, מצה וחרוסת וגופו של כבש הפסח ובשר חגיגה של יום ארבעה עשר". הרמב"ם לא נתכווין לסדר את עשיית המצוות בליל חמישה עשר בעד בני דורו, אלא בעד עולי ירושלים שצלו את פסחיהם ואכלום בהלל ובהודיה. כמו כן כשהוא ממשיך את תיאורו "ומוזגין הכוס השני וכאן הבן שואל ואומר הקורא מה נשתנה הלילה הזה וכו' שבכל הלילות אנו אוכלין בשר צלי שלוק ומבושל, והלילה הזה כולו צלי" וכו', אין הוא מתכוין לילד התמים שישב בזמנו של הרמב"ם על שולחנו של אביו בקהירא או בקורדובה, שלא היה שם לא פסח ולא חגיגה, אלא לבן שהיסב על שולחנו של אביו

בירושלים, בליל התקדש חג, כשאווירה היה ספוג צלילי ההלל של אכילת הפסח, וכך היא נוסחתו גם לקמן: "ומחזיר השולחן לפניו ואומר פסח זה שאנו אוכלין על שום מה וכו׳ ואח"כ מברך ברוך אתה ה׳ אלהינו מלך העולם אשר קדשנו במצוותיו וצונו על אכילת הזבח, ואוכל מבשר חגיגת ארבעה עשר תחילה, ומברך וכו׳ על אכילת הזבח ואוכל מגופו של פסח וכו׳, ובאחרונה אוכל מבשר הפסח אפילו כזית ואינו טועם כלום".

הסדר שהרמב"ם דן בו הוא המושג האידיאלי של ליל פסח ומצוותיו, ואין רבינו הגדול משגיח במציאות המרה והאכזרית. מרחפת לפניו דמות ירושלים בבניינה, בית המקדש בשכלולו, כהנים בעבודתם וישראל, בני חורין, עוסקים במצוות הלילה. אמנם לרגעים הוא ניעור מתוך חלומו האידיאלי וחזונו הרומנטי ונתקל בגלות מלאת סיוטים ובלהות, שיעבוד הגוף וניוון הרוח, ומתחיל ואומר: "בזמן הזה אינו אומר והלילה הזה כולו צלי שאין לנו קרבן פסח וכו׳ ובזמן הזה אומר פסח שהיו אבותינו אוכלים בזמן שבית המקדש היה קיים וכו׳ ובזמן הזה מוסיף ובזמן הזה מוסיף, כן ה׳ אלוהינו ואלוהי אבותינו, יגיענו למועדים ולרגלים אחרים הבאים לקראתנו לשלום, שמחים בבנין עירך וששים בעבודתך, ונאכל שם מן הזבחים ומן הפסחים שיגיע דמם על קיר מזבחך לרצון" וכו׳. כלומר אין הזמן הזה אלא אנומליה היסטורית בתהליך התגשמות ההלכה האידיאלית בעולם הריאלי, וכאילו אין צורך להרחיב את הדיבור על שעה של סטייה חולפת, שתקפה על הישות ההיסטורית שלנו. ההלכה נשארת בכל תוקפה, ואנו מקווים ומיחלים ליום גאולת ישראל כשהעולם האידיאלי ינצח את המציאות החילונית.

(איש ההלכה)

מִן הַזְּבָחִים וּמִן הַפְּסָחִים אֲשֶׁר יַגִּיעַ דָּמָם עַל קִיר מִזְבַּחֲךָ

בברכה החותמת את "מגיד" אנו מתפללים שנשוב לירושלים ונאכל שם מן הזבחים ומן הפסחים "אשר יגיע דמם על קיר מזבחך". יש לדייק בלשון "יגיע דמם". ישנן שתי דרכים להביא את הדם אל המזבח. ישנם קרבנות הדורשים זריקת הדם על המזבח, וישנם הדורשים שפיכה על המזבח. ה"זבחים" בברכה זו הם קרבנות חגיגה המובאים בי"ד ניסן ודמם טעון זריקה. קרבן פסח, לעומת זאת, טעון שפיכה. הברכה מנוסחת בלשון כללית יותר, "יגיע דמם", כדי לכלול הן זריקה והן שפיכה.

(רשימות)

עַל גְּאֻלָּתֵנוּ וְעַל פְּדוּת נַפְשֵׁנוּ

כשאנו קוראים בהגדה "ונודה לך שיר חדש על גאולתנו ועל פדות נפשנו",

רחצה נוטלים את הידיים לסעודה ומברכים:

בָּרוּךְ אַתָּה יהוה אֱלֹהֵינוּ מֶלֶךְ הָעוֹלָם
אֲשֶׁר קִדְּשָׁנוּ בְּמִצְוֹתָיו, וְצִוָּנוּ עַל נְטִילַת יָדָיִם.

מוציא מצה נוטל את שלוש המצות ומברך 'הַמּוֹצִיא לֶחֶם מִן הָאָרֶץ' (עמ' 132).

אנו מכוונים לשני סוגים אלו של עבדות. תיבת "גאולתנו" מציינת את יציאתנו לחופשי מעבדות משפטית־פוליטית. "על פדות נפשנו" משמעו שנפטרנו מן האישיות המגבילה של העבד. במינוח ההלכתי שלנו, קרוי ההיבט הפוליטי־משפטי בשם "קניין ממון", הן זכויות הבעלות שיש לאדון על עבדו. ההיבט האישיותי קרוי "קניין איסור", הן ההגבלות המוטלות על העבד בשל אישיותו המשונה והמיוחדת.

בפשטות ניתן לומר כי העבד פסול לעדות במקרים אזרחיים ופליליים משום שאין אנו סומכים על אישיותו. ראשית, העבד הוא אישיות שאין בפניה בחירה; האפשרות של בחירה בין שתי חלופות נשללה ממנו. גדולתו של אדם – כבודו וכושר היצירתיות שלו – מתבטאים בחופש הרצון שלו וביכולתו לבחור. בפני העבד לעולם אין ניצבות שתי חלופות. הוא איננו צריך להחליט; מישהו אחר עושה זאת עבורו. אין לו אמון בעצמו, והוא אינו מסוגל מבחינה פסיכולוגית להתמודד עם מצבים משתנים.

(זמן חירותנו)

מוציא מצה

הראב"ד (הלכות חמץ ומצה ו, ה) קובע שאם תיבל את המצה משנאפית, הרי לא יצאה מגדר לחם עוני והפכה למצה עשירה. השער המלך שם מעיר שדעת הראב"ד נסתרת לכאורה מגמרא מפורשת. בהסבר מדוע מפקיעה המשנה לחמי נזיר מתורת לחם עוני אמרת הגמרא (פסחים לח ע"ב) בין השאר שלחמים אלו "משוחים בשמן", ולכן נחשבים למצה עשירה – אף שהמשיחה בשמן נעשית לאחר האפייה.

ניתן ליישב את דברי הראב"ד אם נבין ש"לחם עוני" הוא מאפיין של הלחם עצמו. מכיוון שהקמח והמים הופכים יחד ללחם בעת האפייה, זוהי העת שבה המצה מוגדרת כלחם עוני או כמצה עשירה. לאחר שחל עליה שם לחם

עוני, משיחת השמן היא חיצונית לה ואינה משנה את מעמדה. אמנם, במקרה של לחמי נזיר, התורה דורשת משיחת המצות בשמן, ואם כך השמן מצטרף מבחינה עקרונית – גם אם לא מבחינה פיזית – למצה, והופך אותה למצה עשירה.

הרמב"ם אומר (הלכות חמץ ומצה ה, כ): "ביום הראשון אסור ללוש ולקטף אלא במים בלבד. לא משום חמץ אלא כדי שיהיה לחם עוני. וביום הראשון בלבד הוא שצריך להיות זכרון לחם עוני". חלק מנושאי הכלים (עיינו למשל מגיד משנה) סבורים שדין זה אמור דווקא במצת מצווה הנאכלת בליל הסדר. אמנם, לשון הרמב"ם מראה על איסור לאכול מצה כזו מכול וכול, ולא רק שאין יוצאים בה ידי חובה. דבר זה ברור ממיקומה של ההלכה ברמב"ם, שהרי רק בפרק הבא הוא דן בגדרי מצת מצווה. זהו דין בפני עצמו, שזיכרון לחם עוני מתקיים גם מחוץ לליל הסדר, עד סוף היום הראשון (ראו חידושי מרן רי"ז הלוי, הלכות חמץ ומצה ו, ה).

ברור שאיסור זה מתייחס לא להכנת מצה עשירה אלא לאכילתה ביום הראשון. לכן נהג הגר"ח לא לאכול קניידלך ביום ראשון, אף שנהג לאכול שרויה בפסח.

(רשימות)

הרמב"ם קובע (הלכות חמץ ומצה ו, י): "הכל חייבין באכילת מצה אפילו נשים ועבדים. קטן שיכול לאכול פת מחנכין אותו במצות ומאכילין אותו כזית מצה. חולה או זקן שאינו יכול לאכול שורין לו רקיק במים ומאכילין אותו, והוא שלא נימוח". מלשונו של הרמב"ם עולה שמצוות חינוך באכילת מצה שייכת דווקא בקטן שיכול לאכול כזית מצה. הרמב"ם אינו פוסק שמצוות חינוך כוללת חיוב לשרות מצה במים ולהאכילה לקטן שאינו יכול לאכול מצה בלי זה. היסוד הנלמד מדברי הרמב"ם הוא שמצוות חינוך מתחילה בגיל שבו הקטן יכול לקיים את המצווה בשלמותה.

בדומה לכך, דברי הגמרא לגבי חינוך קטן במצוות לולב מראים שהמצווה שייכת רק בקטן שיכול לקיים את המצווה בשלמותה. הגמרא (סוכה מב ע"א) קובעת שמצוות נטילת לולב מתקיימת בעצם הגבהת הלולב. אף על פי כן, הגמרא אומרת כי מצוות חינוך שייכת רק בקטן היודע לנענע. דברי הגמרא מובנים בפשטות אם נאמר שהנענועים הם חלק ממצוות נטילת לולב. אף שהקטן יכול להגביה את הלולב, מצוות חינוך שייכת רק אם יכול לקיים את המצווה בשלמותה, כולל הנענועים. וכן מבואר מדברי התוספות (פסחים ז ע"ב ד"ה בעידנא) שאף שלאחר שהגביה את הלולב יצא ידי חובתו, מכל מקום יכול

בָּרוּךְ אַתָּה יהוה אֱלֹהֵינוּ מֶלֶךְ הָעוֹלָם הַמּוֹצִיא לֶחֶם מִן הָאָרֶץ.

לברך עליו עובר לעשייתו, ש"אכתי עוסק במצוה, שצריך לנענע בקריאת הלל" (סברה זו, שהנענועים הם חלק מהותי ממצוות לולב, היא הבסיס למנהגו של הגר"מ לברך על הלולב תכף לפני אמירת ההלל. כך נסמכת הברכה לנענועים הנעשים בעת אמירת ההלל. מנהג זה שונה ממנהג החסידים, המברכים על הלולב בסוכה לפני תפילת שחרית).

יסוד נוסף של מצוות מצה הנלמד מדברי הרמב"ם הוא שהדרך הטובה ביותר לקיים את מצוות מצה היא באכילת מצה שלא נשרתה כדי להקל על האכילה. יסוד זה עולה בבירור מדברי הרמב"ם, כפי שנאמר לעיל, שלפיהם קטן שיכול לאכול רק מצה שהושרתה, עדיין לא שייכת בו מצוות חינוך. על חולה וזקן, שכבר נכנסו לכלל חיוב מצה, להשרות את המצה במים, אם זוהי הדרך היחידה שבה הם יכולים לקיים את המצווה, אף שאין זו הדרך המובחרת לקיימה.

(רשימות)

האמוראים (ירושלמי פסחים י, א) מדמים את האוכל מצה בערב פסח לבועל ארוסתו בבית חמיו. בהתאם לכך מצביע האור זרוע (ב, רנו) על כך שכשם שישנן שבע ברכות בטקס הנישואין, כך נאמרות שבע ברכות בליל הסדר לפני אכילת המצה. ישנן דרכים שונות להגיע למניין של שבע ברכות. למשל, מנורת המאור (פרק ב) מונה את ברכות בורא פרי הגפן, שהחיינו ועל נטילת ידיים לפני ההטבלה הראשונה (למנהג שמברכים על נטילה זו), בורא פרי האדמה על הכרפס, אשר גאלנו, ללא בורא פרי הגפן על הכוס השנייה (לדעת אלו הסוברים שאין מברכים על הכוס השנייה והכוס הרביעית בפני עצמן), על נטילת ידיים לפני הסעודה ועל אכילת מצה. אחרים מונים את הברכות באופן אחר. ועיינו בדברי הגר"א במעשה רב: "ואומר אשר גאלנו ומברך בורא פרי הגפן ושותה הכוס, ואח"כ מגלים פני הכלה, לאחר שבע ברכות הנ"ל, דהיינו יין, קידוש, זמן, על נטילת ידים, בורא פרי האדמה, אשר גאלנו הוא ברכת שעשה נסים, ובורא פרי הגפן על כוס שני". בין אם נמנה את הברכות באופן כזה או באופן אחר, היסוד ברור. החתן ממתין בציפייה דרוכה לארוסתו, אך מצד הדין יש צורך ב"מתיר" כדי שהמתח יוכל להפוך למציאות של מערכת

יחסים. אכילת המצה מעניקה לנו טעם של חירות. אנו מצפים בערגה לחוויה מחדש של יציאתנו לחירות. כפי ששבע הברכות תחת החופה משמשות כ"מתיר" עבור החתן, כך ליל הסדר וברכותיו משמשים כמתיר עבור אכילת המצה וכל מה שהיא מביאה אתה.

(רשימות)

הגר"מ זצ"ל סבר שמצות מכונה כשרות ללא שום חשש, ואין הידור במצות יד לעומת מצות מכונה כלל; ואדרבה, מצה שנעשית מהר יותר – כשרה יותר. וגם כשביקשו מהגר"ח לומר שיש עדיפות למצות יד, לא הסכים לדבר, לפי שסבר שמצות מכונה כשרות עם כל ההידורים. הגר"מ טען שאין עניין של "מנהג המקום" להקפיד על מצות יד, שמנהג המקום שייך רק במקום שיש הידור במצווה, ואילו כאן אין כלל הידור במצות יד, וממילא הן אינן כלולות ב"מנהג המקום".

ואין חיסרון של לשמה במצות מכונה, שדווקא בגוי קיימא לן ד"אדעתא דנפשיה עביד", אבל מכונה אינה עושה שום דבר על דעת עצמה אלא על דעת הישראל שלוחץ על הכפתור, ומכיוון שעושה כן לשם מצת מצווה, הרי נעשה לשמה [וכן נהג רבנו לאכול מצת מכונה אף למצת מצווה בליל הסדר].

(רשימות)

המנהג המקובל בליל הסדר הוא ליטול שלוש מצות ולחצות אחת מהן. דבר זה נעשה כדי לקיים שני דינים. הראשון, הנוגע לליל הסדר דווקא, הוא לחם עוני (דברים טז, ג), המחייב שהפת הנאכלת בלילה תהיה חצויה, כמאכלו של עני שאינו שלם. השני אינו נוגע לפסח דווקא, ונובע מן העובדה שפסח הוא יום טוב ולכן טעון לחם משנה – שתי מצות שלמות. כך לדעת התוספות (פסחים קטז ע"א ד"ה מה ושולחן ערוך אורח חיים תעה, א).

הרמב"ם (הלכות חמץ ומצה ח, ו) דורש שתי מצות בלבד, שאחת מהן חצויה. נראה שדעתו היא שדין לחם עוני מבטל את הצורך בפת שלמה ללחם משנה, מכיוון ששני הדינים אינם יכולים לדור בכפיפה אחת. אם כך, מדוע נדרשות שתי מצות? התשובה היא שמצה חצויה לבדה אינה מספיקה לקיום דין לחם עוני. יש צורך במצה שלמה, מכיוון שאף ביום חול ראוי לברך על פת שלמה ולא על פת חצויה (ראו ברכות לט ע"ב ורמב"ם הלכות ברכות ז, ד). הטעם לכך הוא שפת שלמה נחשבת חשובה יותר, ולכן ראוי לברך עליה, אם ישנה.

(רשימות)

מניח את המצה התחתונה, ואוחז את העליונה והאמצעית הפרוסה ומברך 'עַל אֲכִילַת מַצָּה', ויכוון בברכה זו גם על המצה שבכריכה ובאפיקומן.

בָּרוּךְ אַתָּה יהוה אֱלֹהֵינוּ מֶלֶךְ הָעוֹלָם אֲשֶׁר קִדְּשָׁנוּ בְּמִצְוֹתָיו, וְצִוָּנוּ עַל אֲכִילַת מַצָּה.

בוצע כזית מהמצה העליונה וכזית מהפרוסה ואוכל את שני הכזיתים יחדיו בהסבת שמאל, ויזהר לכתחילה לבלוע לכל הפחות כזית בבת אחת ובדיעבד תוך כדי אכילת פרס. ואם אינו יכול לאכול את שני הכזיתים ביחד יאכל את השלמה תחילה.

עַל אֲכִילַת מַצָּה

החמץ מייצג את הגמור, המושלם, את מי שהגיע לגמר גידולו ואת סופו של התהליך, את "האדם החושב" (homo theoreticus) במלוא הודו ותפארתו. כל אלו לעולם לא יצליחו להביא את האדם אל מחיצתו של האלהים. האדם הבוגר הוא מעשי יתר על המידה, רציונלי מכדי שיבטח בתחושותיו ובשאיפותיו האינטואיטיביות, אימפרסונלי מכדי שיוכל לחוש בחוויה החיה של האחווה עם האלהים. הוא גאה יתר על המידה, וגאוותו מורכבת מעובדת מעורבותו בתהליך של צמיחה, עלייה והתקדמות.

המצה היא תעתיק סמלי של החוויה האינטימית של היצמדות ילדותית אל האלהים ושל הכמיהה אליו, של מציאתו לא ברמת ההכרה השכלית אלא ברמת הנאיביות, האמונה והתחושה. השחרור מכל המגבלות והמְּצָרִים (מִצְרַיִם – מְצָרִים), העלייה ממעמד של עבד למעמד של בן חורין, הם בני השגה באמצעות ההזדהות עם חווית הבסיס האנושית, עם מחויבויות הילדות ותפישותיה, עם הכניעה הבלתי ביקורתית בפני האלהים והאמונה הנאיבית בו, עם התבונה שלא הגיעה לשלמותה, עם תחושות ואמיתות שזמנן בשלב שקודם להתבגרות.

מובן שאין האדם חייב להישאר במצב של שלילת עצמיותו התבונית. מאוחר יותר הוא יכול להיהפך לבוגר נועז המתרגם אמונה אל מונחים של תבונה גבוהה יותר, אל קטגוריות של אינטלקט רגיש יותר. ברמה השנייה של האמונה ניתן למצוא הרמוניה בין ה"אני" היודע לבין ה"אני" המאמין, בין הבוגר ובין הילד, בין תפישותיו הקדם־שכליות את האלהים ובין ודאויותיו השכליות. יכול אדם להתעורר אל תוך עולם של אמונה שהוא מאוחד עם זה של הדעת. מכל מקום, המבוא המקדים את הארת חוויותיו של האדם הוא הכחשה עצמית של האישיות הבוגרת והופעת הילד. "כי נער ישראל ואהבהו" (הושע יא, א).

(זמן חירותנו)

מרור נוטלים כזית מרור, טובלים בחרוסת ומנערים, ויכוון בברכת 'עַל אֲכִילַת מָרוֹר' גם על המרור שבכריכה.

בָּרוּךְ אַתָּה יהוה אֱלֹהֵינוּ מֶלֶךְ הָעוֹלָם אֲשֶׁר קִדְּשָׁנוּ בְּמִצְוֹתָיו, וְצִוָּנוּ עַל אֲכִילַת מָרוֹר.

ואוכלים בלי הסבה.

טובלים בחרוסת

המשנה (פסחים קיד ע"א) אומרת: "הביאו לפניו מצה וחזרת וחרוסת ושני תבשילין, אף על פי שאין חרוסת מצווה. רבי אליעזר ברבי צדוק אומר: מצווה". ממסקנת הגמרא עולה שמטרת החרוסת היא רק משום "קפא", דהיינו מרירות המרור, וזה נראה כדעת חכמים שאין חרוסת מצווה. הרמב"ם כותב בפירושו למשנה שלדעת רבי אליעזר ברבי צדוק, שחרוסת מצווה, יש לאכול ממנה כזית ולברך על אכילתה, אך אין הלכה כרבי אליעזר ברבי צדוק. אמנם, בהלכות חמץ ומצה (ז, יא) כותב הרמב"ם: "החרוסת מצוה מדברי סופרים זכר לטיט שהיו עובדין בו במצרים... ומתבלין אותן בתבלין כמו טיט בתבן ומביאין אותה על השלחן בלילי הפסח". למרות הגדרת החרוסת כמצווה, הרמב"ם אינו מזכיר ברכה על אכילת החרוסת או חיוב לאכול ממנה כזית.

הלחם משנה על הרמב"ם לומד מכך שהרמב"ם חזר בו בשני דברים ממה שכתב בפירוש המשניות. ראשית, הלכה כרבי אליעזר ברבי צדוק שחרוסת מצווה; שנית, אף שהיא מצווה, אין היא טעונה ברכה או שיעור כזית. עם זאת, הלחם משנה עצמו מודה שהסברו אינו מספיק, מכיוון שאין טעם שחרוסת תהיה שונה משאר מצוות דרבנן ותהיה פטורה מברכה.

נראה אפוא שלדעת הרמב"ם חרוסת היא מצווה שאינה טעונה ברכה מכיוון שאין בה מעשה מסוים. המצווה היא שתהיה חרוסת על שולחן הסדר. אף שלדעת הרמב"ם יש להטביל את הכרפס, המצה והמרור בחרוסת, מעשה ההטבלה אינו מצווה; הוא רק אמצעי לכלול את החרוסת בסעודה. אין החרוסת טעונה ברכה מכיוון שאין בה מעשה מצווה, אלא רק קיום מצווה.

דבר זה מסביר מדוע כותב הרמב"ם על מצוות חרוסת: "ומביאין אותה על השולחן". הרמב"ם אינו מתאר כאן את שולחן הסדר, אלא קובע שקיום מצוות החרוסת הוא בהבאה לשולחן, להזכיר למסובים את העדות ואת הגאולה משעבוד מצרים. במובן זה, הרמב"ם חזר בו ממה שכתב בפירוש המשניות, שם סבר כי מצוות חרוסת היא מצוות אכילה ולכן טעונה כזית וברכה.

(רשימות)

כורך נוטלים כזית מהמצה התחתונה וכזית מרור, כורכים יחד וטובלים בחרוסת (מחבר סי' תע"ה ס"א), ויש נוהגים שלא לטובלו (רמ"א שם), ואומר:

זֵכֶר לְמִקְדָּשׁ כְּהִלֵּל.
כֵּן עָשָׂה הִלֵּל בִּזְמַן שֶׁבֵּית הַמִּקְדָּשׁ הָיָה קַיָּם
הָיָה כּוֹרֵךְ פֶּסַח, מַצָּה וּמָרוֹר, וְאוֹכֵל בְּיַחַד
לְקַיֵּם מַה שֶּׁנֶּאֱמַר: עַל־מַצּוֹת וּמְרֹרִים יֹאכְלֻהוּ: במדבר ט

אוכלים בהסבת שמאל.

כורך

הגמרא (פסחים קטו ע"א) מביאה מחלוקת בין הלל וחכמים לגבי הדרך הראויה לאכול מצה ומרור בליל הסדר. לדעת הלל, יש לכרוך את המצה והמרור יחד מכיוון שכך עשו בזמן שבית המקדש היה קיים. לגבי דעת חכמים, ישנן שתי דעות: אחת, שעל המצה והמרור להיאכל כל אחד בפני עצמו דווקא; השנייה, שאין קפידא כיצד לאוכלם, בנפרד או כל אחד בפני עצמו. הגמרא מכריעה שבזמן הזה, מכיוון שלא הוכרעה הלכה כהלל או כחכמים, יש לאכול בתחילה מצה בפני עצמה ולברך עליה, ואז מרור בפני עצמו ולברך עליו, ואז לכורכם יחד ולאוכלם ללא ברכה, זכר למקדש כהלל.

התוספות והרמב"ם חולקים ביניהם בשאלה כיצד יש להבין את הכורך בזמן שאין בית מקדש. לדעת התוספות, מכיוון שיש ספק אם הלכה כהלל או כחכמים, אנו נוקטים כשתי הדעות: אוכלים בתחילה מצה ומרור כל אחד בפני עצמו, כדעת חכמים, ואז אוכלים אותם יחד, כדעת הלל. אליבא דתוספות, הזכר למקדש – ה"כריך" של הלל – כלל מצה, מרור וקרבן פסח. בזמן הזה, שאין לנו קרבן פסח, המצה שבכורך משמשת בתפקיד כפול – כמצה כשלעצמה, וכזכר לקרבן פסח. מכיוון שהכורך נאכל מחמת הספק, אם הלכה כהלל או כחכמים, אין מברכים עליו.

לעומת התוספות, דעת הרמב"ם היא שכורך אינו שייך לקיום מצוות מצה ומרור ואיננו ביטוי לשיטתו של הלל בקיום המצווה. הרמב"ם (הלכות חמץ ומצה ח, ו) קובע כי בזמן שבית המקדש קיים, ניתן לאכול מצה ומרור יחד או כל אחד בפני עצמו. מקביעה זו אנו למדים שהרמב"ם פסק כחכמים, שמשעה שאכל אדם מצה ומרור זה בפני עצמו וזה בפני עצמו, יצא ידי חובת מצה ומרור. לדעת הרמב"ם, "כורך" היא מצווה בפני עצמה מדרבנן, שנתקנה כזכר לקרבן פסח, ואיננה קיום של מצוות מצה ומרור. בהתאם לשיטתו קורא

הרמב"ם (הלכות חמץ ומצה ח, ח) ל"כורך" זכר למקדש, אך אינו מגדיר אותו כקיום המצווה לדעת הלל. דברי הגמרא שאין מברכים על הכורך אינם מכיוון שכל אכילתו מחמת הספק, אלא מכיוון שהברכה אינה נוגעת לכורך – שהרי אין עניינו קיום מצוות מצה ומרור אלא זכר למקדש, ולכן לא שייכת בו ברכה.

מחלוקת זו גוררת בעקבותיה נפקא מינה לדינא. לדעת הרמב"ם, שכורך הוא זכר למקדש בפני עצמו ואינו שייך למצוות מצה ומרור, מותר להפסיק בדיבור בין הברכה על המצה ועל המרור ובין כורך. לדעת התוספות, שהכורך הוא קיום מצוות מצה ומרור לשיטת הלל, ברכת המצה והמרור שבתחילה חלה גם על הכורך, ולכן אין להפסיק בדיבור ביניהם. השולחן ערוך (אורח חיים תעה, א) מחמיר שלא להפסיק בדיבור עד אחרי כורך. הביאור הלכה (שם ד"ה ואומר) מוסיף שאין לומר "זכר למקדש כהלל" לפני אכילת כורך אלא לאחריה, כי גם אמירה זו היא הפסק.

(רשימות)

כפי שנזכר לעיל, ישנה מחלוקת בגמרא (פסחים קטו ע"א) בדבר האופן הראוי לקיים את מצוות מצה ומרור. לדעת הלל יש לכורכם יחד ולאוכלם כך, ולדעת חכמים יכול לכורכם יחד או לאוכלם זה בפני עצמו וזה בפני עצמו. דעה שלישית של רבי יוחנן היא שלדעת חכמים יש לאכול דווקא מצה ומרור כל אחד בפני עצמו, כי אם אוכלם יחד הם מבטלים זה את זה. בתיאור ליל הסדר בזמן שבית המקדש היה קיים כותב הרמב"ם (הלכות חמץ ומצה ח, ו): "כורך מצה ומרור כאחת ומטבל בחרוסת ומברך ברוך אתה ה' אלהינו מלך העולם אשר קדשנו במצותיו וצונו על אכילת מצות ומרורים, ואוכלן. ואם אכל מצה בפני עצמה ומרור בפני עצמו מברך על זה בפני עצמו ועל זה בפני עצמו". הרמב"ם פוסק לכאורה כחכמים, שניתן לאכול מצה ומרור איך שירצה.

הרמב"ם מתאר את ליל הסדר בזמן הזה, כשאין לנו בית מקדש, וקובע (הלכות חמץ ומצה ח, ח): "אחר שמברך המוציא לחם חוזר ומברך על אכילת מצה. ומטבל מצה בחרוסת ואוכל. וחוזר ומברך על אכילת מרור ומטבל מרור בחרוסת ואוכל. ולא ישהה אותו בחרוסת שמא יבטל טעמו. וזו מצוה מדברי סופרים. וחוזר וכורך מצה ומרור ומטבל בחרוסת ואוכלן בלא ברכה זכר למקדש". אלא שאם יכול לקיים מצוות מצה ומרור איך שירצה, מדוע חובה בזמן הזה לאוכלם יחד? כפי שכותב הרמב"ם, זהו זכר למקדש; אלא שלא כך עשו בזמן שבית המקדש היה קיים, ואם כך, למה לעשות כן בזמן הזה?

התשובה היא שאף חכמים החולקים על הלל לדינא מודים לו בעיקר

שולחן עורך נוהגים לאכול ביצה בתוך הסעודה, וראוי להדר לאכול הביצה שבקערה. אוכלים ושותים כברכת ה' אשר נתן. וייזהר שלא ימלא כרסו יותר מדי, כדי שיאכל כזית אפיקומן לתיאבון.

הסברה, שמשמעות הכתוב "על מצות ומרורים יאכלוהו" היא שהמצה והמרור נאכלים יחד. אלא שבעוד שהלל למד שיש לכורכם יחד ממש, למדו חכמים שעצם העובדה ששניהם באים יחד עם הפסח מאגדת אותם יחד ומתקיים הדין הכתוב בפסוק. מכיוון שכך, בזמן שאין בית המקדש קיים, הדרך היחידה לקיים את הכתוב בפסוק ולאוכלם יחד היא לכורכם יחד, כפסק הרמב"ם. אף על פי כן, יש לאכול את המצה והמרור גם כל אחד בפני עצמו, כי כאשר אוכלם יחד מבטל המרור (שהוא מצווה מדרבנן) את המצה (שהיא מצווה מדאורייתא).

(רשימות)

שולחן עורך

כל סעודה ביום טוב היא אחת מהשתיים: חיוב, או קיום של מצוות שמחת יום טוב. לעומת זאת, הסעודה בליל הסדר היא קיום בפני עצמה, מלבד מצוות האכילה המוגדרות, כמו מצה ומרור. בשל כך נתנו לה הראשונים שם בפני עצמה בסדר הפסח: שולחן עורך. בליל הסדר, "חייב אדם להראות את עצמו כאילו הוא בעצמו יצא עתה משעבוד מצרים" (הלכות חמץ ומצה ז, ו). תחושה זו נוצרת לא רק מתוך החירות מההגבלות המוטלות על העבד, אלא גם באמצעות יצירה אקטיבית של אווירת מותרות, כפי שמשתקף למשל בחיוב ההסבה. עלינו להראות חירות כלפי חוץ, ולא רק לחוות אותה בקרבנו פנימה. רגש רדום אינו יכול להיות מוגדר כחוויה. על החוויה להיות דינמית, סוערת, מהפנטת, מתפרצת אל פני השטח ומכריחה את האדם לפעול. "לפיכך כשסועד אדם בלילה הזה צריך לאכול ולשתות והוא מיסב דרך חירות" (הלכות חמץ ומצה ז, ז). הסעודה כולה, ובכללה "אוכל כל מה שהוא רוצה לאכול" (הלכות חמץ ומצה ח, ט), מצטרפת לשאר הפנים של ליל הסדר ביצירת גילויים של חירות, וכך הופכת לחלק אינטגרלי ממצוות הלילה. הרמ"א (אורח חיים תעב, ז) כותב שמצווה מן המובחר להסב במשך כל הסעודה.

מתוך הבנה זו נובע טעם נוסף לחיוב לקדש בליל הסדר אך ורק משחשכה (אורח חיים תעב, א). שני פנים לקידוש הנאמר בליל הסדר. האחד הוא דין קידוש לפני סעודת שבת ויום טוב. השני הוא שקידוש ליל הפסח הוא חלק מהותי מסיפור יציאת מצרים. הקידוש הוא חלק מגילויי החירות שבסעודה. עליו להיאמר "במקום הסעודה"; וכפי שמעיר הט"ז, מדובר לא רק במקום

צפון בגמר הסעודה קודם חצות הלילה נוטלים כזית מהמצה שהצפין לאפיקומן, ולכתחילה שני כזיתים, ואוכלים בהסבת שמאל.

במובן הפיזי, אלא גם בסמיכות הזמנים. מכיוון שכך, כפי שעל הסעודה, שהיא ביטוי של יציאת מצרים, להתקיים דווקא משחשכה – כך גם הקידוש. הרמב"ם (הלכות חמץ ומצה ז, א) קושר מצווה זו בפירוש ל"זכור את יום השבת". הקשר בין שתי המצוות הוא הקידוש; כפי שהקידוש הוא ליבת קיום מצוות זכירת השבת, כך הקידוש בליל פסח הוא קיום של מצוות זכירת יציאת מצרים.

כהרחבה של רעיון זה, כל פעולה הקשורה בסעודה חורגת מגדריה הרגילים, הופכת לחלק מן הסדר וקובעת שם מיוחד לעצמה. ברכת המוציא הנאמרת על אכילת המצה אינה אך ורק ברכת הנהנין, אלא היא ברכת המצווה הקובעת כותרת לעצמה בסימני הסדר: "מוציא מצה". בדומה לכך, ברכת המזון אינה ברכת המזון כבכל סעודה, אלא היא קובעת סימן לעצמה: "ברך". כך ניתן להבין את דברי הרי"ף, שאף מי שכבר יצא ידי חובת כרפס מברך בורא פרי האדמה כדי להוציא את חברו. בברכת הנהנין, אדם מוציא את חברו רק אם הוא עצמו מחויב בברכה. לעומת זאת, בברכת המצוות מתקיים הכלל של "אף על פי שיצא – מוציא". כל האכילה בליל הסדר וכל הפעולות הנלוות לה זוכות למעמד מיוחד של מצווה.

(רשימות)

צפון

רש"י (פסחים קיט ע"ב) רואה באפיקומן את עיקר קיום מצוות מצה, והטעם שהאפיקומן אינו טעון ברכה בפני עצמו הוא שכבר יצא בברכת "על אכילת מצה" קודם שולחן עורך. הרא"ש (פסחים י, לד), לעומתו, סבור שהאפיקומן הוא כנגד קרבן פסח, ומצוות אכילת מצה מתקיימת באכילת כזית מצה קודם לכן.

ישנה סתירה בדברי הרמב"ם, וייתכן שמתוכה עולה טבעו הכפול של האפיקומן. הרמב"ם פוסק שיש להטביל כרפס, מצה ומרור בחרוסת (הלכות חמץ ומצה ח, ב; ח), אך הוא אינו מזכיר חרוסת ביחס לקרבן פסח ולאפיקומן (הלכות חמץ ומצה ח, ט). אם הוא סבור שהאפיקומן נחשב חלק ממצוות אכילת מצה, היה עליו לכלול אותו בדין טיבול בחרוסת. ברור שלשיטתו קרבן פסח הוא כנגד הגאולה, וזהו הטעם שאין בו טיבול בחרוסת, שהיא "זכר לטיט שהיו עובדין בו במצרים" (הלכות חמץ ומצה ז, יא). אמנם, מאותה ההלכה עצמה (הלכות חמץ ומצה ח, ט) משמע שהוא אוחז בשיטתם של התוספות,

שהאפיקומן הוא קיום מצוות אכילת מצה. ואכן, הוא מביא בפרק השישי מהלכות חמץ ומצה (הלכה יא) את איסור האכילה אחר האפיקומן יחד עם שאר דיני אכילת מצה – ולא בפרק ח, העוסק בדיני הסדר. מכאן נובע שהוא רואה את הדין של "טעם מצה בפיו" בסוף הסדר כחלק מדיני אכילת מצה, ולכן אכילה לאחר האפיקומן מחסרת בקיום מצוות אכילת מצה.

אף שהמצה נאכלת בראשית הסעודה כדי להבטיח שתיאכל לתיאבון, זהו קיום חסר של המצווה. מכיוון ששאר הסעודה, "שולחן עורך", נאכלת דווקא לאחר המצה, הרי שלא נותר טעם המצה בפיו ויש בכך חיסרון בקיום מצוות אכילת מצה. הרמב"ם (הלכות חמץ ומצה ו, א) כותב: "מצות עשה מן התורה לאכול מצה בליל חמשה עשר... ומשאכל כזית יצא ידי חובתו". הנצי"ב (בהקדמתו להגדה אמרי שפר) לומד מכך שאף שיצא ידי חובתו משאכל כזית, באכילת מצה נוספת ישנו קיום מצוות אכילת מצה. מכיוון שכך, אכילת האפיקומן בסוף הסדר היא המשך קיום המצווה. אף שסעודת יום טוב ביטלה טעם מצה ויצרה חיסרון במצוות מצה, באכילת האפיקומן נשאר הטעם בפיו ובכך מושלם החיסרון במצווה.

לשתי תפיסות אלו של האפיקומן יש נפקא מינה לגבי האיסור לאכול לאחר האפיקומן (פסחים קיט ע"ב). אם האפיקומן הוא כנגד קרבן פסח, איסור האכילה נועד להבטיח שהאפיקומן ייאכל בסוף הסעודה, על השובע – שזהו דין באכילת קודשים, כמו קרבן פסח. זוהי שיטתו של הרשב"ם (ד"ה כגון): "אסור לאכול כלום אחר הפסח שלא יאבד ממנו טעם הפסח, ולפי שדינו ליאכל בסוף על השבע, וכן כל קרבנות כדכתיב (במדבר יח, ח) למשחה – לגדולה, כדרך שהמלכים אוכלין". לחלופין, אם האפיקומן הוא קיום מצוות אכילת מצה, איסור האכילה לאחריו משקף דין באכילת מצה (ובקרבן פסח, בזמן שבית המקדש היה קיים), שטעם המצה ייוותר בפיו. זהו הנראה בשיטת התוספות (פסחים קכ ע"א ד"ה באחרונה).

יתרה מזאת: לשני פירושים אלו נפקא מינה לגבי דינו של מי שעבר ואכל לאחר האפיקומן. החק יעקב (אורח חיים תעח, א) פוסק שאין הוא חייב לאכול שוב את האפיקומן. האליה רבה (תעז, ג) חולק וסבור שאם אכל קודם שבירך ברכת המזון, יאכל שוב כזית אפיקומן. נראה שדעת האליה רבה היא שאיסור אכילה לאחר האפיקומן אינו איסור בפני עצמו, אלא חלק מקיום מצוות אכילת מצה, ולכן אכילת כזית נוסף תשוב ותשלים את המצווה. לעומתו, נראה שהחק יעקב הולך בשיטת הרא"ש, שהאפיקומן הוא כנגד קרבן פסח, ולכן ישנו איסור בפני עצמו לאכול לאחר האפיקומן, כדי להבטיח שהאפיקומן נאכל על השובע; ומכיוון שכך, אם עבר ואכל – אין לו תקנה.

(רשימות)

הגר"ח שמר את האפיקומן לצדו כל ליל הסדר עד שהגיעה שעתו להיאכל. טעמו היה שהאפיקומן הוא כנגד קרבן פסח, ולכן נפסל ככל הקרבנות בהיסח הדעת (פסחים לד ע"א). בהקשר זה נקרא האפיקומן "צפון", מכיוון שהוא נסתר ושמור.

(רשימות)

קודם חצות הלילה

המשנה (פסחים קכ ע"ב) קובעת שלאחר חצות מטמא קרבן פסח את הידיים. הגמרא מביאה דברים אלו בשם רבי אלעזר בן עזריה, שסבור שעל הקרבן להיאכל קודם חצות. דין זה נלמד מן הכתוב: "ואכלו את הבשר בלילה הזה" (שמות יב, ח). נראה היה שלאחר זמן האכילה הופך הבשר להיות "נותר". אמנם האור זרוע (ב, סוף סימן רלא) מציין שנראה מהתוספתא (פסחים ה, י) שאיסור נותר שייך דווקא אם אוכל מבשר הקרבן לאחר שעלה עמוד השחר של היום הבא: "פסח אין נאכל אלא בלילה ואין נאכל אלא עד חצות, ואין חייבין עליו משם נותר ואין מחשבה פוסלת בו משם פגול עד שיעלה עמוד השחר".

דין נותר הנוהג בכל הקרבנות נובע מקדושת הקרבן, ובעקבותיו הופך הפסח לנותר עם עמוד השחר. אך דין אכילת פסח קודם חצות אינו תלוי בדיני נותר. לאמיתו של דבר, ישנו פסוק נפרד לגבי דין נותר: "לא תותירו ממנו עד בוקר" (שמות יב, י). לעומתו, אכילת הפסח קודם חצות הוא דין נפרד השייך למצוות אכילת הקרבן. אין הוא דין הנובע מקדושת קרבן, אלא הוא תנאי באכילת קרבן הפסח, כמו הדין שיהיה צלי דווקא. לפיכך ביאר הגר"ח שמכפל הפסוקים עולה ששני דינים מתקיימים באכילת הפסח: דין אכילת הקרבן בליל הפסח, והדין הכללי של אכילת קודשים. ראיה לכך ניתן להביא מדברי רבי אלעזר בן עזריה (פסחים קכ ע"ב), שעל המצה והמרור להיאכל קודם חצות. הגמרא מבארת שחכמים למדו את הדין הזה מהיקש מצוות מצה ומרור לפסח. אם דין אכילה קודם חצות נובע מקדושת הקרבן, לא ניתן היה ללמוד ממנו למצה ומרור שאינם בגדר קדשים. מכאן ראיה שדין אכילה קודם חצות הוא דין באכילת הפסח שאינו חלק מדיני נותר. אף שהוא אינו הופך לנותר עד עמוד השחר, אסור לפי רבי אלעזר בן עזריה לאכול את הפסח לאחר חצות, כמו שאסור לאוכלו קודם הלילה – שקרבן הפסח נאכל דווקא באופן שבו יוצאים ידי חובה באכילתו (ראו פסחים מא ע"ב). כך יתבאר מדוע לא ניתן לאכול את הפסח לאחר חצות על מנת לקיים בו לכל הפחות דין אכילת קודשים הכללי, גם אם כבר לא ניתן לקיים בו את מצוות ליל הסדר. הנגיעה בקרבן מטמאת את הידיים כבר בחצות, מכיוון שחל עליו איסור אכילה עוד קודם שנהיה "נותר".

(רשימות)

ברך מוזגים כוס שלישית ונוטלים מים אחרונים. אוחז את הכוס בימינו ואומר ׳שִׁיר הַמַּעֲלוֹת׳.

ברך

הדרך שבה יכול אדם להקנות אופי אנושי לתפקוד הפיסיולוגי והביולוגי של תזונת הגוף, היא באמצעות התובנה כי מעשה האכילה משרת מטרה נעלה יותר, משימה מרוממת יותר: תחזוקת הגוף, שהוא משכנה של האישיות הרוחנית. האכילה כאמצעי מקודשת על ידי המטרה, על ידי היעד שהאדם שואף אליו. רעיון זה בא לידי ביטוי בברכותיה של ברכת המזון. קיימת כאן זיקה אל מערכת ערכית, אל יקום נשגב יותר.

האכילה נעשית משימה בעלת ערך, גדושה במשמעות ובסימבוליקה רוחנית, משעה שהאדם מתחיל להכיר במסתורין של החיים האורגניים, בעובדת תחזוקתו באמצעות מעשה ההזנה – כשהוא נעשה מודע לחידת הגוף האנושי, לחיים בכלל. האדם הבוּר איננו מתפלא על דבר; הטבע לדידו הוא מובן מאליו, מערכת דינמִית, ואין עולה על דעתו ששגרת היום הפשוטה והטבעית היא בבחינת הנס הגדול מכולם, המביס את הדמיון האנושי ואת הכשרון האינטלקטואלי. עבור ההדיוט מביא עימו המונח ״טבע״ את התשובה הכוללנית לכל השאלות. התהליך הפשוט ביותר והמובן ביותר הוא זה הטבעי, המוסדר בידי חוקים בלתי משתנים. אך לדידו של ״האדם הדתי״ (homo religiosus) ולדידו של המדען הביקורתי, המונח ״טבע״ – אם הוא מובהר כהלכה – מסמל את הגדולה שבכל השאלות: שאלת המה והמדוע. הוא מציין זיקות חסרות משמעות של תלות הדדית, ומורכבויות פורמליות בלתי סבירות אשר נקבעות בידי חוקים מבלבלים ואפופי סוד. למרות העובדה שאנו מסוגלים במקרים רבים להעניק לחוקים אלה ניסוח מתמטי, הם נותרים בבחינת תעלומה נצחית.

אמירת הברכות שלפני הסעודה וברכת המזון שלאחריה מבטאת את תחושת הכרת הטובה שלנו כלפי ה׳ על חסדו ועל רחמיו שהעניק לנו בספקו את מזוננו, לבל ניעלם בתהום האיִן. בכל מקום שבו פורשׂ ה׳ את חסדו עלינו, עומד האדם נבוך ומשתומם. כאשר האדם מודה לה׳, הוא מעצם כך גם מודה כי אין הוא ראוי לחסד האלהי שהורעף עליו. בתפילת ההודאה מרים האדם, מוכה התימהון, את ידיו בהערצה וביראה, ומשבח את ה׳ על המסתורין הגדול שחווה, על תעלומת הקיום.

(זמן חירותנו)

שִׁיר הַמַּעֲלוֹת תהלים קכו
בְּשׁוּב יהוה אֶת־שִׁיבַת צִיּוֹן, הָיִינוּ כְּחֹלְמִים:
אָז יִמָּלֵא שְׂחוֹק פִּינוּ וּלְשׁוֹנֵנוּ רִנָּה
אָז יֹאמְרוּ בַגּוֹיִם הִגְדִּיל יהוה לַעֲשׂוֹת עִם־אֵלֶּה:
הִגְדִּיל יהוה לַעֲשׂוֹת עִמָּנוּ, הָיִינוּ שְׂמֵחִים:
שׁוּבָה יהוה אֶת־שְׁבִיתֵנוּ, כַּאֲפִיקִים בַּנֶּגֶב:
הַזֹּרְעִים בְּדִמְעָה, בְּרִנָּה יִקְצֹרוּ:
הָלוֹךְ יֵלֵךְ וּבָכֹה נֹשֵׂא מֶשֶׁךְ־הַזָּרַע
בֹּא־יָבֹא בְרִנָּה נֹשֵׂא אֲלֻמֹּתָיו:

יש מוסיפים:

תְּהִלַּת יהוה יְדַבֶּר פִּי תהלים קמה
וִיבָרֵךְ כָּל־בָּשָׂר שֵׁם קָדְשׁוֹ, לְעוֹלָם וָעֶד:
וַאֲנַחְנוּ נְבָרֵךְ יָהּ מֵעַתָּה וְעַד־עוֹלָם, הַלְלוּיָהּ: תהלים קטו
הוֹדוּ לַיהוה כִּי־טוֹב, כִּי לְעוֹלָם חַסְדּוֹ: תהלים קלו
מִי יְמַלֵּל גְּבוּרוֹת יהוה, יַשְׁמִיעַ כָּל־תְּהִלָּתוֹ: תהלים קו

אָז יִמָּלֵא שְׂחוֹק פִּינוּ

"אמר רבי יוחנן משום רבי שמעון בן יוחאי: אסור לאדם שימלא שחוק פיו בעולם הזה, שנאמר, 'אז ימלא שחוק פינו ולשוננו רנה' (תהלים קכו, ב), אימתי – בזמן ש'יאמרו בגוים הגדיל ה' לעשות עם אלה'" (ברכות לא ע"א). התלמוד איננו מתכוון להמליץ על דיכוי תחושת השמחה ועל המרתה בתחושה של קדרות. תהיה השמחה נהדרת ככל שתהיה ברמת התחושה הבלתי מבוקרת, כאשר היא מועלית אל המישור הביקורתי (במקום שבו המודעות מפקידה אותה בידי סדר קיומי מוסרי במסגרת חוויית הזמן האישית), אין השמחה יכולה להתקיים בניתוק מחוויית החיים הטוטאלית של האדם שבו מתמקדת תחושה זו. זרם האירועים משתקף לא בהלוך רוח אחד אלא במלוא קשת הרגשות, והמודעות הרגשית בזמן מסוים היא בבחינת מיקרוקוסמוס, המשקף

שלושה שאכלו כאחד חייבים לזמן:

המזמן: **רַבּוֹתַי, נְבָרֵךְ.**

תהלים קיג המסובים: **יְהִי שֵׁם יהוה מְבֹרָךְ מֵעַתָּה וְעַד־עוֹלָם:**

המזמן: **יְהִי שֵׁם יהוה מְבֹרָךְ מֵעַתָּה וְעַד־עוֹלָם:**
בִּרְשׁוּת (אָבִי מוֹרִי / אִמִּי מוֹרָתִי / כֹּהֲנִים / מוֹרֵנוּ הָרַב / בַּעַל הַבַּיִת הַזֶּה / בַּעֲלַת הַבַּיִת הַזֶּה)
מָרָנָן וְרַבָּנָן וְרַבּוֹתַי
נְבָרֵךְ (במניין: אֱלֹהֵינוּ) שֶׁאָכַלְנוּ מִשֶּׁלוֹ.

המסובים: **בָּרוּךְ (במניין: אֱלֹהֵינוּ) שֶׁאָכַלְנוּ מִשֶּׁלוֹ וּבְטוּבוֹ חָיִינוּ.**

המזמן: **בָּרוּךְ (במניין: אֱלֹהֵינוּ) שֶׁאָכַלְנוּ מִשֶּׁלוֹ וּבְטוּבוֹ חָיִינוּ.**
בָּרוּךְ הוּא וּבָרוּךְ שְׁמוֹ.

כבמראה לא רק את היסוד הרגשי השליט באותו רגע, כגון השמחה במקרה של נישואין, אלא את מלוא היקפו של מעגל התחושות. תרועת השמחה הבלתי מבוקרת מתחלפת באופן הדרגתי בשקט ובשלווה, שיש בהן גם מטעמה של אותה עצבות כבדת ראש ההולמת מי שנוטל חלק בחגיגה הנפלאה אשר בה מתמזגים שני גורלות לאחד. בתמימותו מסתער האדם קדימה, בלא רסן ובלא שליטה עצמית, אך מייד מתערבת המודעות הביקורתית והנסיגה מתרחשת. אל התחושה המרכזית מצטרפת בשוליים האנטיתזה שלה.

(מן הסערה)

שלושה שאכלו כאחד חייבים לזמן

האדם יכול לבחור בין אכילה במסתור, כשהוא לבדו, כבעל חיים במאורתו, לבין אכילה בקהילה, לפני האלהים. קהילה חדשה – קהילה שחבריה הם אדון וגבירה, עבד ואביון – באה לעולם כאשר האכילה מתעלה לדרגת עבודה נשגבה, כאשר היא נעשית לחוויה של מפגש עם האלהים, חוויה שאותה גילה

בָּרוּךְ אַתָּה יהוה אֱלֹהֵינוּ מֶלֶךְ הָעוֹלָם
הַזָּן אֶת הָעוֹלָם כֻּלּוֹ בְּטוּבוֹ
בְּחֵן בְּחֶסֶד וּבְרַחֲמִים
הוּא נוֹתֵן לֶחֶם לְכָל בָּשָׂר כִּי לְעוֹלָם חַסְדּוֹ.
וּבְטוּבוֹ הַגָּדוֹל, תָּמִיד לֹא חָסַר לָנוּ
וְאַל יֶחְסַר לָנוּ מָזוֹן לְעוֹלָם וָעֶד
בַּעֲבוּר שְׁמוֹ הַגָּדוֹל.
כִּי הוּא אֵל זָן וּמְפַרְנֵס לַכֹּל
וּמֵטִיב לַכֹּל
וּמֵכִין מָזוֹן לְכָל בְּרִיּוֹתָיו אֲשֶׁר בָּרָא.
כָּאָמוּר, פּוֹתֵחַ אֶת־יָדֶךָ וּמַשְׂבִּיעַ לְכָל־חַי רָצוֹן: תהלים קמה
בָּרוּךְ אַתָּה יהוה
הַזָּן אֶת הַכֹּל.

האדם ובה דבק שלא באמצעות תבונתו, אלא על ידי שחש את אי־הנוחות והמבוכה של אלה שאין להם והזמינם להצטרף אל אלה שיש להם. לידתה של קהילה שכזו מרוממת את הסעודה ומעניקה לה קדושה. לא יובחנו בה המארח מן האורח, האדון מן המשרת, הנותן מן המקבל, והנדבן רחב הלב מן האדם המודאג והמצוי במצוקה.

ישנו מוסד הלכתי נפלא, הזימון, שבאמצעותו מקבלת ברכת המזון ממד חדש. אמירת ברכת המזון יחד עם הזימון, אם מבינים אותם ומיישמים אותם בלב שלם, מייצגת את אמירת הברכות בקהילה: אדם אחד אומר אותם בקול רם, והשאר מקשיבים בדממה ועונים אחריו "אמן". (זה אופן אמירתו האידיאלי של הזימון, אף שאין אנו מיישמים אותו באופן כזה בימינו; ראה משנה ברורה סימן קפג ס"ק כז ע"א) הלכה זו מבקשת לתרגם למעשה טקסי את הרעיון בדבר קהילה הנוצרת על ידי פעולת האכילה. הסעודה מיועדת לא רק להשביע את צרכיו הפיסיים של האדם, אלא גם לחלץ אותו מפרישותו המוגנת ומבדידותו ולאפשר לו להצטרף אל ה"אתה". האכילה נעשית לכוח מלכד המביא יחדיו

נוֹדֶה לְּךָ יהוה אֱלֹהֵינוּ
עַל שֶׁהִנְחַלְתָּ לַאֲבוֹתֵינוּ
אֶרֶץ חֶמְדָּה טוֹבָה וּרְחָבָה
וְעַל שֶׁהוֹצֵאתָנוּ יהוה אֱלֹהֵינוּ מֵאֶרֶץ מִצְרַיִם
וּפְדִיתָנוּ מִבֵּית עֲבָדִים
וְעַל בְּרִיתְךָ שֶׁחָתַמְתָּ בִּבְשָׂרֵנוּ
וְעַל תּוֹרָתְךָ שֶׁלִּמַּדְתָּנוּ
וְעַל חֻקֶּיךָ שֶׁהוֹדַעְתָּנוּ
וְעַל חַיִּים חֵן וָחֶסֶד שֶׁחוֹנַנְתָּנוּ
וְעַל אֲכִילַת מָזוֹן
שָׁאַתָּה זָן וּמְפַרְנֵס אוֹתָנוּ תָּמִיד
בְּכָל יוֹם וּבְכָל עֵת וּבְכָל שָׁעָה.

אנשים, אשר נעולים היו עד כה בעולמותיהם הקטנים, וממזג אותם לכלל קהילה. ההלכה מודעת לעובדה שאכילה בצוותא מאחדת בני אדם, מטפחת ידידות ומעצבת חבורה של אוכלים אשר עשויה בטווח הארוך להיעשות לקהילה של מבקשי ה׳, של אנשים המסורים לו.

(זמן חירותנו)

נוֹדֶה לְךָ

הברכה השנייה שבברכת המזון, שראשיתה ב״נודה לך״, מבטאת אומץ־לב ושמחה, תקווה ושביעות רצון. האדם יודע כי האלהים ניצב לצידו; הוא בוטח במה שנוגע לייעודו ולעתידו, ומודע לחשיבות שמייחס לו הבורא. ההלכה דורשת שהמתפלל ישתחווה בתחילת ברכת ״מודים״ שבעמידה וכן בסיומה: ״תנו רבנן: אלה ברכות שאדם שוחה בהן... בהודאה תחילה וסוף״ (ברכות לד ע״א). והנה ההלכה, המורה על השתחוויה במהלך תפילת העמידה בלחש, אסרה מפורשות על מעשה כזה בעת קריאת ההלל או באמירת ברכת המזון (ברכות לד ע״ב). התפילה והמשבר כרוכים זה בזה באין דרך להפרידם.

וְעַל הַכֹּל, יהוה אֱלֹהֵינוּ
אֲנַחְנוּ מוֹדִים לָךְ וּמְבָרְכִים אוֹתָךְ
יִתְבָּרַךְ שִׁמְךָ בְּפִי כָּל חַי תָּמִיד לְעוֹלָם וָעֶד
כַּכָּתוּב: וְאָכַלְתָּ וְשָׂבָעְתָּ, וּבֵרַכְתָּ אֶת־יהוה אֱלֹהֶיךָ דברים ח
עַל־הָאָרֶץ הַטֹּבָה אֲשֶׁר נָתַן־לָךְ:
בָּרוּךְ אַתָּה יהוה, עַל הָאָרֶץ וְעַל הַמָּזוֹן.

התפילה הריהי בקשה ותחנונים; היא משקפת הודאה בכישלון מלא, תקוות שווא ושאיפות אבודות. אך ברכת המזון נאמרת בהזדמנות של תחושת שובע וסיפוק, ואילו ההלל נאמר לרגל אירוע אדיר שבו ניצלו בני ישראל מאסון. במקום לחוש בקיום אומלל, מודע האדם לחיים מלאים ומבורכים. הרעיון המרכזי הוא רעיון של שפע. חוסר החשיבות מוחלף בתחושות של מרכזיות, הערכה עצמית וכבוד עצמי. אין הוא עני יותר, אלא דווקא מלך ויצור רב־רושם שהוא אסיר תודה למלך מלכי המלכים, בוראו.

(מן הסערה)

וְעַל תּוֹרָתְךָ שֶׁלִּמַּדְתָּנוּ
כל ארוחה הפכה לסעודה של ברית, שבה חודשה הברית ואושרה בשנית. האדם האוכל, שהיה שקוע בעשייה שגרתית ביותר – סיפוק צרכיו הפיסיים – מצא את עצמו בסופה של סעודה קשור אל הקהילה הכריזמטית, אל עברה המפואר, אל הברית שכרתה, אל תורתה, אל מוסדותיה הגדולים, אל תקוותיה ואל חזונותיה, אל העתיד הנהדר ואל מימוש המלכות המשיחית. האדם שלפני זמן קצר טרוד היה בעשייה ארצית נטולת רגש, כגון הספקת מזון לגופו, מתרומם לעולם ההיסטורי והחוויתי של ברית. הסעודה הופכת להיות סימפוזיון של הדורות.

(זמן חירותנו)

עַל הָאָרֶץ הַטּוֹבָה אֲשֶׁר נָתַן לָךְ
לאוכל שמור מקום שולי בברכה השנייה של ברכת המזון. הדגש העיקרי בה הוא על ארץ ישראל. לא די לנו להודות לקב"ה על ארץ ישראל. אין לה כלל

רַחֶם נָא יהוה אֱלֹהֵינוּ עַל יִשְׂרָאֵל עַמֶּךָ
וְעַל יְרוּשָׁלַיִם עִירֶךָ
וְעַל צִיּוֹן מִשְׁכַּן כְּבוֹדֶךָ
וְעַל מַלְכוּת בֵּית דָּוִד מְשִׁיחֶךָ
וְעַל הַבַּיִת הַגָּדוֹל וְהַקָּדוֹשׁ שֶׁנִּקְרָא שִׁמְךָ עָלָיו.
אֱלֹהֵינוּ, אָבִינוּ
רְעֵנוּ, זוּנֵנוּ, פַּרְנְסֵנוּ וְכַלְכְּלֵנוּ
וְהַרְוִיחֵנוּ, וְהַרְוַח לָנוּ יהוה אֱלֹהֵינוּ
מְהֵרָה מִכָּל צָרוֹתֵינוּ.
וְנָא אַל תַּצְרִיכֵנוּ, יהוה אֱלֹהֵינוּ
לֹא לִידֵי מַתְּנַת בָּשָׂר וָדָם וְלֹא לִידֵי הַלְוָאָתָם
כִּי אִם לְיָדְךָ הַמְּלֵאָה, הַפְּתוּחָה, הַקְּדוֹשָׁה וְהָרְחָבָה
שֶׁלֹּא נֵבוֹשׁ וְלֹא נִכָּלֵם לְעוֹלָם וָעֶד.

משמעות עבורנו אם אין היא מלווה בייחודיותו של עם ישראל ובבחירתו על ידי הקב"ה להיות לו לעם – "ועל בריתך שחתמת בבשרנו, ועל תורתך שלימדתנו". הקב"ה הקים אותנו לו כעם ייחודי ונבדל והטיל עלינו שליחות ומשימה – המצוות. "ארץ ישראל" איננה רק הארץ, אלא גם ייחודיותו של עם ישראל.

(קול הרב)

בשבת מוסיפים:

רְצֵה וְהַחֲלִיצֵנוּ
יהוה אֱלֹהֵינוּ, בְּמִצְוֹתֶיךָ
וּבְמִצְוַת יוֹם הַשְּׁבִיעִי
הַשַּׁבָּת הַגָּדוֹל וְהַקָּדוֹשׁ הַזֶּה
כִּי יוֹם זֶה גָּדוֹל וְקָדוֹשׁ הוּא לְפָנֶיךָ
לִשְׁבָּת בּוֹ, וְלָנוּחַ בּוֹ בְּאַהֲבָה כְּמִצְוַת רְצוֹנֶךָ
וּבִרְצוֹנְךָ הָנִיחַ לָנוּ, יהוה אֱלֹהֵינוּ
שֶׁלֹּא תְהֵא צָרָה וְיָגוֹן וַאֲנָחָה בְּיוֹם מְנוּחָתֵנוּ
וְהַרְאֵנוּ, יהוה אֱלֹהֵינוּ,
בְּנֶחָמַת צִיּוֹן עִירֶךָ וּבְבִנְיַן יְרוּשָׁלַיִם עִיר קָדְשֶׁךָ
כִּי אַתָּה הוּא בַּעַל הַיְשׁוּעוֹת וּבַעַל הַנֶּחָמוֹת.

אֱלֹהֵינוּ וֵאלֹהֵי אֲבוֹתֵינוּ
יַעֲלֶה וְיָבוֹא וְיַגִּיעַ
וְיֵרָאֶה וְיֵרָצֶה וְיִשָּׁמַע
וְיִפָּקֵד וְיִזָּכֵר זִכְרוֹנֵנוּ וּפִקְדוֹנֵנוּ, וְזִכְרוֹן אֲבוֹתֵינוּ
וְזִכְרוֹן מָשִׁיחַ בֶּן דָּוִד עַבְדֶּךָ
וְזִכְרוֹן יְרוּשָׁלַיִם עִיר קָדְשֶׁךָ
וְזִכְרוֹן כָּל עַמְּךָ בֵּית יִשְׂרָאֵל
לְפָנֶיךָ, לִפְלֵיטָה לְטוֹבָה,
לְחֵן וּלְחֶסֶד וּלְרַחֲמִים
לְחַיִּים וּלְשָׁלוֹם בְּיוֹם
חַג הַמַּצּוֹת הַזֶּה.

זָכְרֵנוּ יהוה אֱלֹהֵינוּ בּוֹ לְטוֹבָה
וּפָקְדֵנוּ בוֹ לִבְרָכָה
וְהוֹשִׁיעֵנוּ בוֹ לְחַיִּים טוֹבִים.
וּבִדְבַר יְשׁוּעָה וְרַחֲמִים,
חוּס וְחָנֵּנוּ וְרַחֵם עָלֵינוּ, וְהוֹשִׁיעֵנוּ
כִּי אֵלֶיךָ עֵינֵינוּ, כִּי אֵל מֶלֶךְ חַנּוּן וְרַחוּם אָתָּה.

וּבְנֵה יְרוּשָׁלַיִם עִיר הַקֹּדֶשׁ בִּמְהֵרָה בְיָמֵינוּ.
בָּרוּךְ אַתָּה יהוה, בּוֹנֶה בְרַחֲמָיו יְרוּשָׁלָיִם, אָמֵן.

וּבְנֵה יְרוּשָׁלַיִם עִיר הַקֹּדֶשׁ

הגמרא במסכת ברכות (מח ע״ב) מסבירה שהציווי להודות לה׳ על ״הארץ הטובה אשר נתן לך״ כולל שני רעיונות נבדלים: המילה ״ארץ״ מתייחסת לארץ ישראל כולה, ושם התואר ״הטובה״ רומז ספציפית לירושלים. כתוצאה מכך, הברכה השנייה בברכת המזון מרחיבה על ארץ ישראל ואילו השלישית מתמקדת בירושלים. הגמרא רואה את הבסיס לרמז לגבי ירושלים בביטוי המקביל הנמצא בתחינת משה אל ה׳ שיתיר לו לעבור את הירדן, כדי שיוכל לראות את ״ההר הטוב הזה והלבנון״ (דברים ג, כה). חז״ל (ספרי במקום, ברכות מח ע״ב) מסבירים ש״ההר הטוב״ הוא הר המוריה, ו״הלבנון״ הוא אזכור פואטי לבית המקדש עצמו. בהתאמה, משה ביקש שלא לראות את ירושלים, המושג הפוליטי, הסמל לריבונות ישראל, אלא דווקא התפלל לראות את ירושלים של בית המקדש. ״הטוב״, לפיכך, אין פירושו משגשג, עוצמתי או מצליח, אלא קדוש. לאדם המודרני ולמדינות הלאום שלו יש הכול, אבל אין להם קדושה, וגם העשירה שבארצות והגדולה שבאומות אינה טובה ללא מרכז של קדושה. ללא קדושה שוררים בלבול ומרד בחברה. אך ארץ ישראל היא ״הארץ הטובה״, כי זו הארץ שקדושתה מגיעה לשיאה בירושלים ובבית המקדש.

(רשימות)

בָּרוּךְ אַתָּה יהוה אֱלֹהֵינוּ מֶלֶךְ הָעוֹלָם
הָאֵל אָבִינוּ, מַלְכֵּנוּ, אַדִּירֵנוּ
בּוֹרְאֵנוּ, גּוֹאֲלֵנוּ, יוֹצְרֵנוּ, קְדוֹשֵׁנוּ, קְדוֹשׁ יַעֲקֹב
רוֹעֵנוּ, רוֹעֵה יִשְׂרָאֵל, הַמֶּלֶךְ הַטּוֹב וְהַמֵּטִיב לַכֹּל
שֶׁבְּכָל יוֹם וָיוֹם
הוּא הֵיטִיב, הוּא מֵטִיב, הוּא יֵיטִיב לָנוּ
הוּא גְמָלָנוּ, הוּא גוֹמְלֵנוּ, הוּא יִגְמְלֵנוּ לָעַד
לְחֵן וּלְחֶסֶד וּלְרַחֲמִים, וּלְרֶוַח, הַצָּלָה וְהַצְלָחָה
בְּרָכָה וִישׁוּעָה, נֶחָמָה, פַּרְנָסָה וְכַלְכָּלָה
וְרַחֲמִים וְחַיִּים וְשָׁלוֹם וְכָל טוֹב
וּמִכָּל טוּב לְעוֹלָם אַל יְחַסְּרֵנוּ.

הַטּוֹב וְהַמֵּטִיב

הגמרא במסכת ברכות (מח ע"ב) כותבת שהברכה הרביעית והאחרונה בברכת המזון נקבעה על ידי בית הדין ביבנה, עם קבורת קדושי ביתר. בשנת 135 לספירה כבשו הרומאים את העיר, טבחו גברים, נשים וטף ולא הרשו לקהילה היהודית לקבור את הקרבנות. כעבור שבע שנים הרשה הקיסר לקבור את הגופות קבורה ראויה, והגופות, באורח פלא, לא הרקיבו לאורך אותה תקופה. בעקבות הנס חיברו חכמים את הברכה הזו. הגמרא מסבירה שהביטוי "המלך הטוב" מתייחס לנס השתמרות הגופות, והביטוי "המיטיב לכול" הוא הכרת תודה על הקבורה המכובדת שהקדושים הללו זכו לה בסופו של דבר.

אך כדי להעריך במלואה את חשיבות הנס, יש להבין את ההקשר של התקופה ואת האסון הכרוך בנפילת ביתר. בעשורים שמיד לאחר נפילת ירושלים, ייתכן שיחידים המשיכו להקריב את קרבנות הפסח במקום המקדש (עיינו פסחים ג ע"ב ושו"ת מהר"ץ חיות עו, ג). רבים קיוו לשוב במהרה לעצמאות ולחנוך מחדש את בית המקדש. במרד בר כוכבא אכן נדמה היה שמדינה יהודית עשויה לקום מחדש. חורבן ביתר ומבצרה, לעומת זאת, שם קץ למרד וריסק את האפשרות לשיבה לעצמאות יהודית. כדי להמחיש את שלטונם, טבחו הרומאים ללא רחם בכולם – "עד שהלך דמן ונפל לים הגדול"

הָרַחֲמָן הוּא יִמְלֹךְ עָלֵינוּ לְעוֹלָם וָעֶד.

הָרַחֲמָן הוּא יִתְבָּרַךְ בַּשָּׁמַיִם וּבָאָרֶץ.

הָרַחֲמָן הוּא יִשְׁתַּבַּח לְדוֹר דּוֹרִים
וְיִתְפָּאַר בָּנוּ לָעַד וּלְנֵצַח נְצָחִים
וְיִתְהַדַּר בָּנוּ לָעַד וּלְעוֹלְמֵי עוֹלָמִים.

הָרַחֲמָן הוּא יְפַרְנְסֵנוּ בְּכָבוֹד.

הָרַחֲמָן הוּא יִשְׁבֹּר עֻלֵּנוּ מֵעַל צַוָּארֵנוּ
וְהוּא יוֹלִיכֵנוּ קוֹמְמִיּוּת לְאַרְצֵנוּ.

הָרַחֲמָן הוּא יִשְׁלַח לָנוּ בְּרָכָה מְרֻבָּה בַּבַּיִת הַזֶּה
וְעַל שֻׁלְחָן זֶה שֶׁאָכַלְנוּ עָלָיו.

הָרַחֲמָן הוּא יִשְׁלַח לָנוּ אֶת אֵלִיָּהוּ הַנָּבִיא זָכוּר לַטּוֹב
וִיבַשֶּׂר לָנוּ בְּשׂוֹרוֹת טוֹבוֹת יְשׁוּעוֹת וְנֶחָמוֹת.

הָרַחֲמָן הוּא יְבָרֵךְ אֶת מְדִינַת יִשְׂרָאֵל.

הָרַחֲמָן הוּא יְבָרֵךְ אֶת חַיָּלֵי צְבָא הַהֲגָנָה לְיִשְׂרָאֵל
הָעוֹמְדִים עַל מִשְׁמַר אַרְצֵנוּ.

(גיטין נז ע"א). נפילת ביתר סימנה גם את תחילת תקופת הרדיפות הדתיות של הרומאים, לרבות רצח עשרת הרוגי מלכות. במובנים מסוימים, חורבן ביתר והתקופה שבעקבותיו היו אסון גדול יותר מנפילת ירושלים, ובשנים שלאחר האסון איבדו יהודים רבים את אמונתם וכפרו בעיקר, לרבות אלישע בן אבויה הידוע לשמצה. אך למרות הרדיפות באותן שנות אופל, רוב היהודים שמרו

בעל הבית ובעלת הבית אומרים:

הָרַחֲמָן הוּא יְבָרֵךְ אוֹתִי (וְאֶת אִשְׁתִּי / וְאֶת בַּעֲלִי / וְאֶת אָבִי מוֹרִי / וְאֶת אִמִּי מוֹרָתִי / וְאֶת זַרְעִי) וְאֶת כָּל אֲשֶׁר לִי

ילדים האוכלים על שולחן הוריהם אומרים:

הָרַחֲמָן הוּא יְבָרֵךְ אֶת אָבִי מוֹרִי (בַּעַל הַבַּיִת הַזֶּה), וְאֶת אִמִּי מוֹרָתִי (בַּעֲלַת הַבַּיִת הַזֶּה), אוֹתָם וְאֶת בֵּיתָם וְאֶת זַרְעָם וְאֶת כָּל אֲשֶׁר לָהֶם

אורח אומר:

הָרַחֲמָן הוּא יְבָרֵךְ אֶת בַּעַל הַבַּיִת הַזֶּה, וְאֶת בַּעֲלַת הַבַּיִת הַזֶּה, אוֹתָם וְאֶת בֵּיתָם וְאֶת זַרְעָם וְאֶת כָּל אֲשֶׁר לָהֶם

אם יש אורחים נוספים, מוסיפים:

וְאֶת כָּל הַמְסֻבִּין כָּאן אוֹתָם וְאֶת בֵּיתָם וְאֶת זַרְעָם וְאֶת כָּל אֲשֶׁר לָהֶם

אוֹתָנוּ וְאֶת כָּל אֲשֶׁר לָנוּ כְּמוֹ שֶׁנִּתְבָּרְכוּ אֲבוֹתֵינוּ אַבְרָהָם יִצְחָק וְיַעֲקֹב, בַּכֹּל, מִכֹּל, כֹּל כֵּן יְבָרֵךְ אוֹתָנוּ כֻּלָּנוּ יַחַד בִּבְרָכָה שְׁלֵמָה, וְנֹאמַר אָמֵן.

אמונים ליהדותם. כאשר שבע שנים לאחר מכן שוחררו קורבנות ביתר לקבורה, וכולם היו עדים לנס גופותיהם שנשמרו ללא רבב, הבינו היהודים שזהו סימן שהקב"ה לא נטש אותם. הנס רומם את רוחם והעניק להם כוח לעמוד בפני הדיכוי הרומאי. כשם שהגופות נותרו באורח פלא שלמות, כך עתיד עם ישראל לשרוד. הם ידעו שבסופו של דבר תהיה ידם על העליונה, ושהם יאריכו ימים אחרי השעבוד הרומאי.

(רשימות)

בַּמָּרוֹם יְלַמְּדוּ עֲלֵיהֶם וְעָלֵינוּ זְכוּת
שֶׁתְּהֵא לְמִשְׁמֶרֶת שָׁלוֹם
וְנִשָּׂא בְרָכָה מֵאֵת יהוה וּצְדָקָה מֵאֱלֹהֵי יִשְׁעֵנוּ
וְנִמְצָא חֵן וְשֵׂכֶל טוֹב בְּעֵינֵי אֱלֹהִים וְאָדָם.

בשבת: הָרַחֲמָן הוּא יַנְחִילֵנוּ יוֹם שֶׁכֻּלּוֹ שַׁבָּת וּמְנוּחָה לְחַיֵּי הָעוֹלָמִים.

הָרַחֲמָן הוּא יַנְחִילֵנוּ יוֹם שֶׁכֻּלּוֹ טוֹב.
יוֹם שֶׁכֻּלּוֹ אָרֹךְ
יוֹם שֶׁהַצַּדִּיקִים יוֹשְׁבִים וְעַטְרוֹתֵיהֶם בְּרָאשֵׁיהֶם
וְנֶהֱנִים מִזִּיו הַשְּׁכִינָה וִיהִיֶה חֶלְקֵנוּ עִמָּהֶם

הָרַחֲמָן הוּא יְזַכֵּנוּ לִימוֹת הַמָּשִׁיחַ וּלְחַיֵּי הָעוֹלָם הַבָּא
מִגְדּוֹל יְשׁוּעוֹת מַלְכּוֹ שמואל ב׳ כב
וְעֹשֶׂה־חֶסֶד לִמְשִׁיחוֹ לְדָוִד וּלְזַרְעוֹ עַד־עוֹלָם:
עֹשֶׂה שָׁלוֹם בִּמְרוֹמָיו
הוּא יַעֲשֶׂה שָׁלוֹם עָלֵינוּ וְעַל כָּל יִשְׂרָאֵל
וְאִמְרוּ אָמֵן.

יְראוּ אֶת־יהוה קְדֹשָׁיו כִּי־אֵין מַחְסוֹר לִירֵאָיו: תהלים לד
כְּפִירִים רָשׁוּ וְרָעֵבוּ
וְדֹרְשֵׁי יהוה לֹא־יַחְסְרוּ כָל־טוֹב:
הוֹדוּ לַיהוה כִּי־טוֹב כִּי לְעוֹלָם חַסְדּוֹ: תהלים קיח
פּוֹתֵחַ אֶת־יָדֶךָ וּמַשְׂבִּיעַ לְכָל־חַי רָצוֹן: תהלים קמה
בָּרוּךְ הַגֶּבֶר אֲשֶׁר יִבְטַח בַּיהוה וְהָיָה יהוה מִבְטַחוֹ: ירמיה יז

נַעַר הָיִיתִי גַּם־זָקַנְתִּי תהלים לז
וְלֹא־רָאִיתִי צַדִּיק נֶעֱזָב וְזַרְעוֹ מְבַקֶּשׁ־לָחֶם:
יהוה עֹז לְעַמּוֹ יִתֵּן יהוה יְבָרֵךְ אֶת־עַמּוֹ בַשָּׁלוֹם: תהלים כט

בָּרוּךְ אַתָּה יהוה אֱלֹהֵינוּ מֶלֶךְ הָעוֹלָם, בּוֹרֵא פְּרִי הַגָּפֶן.

שותים בהסבת שמאל.

שותים בהסבת שמאל

כל ארבע הכוסות של ליל הסדר שלובות בסיפור יציאת מצרים. דבר זה ברור לגבי הכוס השנייה, הנאמרת על ההגדה. אך הדברים אמורים גם בכוס הקידוש, המשמשת בתפקיד כפול בליל הסדר: קידוש של יום טוב, כמו בכל יום טוב אחר, אך גם ביטוי לאלמנט משמעותי בסיפור יציאת מצרים – בחירת ישראל. יציאת מצרים איננה רק יציאתו של עם לחירות, אלא יציאתו של עם לחירות והתרוממותו לדרגת ממלכת כוהנים וגוי קדוש. כמובן שבחירה זו נחתמה במעמד הר סיני, אך תחילתה במצרים: "ולקחתי אתכם לי לעם" (שמות ו, ז).

ומה באשר לכוס השלישית? כיצד קשורה הכוס של ברכת המזון לסיפור יציאת מצרים? שאלה זו מתעוררת גם ביחס לכוס הרביעית. יציאת מצרים נזכרת בשתי הפסקאות הראשונות של ההלל, הנאמרות על הכוס השנייה. הפסקאות החותמות את ההלל, הנאמרות על הכוס הרביעית, אינן כוללות התייחסות כלשהי ליציאת מצרים (יציאת מצרים אמנם מוזכרת ב"נשמת", אך במאמר מוסגר בלבד).

התשובה לכך היא שלא ניתן להפריד בין סיפור יציאת מצרים לבין ביטויי הכרת הטוב. לפיכך, כאשר אנו מתחילים לשבח את הקב"ה על אירוע מסוים, חשוב ככל שיהיה, עלינו לכלול בהודאה את כל החסדים שגמל עמנו הקב"ה. לאחר שהזכרנו את יציאת מצרים בכוס השנייה, אנו ממשיכים ומודים לקב"ה לא רק על יציאת מצרים, אלא על כל הטובות שגמל אתנו. ברכת

מוזגים כוס רביעית ואת כוסו של אליהו, פותחים את הדלת ואומרים:

תהלים עט

שְׁפֹךְ חֲמָתְךָ אֶל־הַגּוֹיִם אֲשֶׁר לֹא־יְדָעוּךָ
וְעַל מַמְלָכוֹת אֲשֶׁר בְּשִׁמְךָ לֹא קָרָאוּ:
כִּי אָכַל אֶת־יַעֲקֹב וְאֶת־נָוֵהוּ הֵשַׁמּוּ:

המזון, מלבד שנזכר בה בקצרה שהקב"ה הוציאנו ממצרים, כוללת רשימה של דברים שעלינו להודות לקב"ה עליהם: הוא זן את העולם, בונה את ירושלים וחנן אותנו בחיים, חן וחסד ומזון. את כל הדברים הללו יש להזכיר במסגרת סיפור יציאת מצרים. עלינו לאמץ אלינו את כל מה שידוע לנו על טובו, חסדו ורחמיו של הקב"ה. כך משתלבות כל ארבע הכוסות לכלל קיום אחד.

(קול הרב)

מוזגים כוס רביעית

התורה שואפת ללמד את האדם כיצד לנהוג. עומדות בפניו שתי אפשרויות: לנהוג כאחשורוש או לנהוג כמי שעומד במחיצת האלהים. על פי האפשרות השנייה, כאשר שותה האדם יין מומרצת מערכת העצבים, רגישותו מעוצמת, תחושותיו מתעוררות – אך הן נותרות ממושמעות. מתעוררת בו כמיהה למשהו יפה ומקסים. האדם מצוי תחת לחץ רגשי; הוא רוצה לשחרר את המתח. הוא שר לריבונו של עולם: "אין מקדשין אלא על היין" (פסחים קז ע"א). מה עושה היהודי בליל הפסח כאשר הוא ממלא את הכוס הרביעית? האם הוא עוסק בשיחה בטלה וגסה? לא. הוא קורא את ההלל.

(על התשועות)

כוס של אליהו

ישנן ארבע לשונות של גאולה: והוצאתי, והצלתי, וגאלתי, ולקחתי (שמות ו, ו-ז). הפסוק הבא ממשיך: "והבאתי אתכם אל הארץ אשר נשאתי את ידי לתת אותה לאברהם ליצחק וליעקב" (פסוק ח). "והבאתי" אינה נמנית במניין לשונות הגאולה, מכיוון שהבטחת הארץ אינה הבטחה שנאמרה לראשונה

שְׁפָךְ־עֲלֵיהֶם זַעְמֶךָ וַחֲרוֹן אַפְּךָ יַשִּׂיגֵם: תהלים סט

תִּרְדֹּף בְּאַף וְתַשְׁמִידֵם מִתַּחַת שְׁמֵי יהוה: איכה ג

למשה רבנו. "והבאתי" כלולה בבשורת הגאולה שנאמרה למשה, אך אין היא מוסיפה ממד נוסף לגאולה. זוהי חזרה על הבטחת הקב"ה לאברהם, ליצחק וליעקב. הפסוק החותם את פרשת מקרא ביכורים, "ויביאנו אל המקום הזה ויתן לנו את הארץ הזאת" (דברים כו, ט), אינו כלול בפרשת ארמי אובד אבי שאותה דורשת ההגדה, כדי לא ליצור את הרושם ש"והבאתי" שייכת ללשונות הגאולה.

הכוס של אליהו היא כנגד "והבאתי". אליהו הוא מבשרה של הגאולה העתידה, ולכן נקראת הכוס החמישית על שמו.

(קול הרב)

שְׁפֹךְ חֲמָתְךָ

העובדה שההלל הנאמר על הכוס הרביעית איננו מתייחס אל גאולת מצרים אלא אל הגאולה העתידה, מסבירה מדוע באה לפניו אמירת "שפוך חמתך אל הגויים אשר לא ידעוך". אנחנו מתפללים על גאולה עתידית, כאשר נזכה "לראות מהרה בתפארת עוזך להעביר גילולים מן הארץ והאלילים כרות ייכרתון" (מתוך תפילת "עלינו לשבח"). תקוותנו היא לראות את העולם כולו מצטרף אל כנסת ישראל בקבלת מלכותו של ה'. זה הוא הנושא המרכזי של ברכת מלכויות של ראש השנה: "ויבין כל יצור כי אתה יצרתו". ישנם אנשים שאינם מוכנים לקבל את ה' כמלך על כל הארץ, והם מציבים מכשולים בפני מימוש תקוותינו. לאמיתו של דבר, הם נאבקים במזיד ובעקשנות כנגד האידיאל של הגאולה העתידה. אסור שאומה אחת תוכל לעכב בעד הגאולה העתידה, רק משום שאין היא נכונה לקבל את האמת וליטול חלק בתיקון עולם במלכות שדי. הן בפשטות צריכות לחדול מלהתקיים. עלינו להילחם ברוע, אך לעיתים אין הרוע מניח לעצמו להיכנע. אנחנו אומרים "שפוך חמתך אל הגויים אשר לא ידעוך" וממשיכים ב"לא לנו ה', לא לנו, כי לשמך תן כבוד".

(זמן חירותנו)

הלל יש נוהגים למזוג כוס רביעית אחר "שְׁפֹךְ חֲמָתְךָ", קודם שגומרים את ההלל.

תהלים קטו

לֹא לָנוּ יהוה לֹא לָנוּ
כִּי־לְשִׁמְךָ תֵּן כָּבוֹד עַל־חַסְדְּךָ עַל־אֲמִתֶּךָ:
לָמָּה יֹאמְרוּ הַגּוֹיִם אַיֵּה־נָא אֱלֹהֵיהֶם:
וֵאלֹהֵינוּ בַשָּׁמָיִם, כֹּל אֲשֶׁר־חָפֵץ עָשָׂה:
עֲצַבֵּיהֶם כֶּסֶף וְזָהָב, מַעֲשֵׂה יְדֵי אָדָם:
פֶּה־לָהֶם וְלֹא יְדַבֵּרוּ, עֵינַיִם לָהֶם וְלֹא יִרְאוּ:

הלל

כשאנו באים לנתח את המזמורים המרכיבים את ההלל, רואים אנו כי בשני הראשונים (תהלים קיג-קיד) נמצא אך ורק הבעת תודה ואמירת דברי שבח. הם כוללים שבח, ושבח בלבד; אין בהם ולו בקשה או משאלה אחת, שום סוג של תפילה למען מאן דהוא או תחינה בפני ה'. אנו מדברים על אירועים שהתרחשו בעבר – אירועים חשובים עד מאוד הכרוכים בקשר בל יינתק בייעודנו. אנו מתארים כיצד עם רמוס ונדכא, הנתון בשעבוד ובעבודת פרך, התרומם לפתע לדרגה גבוהה של חירות, הביא לעולם אומה חדשה – עם נבחר, עם קדוש, עם שה' שוכן בתוכו. שני מזמורים אלו, כמובן, תואמים להפליא את הקשרה של ההגדה. אך המזמורים הבאים לאחר מכן (מזמורים קטו-קיח) שונים עד מאוד. אל תוך מרקם דברי השבח נשזרים יסודות של בקשה: "לא לנו ה' לא לנו כי לשמך תן כבוד", "אהבתי כי ישמע ה' את קולי תחנוני", "מן המצר קראתי יה" ו"אנא ה' הושיעה נא". לא נמצא במזמורים אלה רק את השבח וההלל.

בדרך כלל לא נמצא בתפילותינו דברי שבח בטוהרתם. לא ניתן למצוא שבח טהור, אשר אין יסוד של בקשה בצדו, וזאת משום שההלכה נוהגת על פי קביעתה של המשנה (ברכות ט, ד): "נותן הודאה לשעבר", על אירועים שהיו עבורו בעלי חשיבות רבה, ו"צועק לעתיד לבוא", משום שלעולם אין האדם נהנה מביטחון מוחלט. אין, אליבא דהיהדות, מצב של ביטחון מוחלט; עובדת היותי מאושר היום אין משמעה שאהיה מאושר גם מחר.

כך יכולים אנו אפוא להבין מדוע פוצלה אמירת ההלל בליל הסדר לשני חלקים. יסוד הבקשה לא שולב בחלקה הראשון של ההגדה, משום שלאחר שאנו מסיימים לספר על עשר המכות או לצטט את מאמרו של רבן גמליאל, לא נותרה לנו אלא חובה אחת ותו לא: "להודות, להלל, לשבח, לפאר, לרומם,

אָזְנַיִם לָהֶם וְלֹא יִשְׁמָעוּ, אַף לָהֶם וְלֹא יְרִיחוּן:
יְדֵיהֶם וְלֹא יְמִישׁוּן, רַגְלֵיהֶם וְלֹא יְהַלֵּכוּ, לֹא־יֶהְגּוּ בִּגְרוֹנָם:
כְּמוֹהֶם יִהְיוּ עֹשֵׂיהֶם, כֹּל אֲשֶׁר־בֹּטֵחַ בָּהֶם:
יִשְׂרָאֵל בְּטַח בַּיהוה, עֶזְרָם וּמָגִנָּם הוּא:
בֵּית אַהֲרֹן בִּטְחוּ בַיהוה, עֶזְרָם וּמָגִנָּם הוּא:
יִרְאֵי יהוה בִּטְחוּ בַיהוה, עֶזְרָם וּמָגִנָּם הוּא:

להדר, לברך, לעלה ולקלס". אנחנו שוכחים לזמן קצר כי לאחר יציאת מצרים עברנו חוויות נוספות רבות – ולא כל החוויות ההיסטוריות האלה היו נעימות. עבדים היינו עוד כמה וכמה פעמים, ואולי אף בתנאים שהיו קשים יותר מאלה ששררו במצרים. הקרבנו מיליוני קורבנות; דם רב נשפך, ורבים מתו על קידוש השם. אנו שוכחים כל זאת ואומרים דברי הלל בלבד.

לא כך דינם של מזמורי ההלל הבאים לאחר מכן, אלה הנאמרים על הכוס הרביעית. אמת, יש כאן קריאה של שמחה, תרועה מפי אדם מאושר. אך בו ברגע שאנו מגיעים אל שיא האושר והשמחה, אנו חשים עד כמה אומללים וחסרי ביטחון אנו, עד כמה אנו זקוקים עדיין לעזרתו של ה'. ואנו זועקים: "אנא ה' הושיעה נא". על הכוס הרביעית אין אנו רק קוראים את ההלל, אלא אומרים דברי הלל ותפילה, שבח ובקשה. אין זו קריאה של אושר בלבד, אלא גם זעקה של כאב. המיבנים בנויים בדגם דיאלקטי; נמצאת בהם סתירה פנימית. "זה היום עשה ה' נגילה ונשמחה בו" היא התזה; "אנא ה' הושיעה נא" – האנטיתזה.

חז"ל קבעו מזמורים אלו ביחידה זו של ההגדה משום שהכוס הרביעית איננה מתייחסת ליציאת מצרים; היא מתקשרת, לעומת זאת, אל הגאולה הסופית, מעשה אשר יפתח את התקופה המשיחית, כאשר נזכה לגאולה שלמה וכאשר כל התקוות תתגשמנה וכל הבטחותיו של ה' תתקיימנה. בשל כך אין מזמורים אלו מורכבים מדברי שבח בלבד, וכוללים במקום זאת תערובת של שבח ובקשה, שמחה ודאגה, אושר ומצוקה.

(זמן חירותנו)

ישנה מחלוקת בשאלת אמירת ההלל בליל פסח בבית הכנסת. השולחן ערוך (אורח חיים תפז, ד) פוסק שיש לומר הלל, והרמ"א חולק ופוסק שאין לומר

יהוה זְכָרָנוּ יְבָרֵךְ

יְבָרֵךְ אֶת־בֵּית יִשְׂרָאֵל

יְבָרֵךְ אֶת־בֵּית אַהֲרֹן:

יְבָרֵךְ יִרְאֵי יהוה, הַקְּטַנִּים עִם־הַגְּדֹלִים:

יֹסֵף יהוה עֲלֵיכֶם, עֲלֵיכֶם וְעַל־בְּנֵיכֶם:

בְּרוּכִים אַתֶּם לַיהוה, עֹשֵׂה שָׁמַיִם וָאָרֶץ:

הַשָּׁמַיִם שָׁמַיִם לַיהוה, וְהָאָרֶץ נָתַן לִבְנֵי־אָדָם:

לֹא הַמֵּתִים יְהַלְלוּ־יָהּ, וְלֹא כָּל־יֹרְדֵי דוּמָה:

וַאֲנַחְנוּ נְבָרֵךְ יָהּ, מֵעַתָּה וְעַד־עוֹלָם

הַלְלוּיָהּ:

הלל. השולחן ערוך כותב שאמירת הלל היא ״בציבור״. הגר״מ הבין שהלל נאמר דווקא בציבור ולא ביחיד. ניתן להבין זאת לאור דברי הגר״א בביאורו (אורח חיים תרעא, ז) לגבי הדלקת נרות חנוכה בבית הכנסת. הגר״א משווה את הברכה על הדלקת נרות חנוכה בבית הכנסת להלל בליל פסח, שנאמר על שולחן הסדר ואף על פי כן נאמר בברכה גם בבית הכנסת, משום פרסומי ניסא. ישנו חיוב בסיסי על היחיד לומר הלל על שולחנו בפסח ולהדליק נרות חנוכה בביתו בחנוכה. וישנה קומה נוספת, שבה המצווה מתבצעת דווקא בציבור. עם זאת, לגר״ח הייתה הבנה אחרת לגבי ההלל בבית הכנסת. הגמרא (ערכין י ע״ב) לומדת מן הפסוק שמתאר את הלל של ליל פסח, ״השיר יהיה לכם כליל התקדש חג״ (ישעיהו ל, כט) שההלל נאמר רק ביום האסור בעשיית מלאכה. יוצא אם כן שאמירת הלל בליל פסח תלויה בשם יום טוב ונובעת ממנו. ליל הסדר הוא יום טוב בפני עצמו ולכן זוקק הלל בפני עצמו, מלבד ההלל הנאמר כחלק מסיפור יציאת מצרים.

(רשימות)

אָהַבְתִּי, כִּי־יִשְׁמַע יהוה, אֶת־קוֹלִי תַּחֲנוּנָי: תהלים קטז
כִּי־הִטָּה אָזְנוֹ לִי, וּבְיָמַי אֶקְרָא:
אֲפָפוּנִי חֶבְלֵי־מָוֶת, וּמְצָרֵי שְׁאוֹל מְצָאוּנִי, צָרָה וְיָגוֹן אֶמְצָא:
וּבְשֵׁם־יהוה אֶקְרָא, אָנָּה יהוה מַלְּטָה נַפְשִׁי:
חַנּוּן יהוה וְצַדִּיק, וֵאלֹהֵינוּ מְרַחֵם:
שֹׁמֵר פְּתָאיִם יהוה, דַּלּוֹתִי וְלִי יְהוֹשִׁיעַ:
שׁוּבִי נַפְשִׁי לִמְנוּחָיְכִי, כִּי־יהוה גָּמַל עָלָיְכִי:
כִּי חִלַּצְתָּ נַפְשִׁי מִמָּוֶת
אֶת־עֵינִי מִן־דִּמְעָה
אֶת־רַגְלִי מִדֶּחִי:
אֶתְהַלֵּךְ לִפְנֵי יהוה, בְּאַרְצוֹת הַחַיִּים:
הֶאֱמַנְתִּי כִּי אֲדַבֵּר, אֲנִי עָנִיתִי מְאֹד:
אֲנִי אָמַרְתִּי בְחָפְזִי, כָּל־הָאָדָם כֹּזֵב:

כָּל הָאָדָם כֹּזֵב

לאדם יש עולם פנימי; הוא קיים כלפי פנים כשם שהוא קיים כלפי חוץ. מהותו האונטולוגית של האדם – רוצה לומר: מהות קיומו – איננה זהה בהכרח להתנהגותו או לפעולותיו השגרתיות. יש גם "אדם נסתר" (homo absconditus) שאיש איננו מכירו. אף הוא כמעט שאינו מכיר את עצמו. האדם הוא תעלומה שאיש איננו יכול לפותרה. "כל האדם כזב" אומר המזמור (תהלים קטז, יא). לא משום שבני האדם רוצים לומר את מה שאיננו אמת; אלא משום שהם פשוט אינם מסוגלים לומר את האמת. אני רואה את שכני יוצא מביתו מדי בוקר בשעה שש וחצי. אני יודע לאן הוא נוסע. גם משלח ידו מוכר לי, ואני יודע מה יעשה כשיגיע למקום עבודתו. בין שארצה ובין שלא אני עוקב אחר התנהגותו, מכיר את הרגליו ויודע כיצד יגיב על אתגרים מסוימים. אף נזדמן לי באקראי לשמוע שיחה שניהל עם בני משפחתו, ויודע אני מה הן דאגותיו ובמה הוא מוצא עניין. האם לאחר כל

מָה־אָשִׁיב לַיהוה, כָּל־תַּגְמוּלוֹהִי עָלָי:
כּוֹס־יְשׁוּעוֹת אֶשָּׂא, וּבְשֵׁם יהוה אֶקְרָא:
נְדָרַי לַיהוה אֲשַׁלֵּם, נֶגְדָה־נָּא לְכָל־עַמּוֹ:
יָקָר בְּעֵינֵי יהוה, הַמָּוְתָה לַחֲסִידָיו:
אָנָּה יהוה כִּי־אֲנִי עַבְדֶּךָ
אֲנִי־עַבְדְּךָ בֶּן־אֲמָתֶךָ, פִּתַּחְתָּ לְמוֹסֵרָי:
לְךָ־אֶזְבַּח זֶבַח תּוֹדָה, וּבְשֵׁם יהוה אֶקְרָא:
נְדָרַי לַיהוה אֲשַׁלֵּם, נֶגְדָה־נָּא לְכָל־עַמּוֹ:
בְּחַצְרוֹת בֵּית יהוה, בְּתוֹכֵכִי יְרוּשָׁלָםִ

הַלְלוּיָהּ:

זאת אני מכיר אותו? לא, הוא עדיין תעלומה בעיני. ייחודו של אדם־פרסונה מתבטא באותה תעלומה כבירה (mysterium magnum), שאין מי שיכול לחדור לתוכה, מלבד האלהים.

(אדם וביתו)

כִּי אֲנִי עַבְדֶּךָ, אֲנִי עַבְדְּךָ בֶּן אֲמָתֶךָ
כאשר אנו חווים את הטלטלה חזרה מן הנצחיות הכוזבת אל המציאות הזמנית, מתגלה לעינינו קטגוריה חדשה, רוצה לומר, עבודת האלהים. הוא מזמן אותנו להתקרב לעבודתו; אנו קרואים לבוא ולעובדו. אנו מתמנים לעבדיו של האלהים: "הללויה, הללו עבדי ה'" (תהלים קיג, א), "אנא ה' כי אני עבדך אני עבדך בן אמתך" (שם קטז, טז). לא תיתכן חוויה דתית שאינה כוללת יסוד של עבודה. קיומנו איננו פרי המקרה גרידא, עובדה מכנית, גחמה חסרת משמעות מצד הטבע או ההשגחה, אלא משימה משמעותית המשופעת באחריות ובמחויבות.

(מן הסערה)

הַלְלוּ אֶת־יהוה כָּל־גּוֹיִם, שַׁבְּחוּהוּ כָּל־הָאֻמִּים: תהלים קיז
כִּי גָבַר עָלֵינוּ חַסְדּוֹ, וֶאֱמֶת־יהוה לְעוֹלָם

הַלְלוּיָהּ:

הוֹדוּ לַיהוה כִּי־טוֹב	כִּי לְעוֹלָם חַסְדּוֹ:	תהלים קיח
יֹאמַר־נָא יִשְׂרָאֵל	כִּי לְעוֹלָם חַסְדּוֹ:	
יֹאמְרוּ־נָא בֵית־אַהֲרֹן	כִּי לְעוֹלָם חַסְדּוֹ:	
יֹאמְרוּ־נָא יִרְאֵי יהוה	כִּי לְעוֹלָם חַסְדּוֹ:	

מִן־הַמֵּצַר קָרָאתִי יָּהּ, עָנָנִי בַמֶּרְחָב יָהּ:
יהוה לִי לֹא אִירָא, מַה־יַּעֲשֶׂה לִי אָדָם:
יהוה לִי בְּעֹזְרָי, וַאֲנִי אֶרְאֶה בְשֹׂנְאָי:
טוֹב לַחֲסוֹת בַּיהוה, מִבְּטֹחַ בָּאָדָם:
טוֹב לַחֲסוֹת בַּיהוה, מִבְּטֹחַ בִּנְדִיבִים:
כָּל־גּוֹיִם סְבָבוּנִי, בְּשֵׁם יהוה כִּי אֲמִילַם:
סַבּוּנִי גַם־סְבָבוּנִי, בְּשֵׁם יהוה כִּי אֲמִילַם:
סַבּוּנִי כִדְבֹרִים, דֹּעֲכוּ כְּאֵשׁ קוֹצִים, בְּשֵׁם יהוה כִּי אֲמִילַם:
דָּחֹה דְחִיתַנִי לִנְפֹּל, וַיהוה עֲזָרָנִי:
עָזִּי וְזִמְרָת יָהּ, וַיְהִי־לִי לִישׁוּעָה:
קוֹל רִנָּה וִישׁוּעָה בְּאָהֳלֵי צַדִּיקִים, יְמִין יהוה עֹשָׂה חָיִל:
יְמִין יהוה רוֹמֵמָה, יְמִין יהוה עֹשָׂה חָיִל:
לֹא־אָמוּת כִּי־אֶחְיֶה, וַאֲסַפֵּר מַעֲשֵׂי יָהּ:

יַסֹּר יִסְּרַנִּי יָּהּ, וְלַמָּוֶת לֹא נְתָנָנִי:
פִּתְחוּ־לִי שַׁעֲרֵי־צֶדֶק, אָבֹא־בָם אוֹדֶה יָהּ:
זֶה־הַשַּׁעַר לַיהוה, צַדִּיקִים יָבֹאוּ בוֹ:

אוֹדְךָ כִּי עֲנִיתָנִי, וַתְּהִי־לִי לִישׁוּעָה:
אוֹדְךָ כִּי עֲנִיתָנִי, וַתְּהִי־לִי לִישׁוּעָה:

אֶבֶן מָאֲסוּ הַבּוֹנִים, הָיְתָה לְרֹאשׁ פִּנָּה:
אֶבֶן מָאֲסוּ הַבּוֹנִים, הָיְתָה לְרֹאשׁ פִּנָּה:

מֵאֵת יהוה הָיְתָה זֹּאת, הִיא נִפְלָאת בְּעֵינֵינוּ:
מֵאֵת יהוה הָיְתָה זֹּאת, הִיא נִפְלָאת בְּעֵינֵינוּ:

זֶה־הַיּוֹם עָשָׂה יהוה, נָגִילָה וְנִשְׂמְחָה בוֹ:
זֶה־הַיּוֹם עָשָׂה יהוה, נָגִילָה וְנִשְׂמְחָה בוֹ:

אָנָּא יהוה הוֹשִׁיעָה נָּא:
אָנָּא יהוה הוֹשִׁיעָה נָּא:
אָנָּא יהוה הַצְלִיחָה נָא:
אָנָּא יהוה הַצְלִיחָה נָא:

אָנָּא ה׳ הוֹשִׁיעָה נָּא

בו ברגע שאנו מגיעים אל שיא האושר והשמחה, אנו חשים עד כמה אומללים וחסרי ביטחון אנו, עד כמה אנו זקוקים עדיין לעזרתו של ה׳. ההלל אינו קריאה של אושר בלבד, אלא גם זעקה של כאב. המיבנים בנויים בדגם דיאלקטי; נמצאת בהם סתירה פנימית. ״זה היום עשה ה׳ נגילה ונשמחה בו״ היא התזה; ״אנא ה׳ הושיעה נא״ – האנטיתזה.

(זמן חירותנו)

בָּרוּךְ הַבָּא בְּשֵׁם יהוה, בֵּרַכְנוּכֶם מִבֵּית יהוה:

בָּרוּךְ הַבָּא בְּשֵׁם יהוה, בֵּרַכְנוּכֶם מִבֵּית יהוה:

אֵל יהוה וַיָּאֶר לָנוּ, אִסְרוּ־חַג
בַּעֲבֹתִים עַד־קַרְנוֹת הַמִּזְבֵּחַ:

אֵל יהוה וַיָּאֶר לָנוּ, אִסְרוּ־חַג בַּעֲבֹתִים עַד־קַרְנוֹת הַמִּזְבֵּחַ:

אֵלִי אַתָּה וְאוֹדֶךָּ, אֱלֹהַי אֲרוֹמְמֶךָּ:

אֵלִי אַתָּה וְאוֹדֶךָּ, אֱלֹהַי אֲרוֹמְמֶךָּ:

הוֹדוּ לַיהוה כִּי־טוֹב, כִּי לְעוֹלָם חַסְדּוֹ:

הוֹדוּ לַיהוה כִּי־טוֹב, כִּי לְעוֹלָם חַסְדּוֹ:

יש אומרים כאן ׳יְהַלְלוּךָ׳ בלי חתימה (טור סי׳ ת״פ) ויש אומרים אחרי ׳יִשְׁתַּבַּח׳ (מחבר שם).

יְהַלְלוּךָ יהוה אֱלֹהֵינוּ כָּל מַעֲשֶׂיךָ פסחים קיח.
וַחֲסִידֶיךָ צַדִּיקִים עוֹשֵׂי רְצוֹנֶךָ,
וְכָל עַמְּךָ בֵּית יִשְׂרָאֵל
בְּרִנָּה יוֹדוּ וִיבָרְכוּ וִישַׁבְּחוּ
וִיפָאֲרוּ וִירוֹמְמוּ וְיַעֲרִיצוּ
וְיַקְדִּישׁוּ וְיַמְלִיכוּ אֶת שִׁמְךָ מַלְכֵּנוּ
כִּי לְךָ טוֹב לְהוֹדוֹת וּלְשִׁמְךָ נָאֶה לְזַמֵּר
כִּי מֵעוֹלָם וְעַד עוֹלָם אַתָּה אֵל.

כִּי מֵעוֹלָם וְעַד עוֹלָם אַתָּה אֵל

הראשונים נחלקו לגבי סידורו של ליל הסדר לאחר אמירת ההלל על הכוס הרביעית. לדעת הרשב״ם (פסחים קיח ע״א), הן הלל והן הלל הגדול נחתמים

תהלים קלו

הוֹדוּ לַיהוה כִּי־טוֹב כִּי לְעוֹלָם חַסְדּוֹ:
הוֹדוּ לֵאלֹהֵי הָאֱלֹהִים כִּי לְעוֹלָם חַסְדּוֹ:
הוֹדוּ לַאֲדֹנֵי הָאֲדֹנִים כִּי לְעוֹלָם חַסְדּוֹ:
לְעֹשֵׂה נִפְלָאוֹת גְּדֹלוֹת לְבַדּוֹ כִּי לְעוֹלָם חַסְדּוֹ:
לְעֹשֵׂה הַשָּׁמַיִם בִּתְבוּנָה כִּי לְעוֹלָם חַסְדּוֹ:
לְרֹקַע הָאָרֶץ עַל־הַמָּיִם כִּי לְעוֹלָם חַסְדּוֹ:
לְעֹשֵׂה אוֹרִים גְּדֹלִים כִּי לְעוֹלָם חַסְדּוֹ:

בברכה. לאחר אמירת ההלל נאמרת ברכת "יהללוך", ולאחר אמירת הלל הגדול אומרים "נשמת" ו"ישתבח" עם חתימתה.

התוספות מביאים את דעת רבנו חיים כהן, שלו שיטה אחרת בעניין. לשיטתו, אין ברכה בחתימת ההלל, אלא מיד נאמרת "נשמת" ו"ישתבח" עם חתימתה בעקבותיה.

מחלוקת נוספת בראשונים עוסקת בשאלת חתימת ברכת "ישתבח" בליל הסדר. יש הסבורים שהברכה נאמרת בחתימתה הרגילה, "אל מלך גדול בתשבחות", בעוד שאחרים סבורים שהברכה נאמרת עם חתימת ההלל, "מלך מהולל בתשבחות".

המנהג בוולוז'ין, וכך נהג גם הגר"ח, היה לומר את החלקים הללו בסדר שמקיים את שתי השיטות, זו של רשב"ם וזו של רבנו חיים כהן, ואף שאמרו רק חתימה אחת, הם עשו כן באופן שסברו שהרשב"ם יודה לו. הם אמרו הלל בלי חתימה (כדעת רבנו חיים כהן), ואז אמרו "נשמת" ו"ישתבח", אך לפני חתימת ברכת "ישתבח" הוסיפו את ברכת "יהללוך", שחתימתה "מלך מהולל בתשבחות"; אולם הם המשיכו את החתימה בלשון "אל ההודאות אדון הנפלאות הבוחר בשירה זמרה מלך אל חי העולמים", דהיינו חתימת ברכת "ישתבח". הם סברו שמכיוון שחתימת ההלל (מלך מהולל בתשבחות) זהה כמעט לחלוטין לחתימת ברכת "ישתבח" (אל מלך גדול בתשבחות), ניתן

אֶת־הַשֶּׁמֶשׁ לְמֶמְשֶׁלֶת בַּיּוֹם   כִּי לְעוֹלָם חַסְדּוֹ:
אֶת־הַיָּרֵחַ וְכוֹכָבִים לְמֶמְשְׁלוֹת בַּלָּיְלָה   כִּי לְעוֹלָם חַסְדּוֹ:
לְמַכֵּה מִצְרַיִם בִּבְכוֹרֵיהֶם   כִּי לְעוֹלָם חַסְדּוֹ:
וַיּוֹצֵא יִשְׂרָאֵל מִתּוֹכָם   כִּי לְעוֹלָם חַסְדּוֹ:
בְּיָד חֲזָקָה וּבִזְרוֹעַ נְטוּיָה   כִּי לְעוֹלָם חַסְדּוֹ:
לְגֹזֵר יַם־סוּף לִגְזָרִים   כִּי לְעוֹלָם חַסְדּוֹ:
וְהֶעֱבִיר יִשְׂרָאֵל בְּתוֹכוֹ   כִּי לְעוֹלָם חַסְדּוֹ:

להתחיל את החתימה בחתימת ההלל ולהמשיך עם חתימת "ישתבח". בהוספת "אל ההודאות אדון הנפלאות" הם שילבו את שתי החתימות יחד לברכה אחת, ויצאו הן ידי דעת הרשב"ם והן ידי דעת רבנו חיים כהן.

(רשימות)

הוֹדוּ לַה' כִּי טוֹב כִּי לְעוֹלָם חַסְדּוֹ
לאחר סיום חלקו השני של ההלל, לקראת סוף ליל הסדר, אנחנו ממשיכים באמירת מזמור קלו, הידוע בשם "הלל הגדול". בשבת אנחנו כוללים את הלל הגדול בתוך פסוקי דזמרה. בימות החול צומצמו פסוקי דזמרה והם כוללים רק את המזמורים שמ"אשרי" ועד "כל הנשמה" (תהלים קמה-קנ), אך ביסודו של דבר, הלל הגדול הוא חלק בל יינתק מפסוקי דזמרה. מעניין להיווכח שהגמרא (שבת קיח ע"ב) מכנה את פסוקי דזמרה בשם "הלל". זו שירת ההלל לדרמה הקוסמית, לחיים האורגניים ולחומר האי־אורגני, למערכות הכוכבים, לשמים ולארץ, לימים וליערות – ביסודו של דבר, שירת הלל לטבע. "הלל המצרי", לעומת זאת, מעניק ביטוי לקירבתנו המיוחדת אל ה', לניסים שהתרחשו שלא במסגרת התהליכים הטבעיים – הדרמה הקוסמית וחוקי הטבע – אלא בנסיבות מיוחדות אשר גברו על הסיבתיות הקוסמית. עניינו של מזמור זה

וְנִעֵר פַּרְעֹה וְחֵילוֹ בְיַם־סוּף כִּי לְעוֹלָם חַסְדּוֹ:
לְמוֹלִיךְ עַמּוֹ בַּמִּדְבָּר כִּי לְעוֹלָם חַסְדּוֹ:
לְמַכֵּה מְלָכִים גְּדֹלִים כִּי לְעוֹלָם חַסְדּוֹ:
וַיַּהֲרֹג מְלָכִים אַדִּירִים כִּי לְעוֹלָם חַסְדּוֹ:
לְסִיחוֹן מֶלֶךְ הָאֱמֹרִי כִּי לְעוֹלָם חַסְדּוֹ:
וּלְעוֹג מֶלֶךְ הַבָּשָׁן כִּי לְעוֹלָם חַסְדּוֹ:

בניסים אשר בזכותם הופיעה קהילת הברית ונוצרה הזיקה הייחודית שבין עם ישראל וה׳ – יציאת מצרים והתגלות ה׳ לאורך כל תולדותינו.

לכל אחת משתי צורות ההלל יש חתימה משלה. הלל המצרי חותם ב"יהללוך", בעוד שהלל הגדול מסתיים ב"נשמת" וב"ישתבח" (בעיקרו של דבר, "נשמת" ו"ישתבח" מהווים בבואם יחד חתימה ארוכה אחת, אך בימות החול אין סיפק בידינו לומר את כולה, ואנו מצמצמים אותה ל"ישתבח" בלבד). רעיון חשוב בא לידי ביטוי ביחידה שמ"נשמת" ועד לסוף "ישתבח": חוסר יכולתו של האדם לשבח את ה׳. אין בכוחן של מילים לבטא באמת את שבחו של ריבון העולם, ויצור אנוש שברירי, מוגבל וסופי איננו מסוגל להלל את ה׳. כל מה שנוכל לומר יהיה תמיד בלתי מספק.

אך אנו שרים את שבחו של ה׳ משום שאיננו יכולים לעשות אחרת. כאשר האדם מלא בהערצת ה׳ בשל חסדו וטובו, כשלבו עולה על גדותיו מרוב התפעלות למראה מעשי ידי ה׳, הוא מתפרץ כהר געש. ולכן תפילת "נשמת" מפעילה תזה ואנטיתזה. מחד גיסא, השבח הוא בלתי מספיק; הוא ביטוי של יהירות מצדו של האדם. מאידך גיסא, איננו יכולים לעצור בעד עצמנו; אנו משבחים את ה׳ משום שאיננו יכולים לרסן את עצמנו.

לעומת זאת, "יהללוך", החתימה הכללית של הלל המצרי, איננה מזכירה דיכוטומיה זו. ב"יהללוך" ה׳ איננו המלך הנשגב והמרומם מעל

וְנָתַן אַרְצָם לְנַחֲלָה כִּי לְעוֹלָם חַסְדּוֹ:
נַחֲלָה לְיִשְׂרָאֵל עַבְדּוֹ כִּי לְעוֹלָם חַסְדּוֹ:
שֶׁבְּשִׁפְלֵנוּ זָכַר לָנוּ כִּי לְעוֹלָם חַסְדּוֹ:
וַיִּפְרְקֵנוּ מִצָּרֵינוּ כִּי לְעוֹלָם חַסְדּוֹ:
נֹתֵן לֶחֶם לְכָל־בָּשָׂר כִּי לְעוֹלָם חַסְדּוֹ:
הוֹדוּ לְאֵל הַשָּׁמָיִם כִּי לְעוֹלָם חַסְדּוֹ:

לכל תשבחותינו, אותו "אל מלך גדול בתשבחות" הנזכר ב"ישתבח". תפילת "יהללוך", לעומת זאת, מדברת ב"מלך מהולל בתשבחות" הנאמרות על ידינו.

שתי גישות ניצבות כאן בפנינו, שתי תפישות. השקפת עולם אחת אומרת כי אמירת דברי שבח לה' היא דבר מוצדק לחלוטין, ובלבד שכל מילת שבח תיעשה לאתגר אתי, כל שיר – לקוד מוסרי. על האדם לחוות כל תואר שהוא מייחס לה' כמחויבות וכחובה מוחלטת. השקפת העולם האחרת רואה את השבח כמטרה בפני עצמה, ודבר זה מעורר את השאלה המתבטאת ב"נשמת", אם רשאי האדם להעז ולשבח את ה'.

(זמן חירותנו)

חלק זה של תהלים, הנקרא "הלל הגדול", משלב בין שני מוטיבים. חלק מן הפסוקים עוסקים בדרמה הקוסמית ואילו אחרים עוסקים במופלא; כלומר, הדרמה הקוסמית מתעלה לצורך הצרכים ההיסטוריים של עמנו. אבל בניגוד ל"הלל המצרי", "הלל הגדול" מוגבל לאירועים היסטוריים בעבר. "הלל המצרי" עוסק בכלל ייעודו של עם ישראל, מלידת האומה ועד לתחיית המתים באחרית הימים. "הלל הגדול" עוסק גם בנסים וגם בנושאים קוסמיים – המנון ליצירת השגרה והקביעות בעולם ולהכפפת השגרה הזאת לצרכיו ההיסטוריים של עם קטן. הוא הבורא והמפר של החוק הטבעי שהוא הטמיע בטבע.

(רשימות)

נִשְׁמַת

כָּל חַי תְּבָרֵךְ אֶת שִׁמְךָ, יהוה אֱלֹהֵינוּ
וְרוּחַ כָּל בָּשָׂר תְּפָאֵר וּתְרוֹמֵם זִכְרְךָ מַלְכֵּנוּ תָּמִיד
מִן הָעוֹלָם וְעַד הָעוֹלָם אַתָּה אֵל.
וּמִבַּלְעָדֶיךָ אֵין לָנוּ מֶלֶךְ גּוֹאֵל וּמוֹשִׁיעַ
פּוֹדֶה וּמַצִּיל וּמְפַרְנֵס וְעוֹנֶה וּמְרַחֵם
בְּכָל עֵת צָרָה וְצוּקָה אֵין לָנוּ מֶלֶךְ עוֹזֵר וְסוֹמֵךְ אֶלָּא אָתָּה.
אֱלֹהֵי הָרִאשׁוֹנִים וְהָאַחֲרוֹנִים
אֱלוֹהַּ כָּל בְּרִיּוֹת
אֲדוֹן כָּל תּוֹלָדוֹת הַמְּהֻלָּל בְּרֹב הַתִּשְׁבָּחוֹת
הַמְנַהֵג עוֹלָמוֹ בְּחֶסֶד וּבְרִיּוֹתָיו בְּרַחֲמִים.
וַיהוה עֵר, הִנֵּה לֹא יָנוּם וְלֹא יִישָׁן
הַמְעוֹרֵר יְשֵׁנִים וְהַמֵּקִיץ נִרְדָּמִים
וְהַמֵּשִׂיחַ אִלְּמִים וְהַמַּתִּיר אֲסוּרִים
וְהַסּוֹמֵךְ נוֹפְלִים וְהַזּוֹקֵף כְּפוּפִים וְהַמְפַעְנֵחַ נֶעְלָמִים
וּלְךָ לְבַדְּךָ אֲנַחְנוּ מוֹדִים

נִשְׁמַת כָּל חַי

בליל הפסח, לאחר שסיפרנו על שלוש הכוסות הראשונות את סיפור גאולת עם ישראל, שרים אנו את ההמנון האוניברסלי הנפלא שראשיתו ב"נשמת כל חי", על גאולת האנושות, על גאולת כל נפש חיה. היהודי איננו מוצא סיפוק בגאולתו אלא אם כן כולם ייגאלו יחד עמו; היהודי חש את הלמות לבה של תבל כולה. היהודי מתפלל אפילו למען היקום. אחת לחודש הוא מבקש שה' ימלא את פגימת הלבנה. החוויה היהודית היא כוללת־כול, חובקת־כול, מגלה אהדה אל הכול.

(על התשועות)

וְאִלּוּ פִינוּ מָלֵא שִׁירָה כַּיָּם
וּלְשׁוֹנֵנוּ רִנָּה כַּהֲמוֹן גַּלָּיו
וְשִׂפְתוֹתֵינוּ שֶׁבַח כְּמֶרְחֲבֵי רָקִיעַ
וְעֵינֵינוּ מְאִירוֹת כַּשֶּׁמֶשׁ וְכַיָּרֵחַ
וְיָדֵינוּ פְרוּשׂוֹת כְּנִשְׁרֵי שָׁמָיִם
וְרַגְלֵינוּ קַלּוֹת כָּאַיָּלוֹת
אֵין אֲנַחְנוּ מַסְפִּיקִים לְהוֹדוֹת לְךָ
יהוה אֱלֹהֵינוּ וֵאלֹהֵי אֲבוֹתֵינוּ
וּלְבָרֵךְ אֶת שְׁמֶךָ, מַלְכֵּנוּ
עַל אַחַת מֵאֶלֶף אֶלֶף אַלְפֵי אֲלָפִים וְרִבֵּי רְבָבוֹת פְּעָמִים
הַטּוֹבוֹת, נִסִּים וְנִפְלָאוֹת שֶׁעָשִׂיתָ עִם אֲבוֹתֵינוּ וְעִמָּנוּ
מִלְּפָנִים מִמִּצְרַיִם גְּאַלְתָּנוּ, יהוה אֱלֹהֵינוּ
וּמִבֵּית עֲבָדִים פְּדִיתָנוּ, בְּרָעָב זַנְתָּנוּ וּבְשָׂבָע כִּלְכַּלְתָּנוּ
מֵחֶרֶב הִצַּלְתָּנוּ וּמִדֶּבֶר מִלַּטְתָּנוּ
וּמֵחֳלָיִים רָעִים וְרַבִּים וְנֶאֱמָנִים דִּלִּיתָנוּ.
עַד הֵנָּה עֲזָרוּנוּ רַחֲמֶיךָ וְלֹא עֲזָבוּנוּ חֲסָדֶיךָ, יהוה אֱלֹהֵינוּ
וְאַל תִּטְּשֵׁנוּ, יהוה אֱלֹהֵינוּ, לָנֶצַח.
עַל כֵּן אֵבָרִים שֶׁפִּלַּגְתָּ בָּנוּ
וְרוּחַ וּנְשָׁמָה שֶׁנָּפַחְתָּ בְּאַפֵּנוּ, וְלָשׁוֹן אֲשֶׁר שַׂמְתָּ בְּפִינוּ
הֵן הֵם יוֹדוּ וִיבָרְכוּ וִישַׁבְּחוּ וִיפָאֲרוּ וִישׁוֹרְרוּ
וִירוֹמְמוּ וְיַעֲרִיצוּ וְיַקְדִּישׁוּ וְיַמְלִיכוּ אֶת שִׁמְךָ מַלְכֵּנוּ תָּמִיד
כִּי כָל פֶּה לְךָ יוֹדֶה, וְכָל לָשׁוֹן לְךָ תִשָּׁבַע, וְכָל עַיִן לְךָ תְצַפֶּה,
וְכָל בֶּרֶךְ לְךָ תִכְרַע, וְכָל קוֹמָה לְפָנֶיךָ תִשְׁתַּחֲוֶה,
וְכָל הַלְּבָבוֹת יִירָאוּךָ, וְכָל קֶרֶב וּכְלָיוֹת יְזַמְּרוּ לִשְׁמֶךָ

כְּדָבָר שֶׁכָּתוּב

כָּל עַצְמֹתַי תֹּאמַרְנָה יהוה מִי כָמוֹךָ תהלים לה
מַצִּיל עָנִי מֵחָזָק מִמֶּנּוּ, וְעָנִי וְאֶבְיוֹן מִגֹּזְלוֹ:
שַׁוְעַת עֲנִיִּים אַתָּה תִשְׁמַע, צַעֲקַת הַדַּל תַּקְשִׁיב וְתוֹשִׁיעַ.
מִי יִדְמֶה לָּךְ וּמִי יִשְׁוֶה לָּךְ וּמִי יַעֲרָךְ לָךְ.
הָאֵל הַגָּדוֹל, הַגִּבּוֹר וְהַנּוֹרָא,
אֵל עֶלְיוֹן, קוֹנֵה שָׁמַיִם וָאָרֶץ.
נְהַלֶּלְךָ וּנְשַׁבֵּחֲךָ וּנְפָאֶרְךָ וּנְבָרֵךְ אֶת שֵׁם קָדְשֶׁךָ

כָּאָמוּר

לְדָוִד, בָּרְכִי נַפְשִׁי אֶת־יהוה תהלים קג
וְכָל־קְרָבַי אֶת־שֵׁם קָדְשׁוֹ:
הָאֵל בְּתַעֲצוּמוֹת עֻזֶּךָ
הַגָּדוֹל בִּכְבוֹד שְׁמֶךָ
הַגִּבּוֹר לָנֶצַח וְהַנּוֹרָא בְּנוֹרְאוֹתֶיךָ
הַמֶּלֶךְ הַיּוֹשֵׁב עַל כִּסֵּא.
רָם וְנִשָּׂא
שׁוֹכֵן עַד מָרוֹם וְקָדוֹשׁ שְׁמוֹ

וְכָתוּב

רַנְּנוּ צַדִּיקִים בַּיהוה, לַיְשָׁרִים נָאוָה תְהִלָּה: תהלים לג

בְּפִי יְשָׁרִים תִּתְרוֹמָם
וּבְשִׂפְתֵי צַדִּיקִים תִּתְבָּרַךְ
וּבִלְשׁוֹן חֲסִידִים תִּתְקַדָּשׁ
וּבְקֶרֶב קְדוֹשִׁים תִּתְהַלָּל

וּבְמַקְהֲלוֹת רִבְבוֹת עַמְּךָ בֵּית יִשְׂרָאֵל
בְּרִנָּה יִתְפָּאַר שִׁמְךָ מַלְכֵּנוּ בְּכָל דּוֹר וָדוֹר
שֶׁכֵּן חוֹבַת כָּל הַיְצוּרִים
לְפָנֶיךָ יהוה אֱלֹהֵינוּ וֵאלֹהֵי אֲבוֹתֵינוּ
לְהוֹדוֹת, לְהַלֵּל, לְשַׁבֵּחַ, לְפָאֵר, לְרוֹמֵם
לְהַדֵּר וּלְנַצֵּחַ, לְבָרֵךְ לְעַלֵּה וּלְקַלֵּס
עַל כָּל דִּבְרֵי שִׁירוֹת וְתִשְׁבְּחוֹת
דָּוִד בֶּן יִשַׁי עַבְדְּךָ מְשִׁיחֶךָ.

וּבְכֵן יִשְׁתַּבַּח שִׁמְךָ לָעַד מַלְכֵּנוּ
הָאֵל, הַמֶּלֶךְ, הַגָּדוֹל וְהַקָּדוֹשׁ בַּשָּׁמַיִם וּבָאָרֶץ
כִּי לְךָ נָאֶה, יהוה אֱלֹהֵינוּ וֵאלֹהֵי אֲבוֹתֵינוּ
שִׁיר וּשְׁבָחָה, הַלֵּל וְזִמְרָה
עֹז וּמֶמְשָׁלָה, נֶצַח, גְּדֻלָּה וּגְבוּרָה
תְּהִלָּה וְתִפְאֶרֶת, קְדֻשָּׁה וּמַלְכוּת
בְּרָכוֹת וְהוֹדָאוֹת לְשִׁמְךָ הַגָּדוֹל וְהַקָּדוֹשׁ
וּמֵעוֹלָם וְעַד עוֹלָם אַתָּה אֵל.

יִשְׁתַּבַּח שִׁמְךָ

להבין תוכן ישתבח עלינו לשים לב לדברי ריצוי עובר לברכה זו בשבתות ובימים טובים: "ובמקהלות רבבות עמך בית ישראל ברנה יתפאר שמך מלכנו בכל דור ודור שכן חובת כל היצורים לפניך ה׳ אלהינו ואלהי אבותינו להודות להלל לשבח לפאר לרומם להדר לברך לעלה ולקלס על כל דברי שירות ותשבחות דוד בן ישי עבדך משיחך". כלומר, חובתנו לשבחך לא רק בפרקים אלה ולא אפילו בספר תהלים כולו אלא הרבה מעבר לזה. אין האדם יכול לצאת ידי חובתו בסידור שבחו של מקום. היה, אם כן, מקום לומר שעדיף

אלו שאמרו 'יְהַלְלוּךָ' לפני 'הלל הגדול', אינם חוזרים עליה
אלא חותמים 'יִשְׁתַּבַּח' בברכה דלהלן:

בָּרוּךְ אַתָּה יהוה
אֵל מֶלֶךְ גָּדוֹל וּמְהֻלָּל בַּתִּשְׁבָּחוֹת
אֵל הַהוֹדָאוֹת, אֲדוֹן הַנִּפְלָאוֹת
בּוֹרֵא כָּל הַנְּשָׁמוֹת, רִבּוֹן כָּל הַמַּעֲשִׂים
הַבּוֹחֵר בְּשִׁירֵי זִמְרָה, מֶלֶךְ, יָחִיד
אֵל, חֵי הָעוֹלָמִים.

שלא להתחיל כלל, שכן, "מי ימלל גבורות ה' ישמיע כל תהלתו" ו"לך דמיה תהלה". ואמנם נימה זו מורגשת ב"נשמת": "אלו פינו מלא שירה כים ולשוננו רנה כהמון גליו ושפתותינו שבח כמרחבי רקיע ועינינו מאירות כשמש וכירח וידינו פרושות כנשרי שמים ורגלינו קלות כאילות אין אנו מספיקים להודות לך ה' אלהינו ואלהי אבותינו על אחת מאלף אלפי אלפים ורבי רבבות פעמים הטובות שעשית עם אבותינו וכו'" – כלומר, אין תועלת בנסיוננו להודות לך, כי איך יפאר ילוד אשה ויושב חשך וצלמות את אלהי מרום? ואפילו אם נסדר כל ספר תהלות דוד בן ישי לא יספיק אף להודות לך על חלק אחד מאלף אלפי אלפים. המסקנה המתבקשת, אם כן, הינה – ובנוסח ספרד, הברכה אמנם פותחת, "ובכן" – "ישתבח שמך לעד מלכנו". השבח נובע מעצמך, אתה הוא יושב תהלה כי לך, ה', נאה שיר ושבחה – כלומר, השיר שלך הוא וגם השבח לך הוא, וכנוסח פזמון "האדרת והאמונה": "השיר והשבח לחי עולמים", שניתן להבינו לא רק שאלו מגיעים לקב"ה אלא שייכים לו. הכל לך – "הלל וזמרה עוז וממשלה נצח גדולה וגבורה תהלה ותפארת קדושה ומלכות". המברך מונה מדות התגלות הקב"ה, דרכי פעולותיו שאנו מצווים להלך בהן – ומצהיר לבורא עולם שהכל שלך ומידך נתנו. אינך זקוק לדברינו ולתהלותינו, שהרי אתה אל בשמים ובארץ, נסתר ונעלם מן הכל ("אל מסתתר בשפריר חביון"), והכל לך. לנו אין נאה לשבח, כי אין אנו יכולים להוציא את אשר אנו רוצים להביע, אלא לך, ה' אלהינו, נאה הכל, וכל התשבחות נובעות מעצמותך ובשמך אנו חותמים, "מלך גדול בתשבחות", המלך שהוא למעלה (גדול = אין סוף) אפילו בשעה שהוא מהולל בתשבחות; "אל ההודאות", אל מסתתר בשפריר חביון שההודאות הן שלו; "אדון הנפלאות" – אתה הוא שבכל זאת, בטובו ובחסדו הגדול, בחר בשירי זמרה והתיר את אמירתם לנו כדי שנלמד

אלו שלא אמרו 'יְהַלְלוּךָ' לפני הלל הגדול, אומרים 'יְהַלְלוּךָ' כאן:

פסחים קיח.

יְהַלְלוּךָ יהוה אֱלֹהֵינוּ כָּל מַעֲשֶׂיךָ
וַחֲסִידֶיךָ צַדִּיקִים עוֹשֵׂי רְצוֹנֶךָ,
וְכָל עַמְּךָ בֵּית יִשְׂרָאֵל
בְּרִנָּה יוֹדוּ וִיבָרְכוּ וִישַׁבְּחוּ
וִיפָאֲרוּ וִירוֹמְמוּ וְיַעֲרִיצוּ
וְיַקְדִּישׁוּ וְיַמְלִיכוּ אֶת שִׁמְךָ מַלְכֵּנוּ
כִּי לְךָ טוֹב לְהוֹדוֹת וּלְשִׁמְךָ נָאֶה לְזַמֵּר
כִּי מֵעוֹלָם וְעַד עוֹלָם אַתָּה אֵל.
בָּרוּךְ אַתָּה יְיָ, מֶלֶךְ מְהֻלָּל בַּתִּשְׁבָּחוֹת.

בָּרוּךְ אַתָּה יהוה אֱלֹהֵינוּ מֶלֶךְ הָעוֹלָם
בּוֹרֵא פְּרִי הַגָּפֶן.

שותים בהסבת שמאל.

איך לחיות ואיך להתנהג; "מלך", המזדקק אלינו כמלך לעמו (אין מלך בלא עם); אבל, בעיקר "אל חי העולמים", הנעלם ונסתר מכל.

אחרי שסדרנו שבחותיו של הקב"ה ועסקנו בריצוי דברים, אנו עומדים ומצהירים, כי כל עמלנו לשוא. המשימה מעבר ליכלתנו, ושמו של הקב"ה ישתבח ויתפאר מעצמו. פותחים אנו ביסוד "הללו עבדי ה'", ומסיימים ביסוד "לך דמיה תהלה".

(שעורים לזכר אבא מרי ז"ל)

שותים בהסבת שמאל

ליל הפסח הוא לילה של שיכרון חושים, אהבה והכרת הטוב. מכיוון שכך אנו מודים לקב"ה לא רק על החסד שהוא גומל לנו, מכיוון שזוהי דרך מצומצמת לבטא תודה והכרת הטוב. בלילה זה, היהודי ירא מהקב"ה ואוהב את הקב"ה; הוא מזכיר לעצמו את חסדו האין־סופי של יוצרו, שעליו הוא חייב להודות. כל מה שהוא וכל מה שיש לו שייך לקב"ה. הקב"ה ברא אותו, זן ומפרנס אותו

בָּרוּךְ אַתָּה יהוה אֱלֹהֵינוּ מֶלֶךְ הָעוֹלָם
עַל הַגֶּפֶן וְעַל פְּרִי הַגֶּפֶן
וְעַל תְּנוּבַת הַשָּׂדֶה
וְעַל אֶרֶץ חֶמְדָּה טוֹבָה וּרְחָבָה
שֶׁרָצִיתָ וְהִנְחַלְתָּ לַאֲבוֹתֵינוּ לֶאֱכֹל מִפִּרְיָהּ וְלִשְׂבֹּעַ מִטּוּבָהּ.
רַחֶם נָא יהוה אֱלֹהֵינוּ עַל יִשְׂרָאֵל עַמֶּךָ
וְעַל יְרוּשָׁלַיִם עִירֶךָ וְעַל צִיּוֹן מִשְׁכַּן כְּבוֹדֶךָ
וְעַל מִזְבְּחֲךָ וְעַל הֵיכָלֶךָ.
וּבְנֵה יְרוּשָׁלַיִם עִיר הַקֹּדֶשׁ בִּמְהֵרָה בְיָמֵינוּ
וְהַעֲלֵנוּ לְתוֹכָהּ וְשַׂמְּחֵנוּ בְּבִנְיָנָהּ
וְנֹאכַל מִפִּרְיָהּ וְנִשְׂבַּע מִטּוּבָהּ,
וּנְבָרֶכְךָ עָלֶיהָ בִּקְדֻשָּׁה וּבְטָהֳרָה.
(בשבת: וּרְצֵה וְהַחֲלִיצֵנוּ בְּיוֹם הַשַּׁבָּת הַזֶּה)
וְשַׂמְּחֵנוּ בְּיוֹם חַג הַמַּצּוֹת הַזֶּה
כִּי אַתָּה יהוה טוֹב וּמֵטִיב לַכֹּל, וְנוֹדֶה לְּךָ
עַל הָאָרֶץ וְעַל פְּרִי גַפְנָהּ.
בָּרוּךְ אַתָּה יהוה עַל הָאָרֶץ וְעַל פְּרִי גַפְנָהּ.

ומעניק לו את כל מה שהוא זקוק לו לחיים ראויים. כפי שאנו אומרים בברכת המזון, "ובטובו הגדול תמיד לא חסר לנו ואל יחסר לנו מזון לעולם ועד".

אנו מכירים טוב לכולם, לאנושות בכללותה. אנו אסירי תודה על כל ברייה, על כל צמח, על כל פרח מלבלב, על כל שחף על פני המים. ה"שירה חדשה" חובקת את כולם ואת הכול. היא מודה בשם היקום כולו לבוראו: "הוא נותן לחם לכל בשר, כי לעולם חסדו" (ברכת המזון ותהלים קלו, כה). הכוס הרביעית היא כנגד ייעוד האנושות והעולם כולו. אנו פותחים בתודה בעבור עצמנו, עבור היהודי הבודד השנוא על הכול; אנו מסיימים בתודה בעבור כולם.

ה"שירה חדשה" פורצת אל העתיד. אנו מודים לקב"ה לא רק על מה

נרצה

חֲסַל סִדּוּר פֶּסַח כְּהִלְכָתוֹ, כְּכָל מִשְׁפָּטוֹ וְחֻקָּתוֹ
כַּאֲשֶׁר זָכִינוּ לְסַדֵּר אוֹתוֹ, כֵּן נִזְכֶּה לַעֲשׂוֹתוֹ
זָךְ שׁוֹכֵן מְעוֹנָה, קוֹמֵם קְהַל עֲדַת מִי מָנָה
קָרֵב נַהֵל נִטְעֵי כַנָּה, פְּדוּיִם לְצִיּוֹן בְּרִנָּה.

לַשָּׁנָה הַבָּאָה בִּירוּשָׁלַיִם הַבְּנוּיָה.

שעשה בעבורנו, אלא גם על מה שיעשה בעתיד. בין אם אחרית הימים ממתינה לנו מעבר לפינה ובין אם לא, אנו אומרים שירה על מה שטרם התרחש. חלקים אלו של ההגדה מוסיפים ממד אסכטולוגי נשגב לשבח ולהודאה שהם חלק מהותי כל כך מן ההגדה.

(קול הרב)

נרצה

ליל הסדר כפי שהוא מתואר בחומש מתמקד באכילת קרבן הפסח. הקרבן מתקבל ברצון לפני ה' וכך מרצה על המקריב אותו, ככתוב "ונרצה לו" (ויקרא א, ד). לפיכך אנו מוצאים בנוסח הברכה הנאמרת על הכוס השנייה את המילים "אשר יגיע דמם על קיר מזבחך ברצון".

הגר"ח העיר שבתפילה ישנו קיום של קרבן מדאורייתא. קיום זה הוא היוצר את חיוב ברכת כוהנים, שהרי ברכת כוהנים נסמכה לקרבן בכתוב: "וישא אהרן את ידיו אל העם ויברכם וירד מעשות החטאת והעולה והשלמים" (ויקרא ט, כה). מכיוון שכך, פותחת ברכת העבודה בתפילת העמידה ב"רצה", וממשיכה "ותהי לרצון תמיד עבודת ישראל עמך" – ובכך משקפת את יסוד ריצוי הקרבן שבתפילה.

כאשר אנו מסיימים את סדר הפסח כהלכתו, חותמים גם אנו ב"נרצה", בתפילה שהקב"ה יקבל את עבודתנו ברצון.

(רשימות)

לַשָּׁנָה הַבָּאָה בִּירוּשָׁלָיִם

הקדושה הנאמרת יום יום נובעת מדברי נביאים שונים. ישעיהו ראה את ריבון העולמים במקדש, כאשר הכוהנים עמדו בעבודתם והלוויים בשירם ובזמרם.

היה זה זמן של ברכה והצלחה. הכול יכולים היו לחזות בהשראת השכינה, והמלאכים קראו זה אל זה ואמרו: "קדוש קדוש קדוש... מלא כל הארץ כבודו" (ישעיהו ו, ג). נבואתו של יחזקאל, מאידך גיסא, היתה בתקופה של הסתר פנים. דבר ה' בא לנביא זה לא בארץ ישראל אלא בגולה; הוא היה שרוי באבל, אסיר מלחמה. בעומדו על גדות נהר כבר ראה יחזקאל רוח סערה באה מן הצפון, ענן גדול ואש מתלקחת. במקום כוהנים ולוויים הוא ראה מלחמה והרס. הוא לא הכריז כי "מלא כל הארץ כבודו", הוא לא הצהיר כי כל פרט ופרט מעידים על הקב"ה. אדרבא, ה' נסתר בשבעת הרקיעים, ויחזקאל שומע קול רעש גדול: "ברוך כבוד ה' ממקומו" (יחזקאל ג, יב).

לעיתים אין אנו צריכים לחפש אחרי הקב"ה. אנו רואים את שכינתו בעולם כולו. בפעמים אחרות עלינו לתור אחריו במשך זמן ארוך. בימים של חן וחסד, כאשר אנו רואים את כבודו בעולם, הוא מהולל בלשון "קדוש", הקדוש ברוך הוא. כאשר שכינת קודשו איננה ניכרת לעין, בתקופה של הסתר פנים, אנו אומרים כי כבודו מהולל מ"מקומו", יהא מקומו אשר יהא.

דרכו של היהודי איננה דרך ישרה ואף לא דרך קלה; יש בה עיקולים ופניות, עליות ומורדות, והיא חוצה ימים ומדבריות. אמת, לבסוף קיים הקב"ה את הבטחתו ו"חישב את הקץ" של תקופת העבדות; בסופו של דבר הוא הוציא את אבותינו ממצרים. אך בתחילת הדרך, הגשמת ההבטחה נסתרה מן העין.

"היהודי לימד אותי כיצד להמתין", כך כתב המחזאי המפורסם הנריק איבסן, אדם רגיש מאוד שלא היה מבני ברית (במחזהו פר גינט [1867], מערכה רביעית). ההמתנה היא האומנות אשר היהודי יודע אותה טוב מכול; שום אומה אחרת איננה יודעת להמתין כיהודים. "לשנה הבאה בירושלים! השתא הכא, לשנה הבאה בארעא דישראל! השתא עבדי, לשנה הבאה בני חורין!". זו תכונתו האופיינית של היהודי. המשיח מתמהמה מעט בביאתו; ובכל זאת אנו עדיין מחכים. אם יקיש על דלתנו, נפתח אותה בפניו.

(זמן חירותנו)

פעמיים בשנה אומרים אנו "לשנה הבאה בירושלים" – בחתימתו של ליל הסדר, ובסופו של יום הכיפורים. בשני הזמנים הללו אנו חשים יותר מכול בחסרונו של בית המקדש, מכיוון שאיננו יכולים להקריב קרבן פסח או לחוות את סדר העבודה ביום הכיפורים. בשל כך ראוי לחתום את הסדר בתפילה לבניין בית המקדש, שייבנה במהרה בימינו.

(רשימות)

בחוץ לארץ בלילה השני יש נוהגים לומר כאן ספירת העומר (עמ׳ 223).

וּבְכֵן וַיְהִי בַּחֲצִי הַלַּיְלָה

אָז רֹב נִסִּים הִפְלֵאתָ בַּלַּיְלָה
בְּרֹאשׁ אַשְׁמוּרוֹת זֶה הַלַּיְלָה
גֵּר צֶדֶק נִצַּחְתּוֹ, כְּנֶחֱלַק לוֹ לַיְלָה
וַיְהִי בַּחֲצִי הַלַּיְלָה

דַּנְתָּ מֶלֶךְ גְּרָר בַּחֲלוֹם הַלַּיְלָה
הִפְחַדְתָּ אֲרַמִּי בְּאֶמֶשׁ לַיְלָה
וְיִשְׂרָאֵל יָשַׂר לָאֵל, וַיּוּכַל לוֹ לַיְלָה
וַיְהִי בַּחֲצִי הַלַּיְלָה

זֶרַע בְּכוֹרֵי פַתְרוֹס מָחַצְתָּ בַּחֲצִי הַלַּיְלָה
חֵילָם לֹא מָצְאוּ בְּקוּמָם בַּלַּיְלָה
טִיסַת נְגִיד חֲרֹשֶׁת סִלִּיתָ בְּכוֹכְבֵי לַיְלָה
וַיְהִי בַּחֲצִי הַלַּיְלָה

יָעַץ מְחָרֵף לְנוֹפֵף אִוּוּי, הוֹבַשְׁתָּ פְּגָרָיו בַּלַּיְלָה
כָּרַע בֵּל וּמַצָּבוֹ בְּאִישׁוֹן לַיְלָה
לְאִישׁ חֲמוּדוֹת נִגְלָה רָז חֲזוֹת לַיְלָה
וַיְהִי בַּחֲצִי הַלַּיְלָה

מִשְׁתַּכֵּר בִּכְלֵי קֹדֶשׁ נֶהֱרַג בּוֹ בַּלַּיְלָה
נוֹשַׁע מִבּוֹר אֲרָיוֹת, פּוֹתֵר בִּעֲתוּתֵי לַיְלָה
שִׂנְאָה נָטַר אֲגָגִי, וְכָתַב סְפָרִים בַּלַּיְלָה
וַיְהִי בַּחֲצִי הַלַּיְלָה

עוֹרַרְתָּ נִצְחֲךָ עָלָיו בְּנֶדֶד שְׁנַת לַיְלָה
פּוּרָה תִדְרוֹךְ לְשׁוֹמֵר מַה מִּלַּיְלָה
צָרַח כַּשּׁוֹמֵר, וְשָׂח אָתָא בֹקֶר וְגַם לָיְלָה
וַיְהִי בַּחֲצִי הַלַּיְלָה

קָרֵב יוֹם אֲשֶׁר הוּא לֹא יוֹם וְלֹא לַיְלָה
רָם הוֹדַע כִּי לְךָ הַיּוֹם אַף לְךָ הַלַּיְלָה
שׁוֹמְרִים הַפְקֵד לְעִירְךָ כָּל הַיּוֹם וְכָל הַלַּיְלָה
תָּאִיר כְּאוֹר יוֹם חֶשְׁכַת לַיְלָה
וַיְהִי בַּחֲצִי הַלַּיְלָה

וּבְכֵן וַאֲמַרְתֶּם זֶבַח פֶּסַח

אֹמֶץ גְּבוּרוֹתֶיךָ הִפְלֵאתָ בַּפֶּסַח
בְּרֹאשׁ כָּל מוֹעֲדוֹת נִשֵּׂאתָ פֶּסַח
גִּלִּיתָ לְאֶזְרָחִי חֲצוֹת לֵיל פֶּסַח
וַאֲמַרְתֶּם זֶבַח פֶּסַח

דְּלָתָיו דָּפַקְתָּ כְּחֹם הַיּוֹם בַּפֶּסַח
הִסְעִיד נוֹצְצִים עֻגוֹת מַצּוֹת בַּפֶּסַח
וְאֶל הַבָּקָר, רָץ זֵכֶר לְשׁוֹר עֵרֶךְ פֶּסַח
וַאֲמַרְתֶּם זֶבַח פֶּסַח

וֹעֲמוּ סְדוֹמִים, וְלֹהֲטוּ בָּאֵשׁ   בַּפֶּסַח
חֻלַּץ לוֹט מֵהֶם, וּמַצּוֹת אָפָה בְּקֵץ   פֶּסַח
טִאטֵאתָ אַדְמַת מֹף וְנֹף בְּעָבְרְךָ   בַּפֶּסַח
וַאֲמַרְתֶּם זֶבַח פֶּסַח

יָהּ, רֹאשׁ כָּל אוֹן מָחַצְתָּ בְּלֵיל שִׁמּוּר   פֶּסַח
כַּבִּיר, עַל בֵּן בְּכוֹר פָּסַחְתָּ בְּדַם   פֶּסַח
לְבִלְתִּי תֵּת מַשְׁחִית לָבֹא בִּפְתָחַי   בַּפֶּסַח
וַאֲמַרְתֶּם זֶבַח פֶּסַח

מְסֻגֶּרֶת סֻגָּרָה בְּעִתּוֹתֵי   פֶּסַח
נִשְׁמְדָה מִדְיָן בִּצְלִיל שְׂעוֹרֵי עֹמֶר   פֶּסַח
שֹׂרְפוּ מִשְׁמַנֵּי פּוּל וְלוּד, בִּיקַד יְקוֹד   פֶּסַח
וַאֲמַרְתֶּם זֶבַח פֶּסַח

עוֹד הַיּוֹם בְּנֹב לַעֲמֹד, עַד גָּעָה עוֹנַת   פֶּסַח
פַּס יַד כָּתְבָה לְקַעֲקֵעַ צוּל   בַּפֶּסַח
צָפֹה הַצָּפִית עָרוֹךְ הַשֻּׁלְחָן   בַּפֶּסַח
וַאֲמַרְתֶּם זֶבַח פֶּסַח

קָהָל כִּנְּסָה הֲדַסָּה, צוֹם לְשַׁלֵּשׁ   בַּפֶּסַח
רֹאשׁ מִבֵּית רָשָׁע מָחַצְתָּ בְּעֵץ חֲמִשִּׁים   בַּפֶּסַח
שְׁתֵּי אֵלֶּה, רֶגַע תָּבִיא לְעוּצִית   בַּפֶּסַח
תָּעֹז יָדְךָ, תָּרוּם יְמִינְךָ, כְּלֵיל הִתְקַדֵּשׁ חַג   פֶּסַח
וַאֲמַרְתֶּם זֶבַח פֶּסַח

כִּי לוֹ נָאֶה, כִּי לוֹ יָאֶה

אַדִּיר בִּמְלוּכָה בָּחוּר כַּהֲלָכָה גְּדוּדָיו יֹאמְרוּ לוֹ
לְךָ וּלְךָ, לְךָ כִּי לְךָ, לְךָ אַף לְךָ, לְךָ יהוה הַמַּמְלָכָה
כִּי לוֹ נָאֶה, כִּי לוֹ יָאֶה

דָּגוּל בִּמְלוּכָה הָדוּר כַּהֲלָכָה וָתִיקָיו יֹאמְרוּ לוֹ
לְךָ וּלְךָ, לְךָ כִּי לְךָ, לְךָ אַף לְךָ, לְךָ יהוה הַמַּמְלָכָה
כִּי לוֹ נָאֶה, כִּי לוֹ יָאֶה

זַכַּאי בִּמְלוּכָה חָסִין כַּהֲלָכָה טַפְסְרָיו יֹאמְרוּ לוֹ
לְךָ וּלְךָ, לְךָ כִּי לְךָ, לְךָ אַף לְךָ, לְךָ יהוה הַמַּמְלָכָה
כִּי לוֹ נָאֶה, כִּי לוֹ יָאֶה

יָחִיד בִּמְלוּכָה כַּבִּיר כַּהֲלָכָה לִמּוּדָיו יֹאמְרוּ לוֹ
לְךָ וּלְךָ, לְךָ כִּי לְךָ, לְךָ אַף לְךָ, לְךָ יהוה הַמַּמְלָכָה
כִּי לוֹ נָאֶה, כִּי לוֹ יָאֶה

מֶלֶךְ בִּמְלוּכָה נוֹרָא כַּהֲלָכָה סְבִיבָיו יֹאמְרוּ לוֹ
לְךָ וּלְךָ, לְךָ כִּי לְךָ, לְךָ אַף לְךָ, לְךָ יהוה הַמַּמְלָכָה
כִּי לוֹ נָאֶה, כִּי לוֹ יָאֶה

עָנָו בִּמְלוּכָה פּוֹדֶה כַּהֲלָכָה צַדִּיקָיו יֹאמְרוּ לוֹ
לְךָ וּלְךָ, לְךָ כִּי לְךָ, לְךָ אַף לְךָ, לְךָ יהוה הַמַּמְלָכָה
כִּי לוֹ נָאֶה, כִּי לוֹ יָאֶה

קָדוֹשׁ בִּמְלוּכָה רַחוּם כַּהֲלָכָה שִׁנְאַנָּיו יֹאמְרוּ לוֹ
לְךָ וּלְךָ, לְךָ כִּי לְךָ, לְךָ אַף לְךָ, לְךָ יהוה הַמַּמְלָכָה
כִּי לוֹ נָאֶה, כִּי לוֹ יָאֶה

תַּקִּיף בִּמְלוּכָה תּוֹמֵךְ כַּהֲלָכָה תְּמִימָיו יֹאמְרוּ לוֹ
לְךָ וּלְךָ, לְךָ כִּי לְךָ, לְךָ אַף לְךָ, לְךָ יהוה הַמַּמְלָכָה
כִּי לוֹ נָאֶה, כִּי לוֹ יָאֶה

אַדִּיר הוּא

יִבְנֶה בֵּיתוֹ בְּקָרוֹב
בִּמְהֵרָה בִּמְהֵרָה, בְּיָמֵינוּ בְּקָרוֹב
אֵל בְּנֵה אֵל בְּנֵה
בְּנֵה בֵּיתְךָ בְּקָרוֹב

בָּחוּר הוּא גָּדוֹל הוּא דָּגוּל הוּא
הָדוּר הוּא וָתִיק הוּא זַכַּאי הוּא
חָסִיד הוּא טָהוֹר הוּא יָחִיד הוּא
כַּבִּיר הוּא לָמוּד הוּא מֶלֶךְ הוּא
נוֹרָא הוּא סַגִּיב הוּא עִזּוּז הוּא
פּוֹדֶה הוּא צַדִּיק הוּא קָדוֹשׁ הוּא
רַחוּם הוּא שַׁדַּי הוּא תַּקִּיף הוּא

יִבְנֶה בֵּיתוֹ בְּקָרוֹב
בִּמְהֵרָה בִּמְהֵרָה
בְּיָמֵינוּ בְּקָרוֹב
אֵל בְּנֵה אֵל בְּנֵה
בְּנֵה בֵּיתְךָ בְּקָרוֹב

אֶחָד מִי יוֹדֵעַ
אֶחָד אֲנִי יוֹדֵעַ
אֶחָד אֱלֹהֵינוּ שֶׁבַּשָּׁמַיִם וּבָאָרֶץ

שְׁנַיִם מִי יוֹדֵעַ
שְׁנַיִם אֲנִי יוֹדֵעַ
שְׁנֵי לוּחוֹת הַבְּרִית
אֶחָד אֱלֹהֵינוּ שֶׁבַּשָּׁמַיִם וּבָאָרֶץ

שְׁלוֹשָׁה מִי יוֹדֵעַ
שְׁלוֹשָׁה אֲנִי יוֹדֵעַ
שְׁלוֹשָׁה אָבוֹת
שְׁנֵי לוּחוֹת הַבְּרִית
אֶחָד אֱלֹהֵינוּ שֶׁבַּשָּׁמַיִם וּבָאָרֶץ

אַרְבַּע מִי יוֹדֵעַ
אַרְבַּע אֲנִי יוֹדֵעַ
אַרְבַּע אִמָּהוֹת
שְׁלוֹשָׁה אָבוֹת   שְׁנֵי לוּחוֹת הַבְּרִית
אֶחָד אֱלֹהֵינוּ שֶׁבַּשָּׁמַיִם וּבָאָרֶץ

חֲמִשָּׁה מִי יוֹדֵעַ
חֲמִשָּׁה אֲנִי יוֹדֵעַ
חֲמִשָּׁה חֻמְשֵׁי תוֹרָה
אַרְבַּע אִמָּהוֹת   שְׁלוֹשָׁה אָבוֹת   שְׁנֵי לוּחוֹת הַבְּרִית
אֶחָד אֱלֹהֵינוּ שֶׁבַּשָּׁמַיִם וּבָאָרֶץ

שִׁשָּׁה מִי יוֹדֵעַ
שִׁשָּׁה אֲנִי יוֹדֵעַ
שִׁשָּׁה סִדְרֵי מִשְׁנָה
חֲמִשָּׁה חֻמְשֵׁי תוֹרָה אַרְבַּע אִמָּהוֹת
שְׁלוֹשָׁה אָבוֹת
שְׁנֵי לוּחוֹת הַבְּרִית
אֶחָד אֱלֹהֵינוּ שֶׁבַּשָּׁמַיִם וּבָאָרֶץ

שִׁבְעָה מִי יוֹדֵעַ
שִׁבְעָה אֲנִי יוֹדֵעַ
שִׁבְעָה יְמֵי שַׁבַּתָּא
שִׁשָּׁה סִדְרֵי מִשְׁנָה
חֲמִשָּׁה חֻמְשֵׁי תוֹרָה
אַרְבַּע אִמָּהוֹת שְׁלוֹשָׁה אָבוֹת
שְׁנֵי לוּחוֹת הַבְּרִית
אֶחָד אֱלֹהֵינוּ שֶׁבַּשָּׁמַיִם וּבָאָרֶץ

שְׁמוֹנָה מִי יוֹדֵעַ
שְׁמוֹנָה אֲנִי יוֹדֵעַ
שְׁמוֹנָה יְמֵי מִילָה
שִׁבְעָה יְמֵי שַׁבַּתָּא
שִׁשָּׁה סִדְרֵי מִשְׁנָה
חֲמִשָּׁה חֻמְשֵׁי תוֹרָה אַרְבַּע אִמָּהוֹת
שְׁלוֹשָׁה אָבוֹת
שְׁנֵי לוּחוֹת הַבְּרִית
אֶחָד אֱלֹהֵינוּ שֶׁבַּשָּׁמַיִם וּבָאָרֶץ

תִּשְׁעָה מִי יוֹדֵעַ
תִּשְׁעָה אֲנִי יוֹדֵעַ
תִּשְׁעָה יַרְחֵי לֵדָה
שְׁמוֹנָה יְמֵי מִילָה שִׁבְעָה יְמֵי שַׁבַּתָּא
שִׁשָּׁה סִדְרֵי מִשְׁנָה חֲמִשָּׁה חֻמְשֵׁי תוֹרָה
אַרְבַּע אִמָּהוֹת שְׁלוֹשָׁה אָבוֹת
שְׁנֵי לוּחוֹת הַבְּרִית
אֶחָד אֱלֹהֵינוּ שֶׁבַּשָּׁמַיִם וּבָאָרֶץ

עֲשָׂרָה מִי יוֹדֵעַ
עֲשָׂרָה אֲנִי יוֹדֵעַ
עֲשָׂרָה דִבְּרַיָּא
תִּשְׁעָה יַרְחֵי לֵדָה שְׁמוֹנָה יְמֵי מִילָה
שִׁבְעָה יְמֵי שַׁבַּתָּא שִׁשָּׁה סִדְרֵי מִשְׁנָה
חֲמִשָּׁה חֻמְשֵׁי תוֹרָה אַרְבַּע אִמָּהוֹת שְׁלוֹשָׁה אָבוֹת
שְׁנֵי לוּחוֹת הַבְּרִית
אֶחָד אֱלֹהֵינוּ שֶׁבַּשָּׁמַיִם וּבָאָרֶץ

אַחַד עָשָׂר מִי יוֹדֵעַ
אַחַד עָשָׂר אֲנִי יוֹדֵעַ
אַחַד עָשָׂר כּוֹכְבַיָּא
עֲשָׂרָה דִבְּרַיָּא תִּשְׁעָה יַרְחֵי לֵדָה
שְׁמוֹנָה יְמֵי מִילָה שִׁבְעָה יְמֵי שַׁבַּתָּא
שִׁשָּׁה סִדְרֵי מִשְׁנָה חֲמִשָּׁה חֻמְשֵׁי תוֹרָה
אַרְבַּע אִמָּהוֹת שְׁלוֹשָׁה אָבוֹת שְׁנֵי לוּחוֹת הַבְּרִית
אֶחָד אֱלֹהֵינוּ שֶׁבַּשָּׁמַיִם וּבָאָרֶץ

שְׁנֵים עָשָׂר מִי יוֹדֵעַ
שְׁנֵים עָשָׂר אֲנִי יוֹדֵעַ
שְׁנֵים עָשָׂר שִׁבְטַיָּא
אַחַד עָשָׂר כּוֹכְבַיָּא עֲשָׂרָה דִבְּרַיָּא
תִּשְׁעָה יַרְחֵי לֵדָה שְׁמוֹנָה יְמֵי מִילָה
שִׁבְעָה יְמֵי שַׁבְּתָא שִׁשָּׁה סִדְרֵי מִשְׁנָה
חֲמִשָּׁה חֻמְשֵׁי תוֹרָה אַרְבַּע אִמָּהוֹת
שְׁלוֹשָׁה אָבוֹת
שְׁנֵי לוּחוֹת הַבְּרִית
אֶחָד אֱלֹהֵינוּ שֶׁבַּשָּׁמַיִם וּבָאָרֶץ

שְׁלוֹשָׁה עָשָׂר מִי יוֹדֵעַ
שְׁלוֹשָׁה עָשָׂר אֲנִי יוֹדֵעַ
שְׁלוֹשָׁה עָשָׂר מִדַּיָּא
שְׁנֵים עָשָׂר שִׁבְטַיָּא
אַחַד עָשָׂר כּוֹכְבַיָּא
עֲשָׂרָה דִבְּרַיָּא
תִּשְׁעָה יַרְחֵי לֵדָה
שְׁמוֹנָה יְמֵי מִילָה
שִׁבְעָה יְמֵי שַׁבְּתָא
שִׁשָּׁה סִדְרֵי מִשְׁנָה
חֲמִשָּׁה חֻמְשֵׁי תוֹרָה
אַרְבַּע אִמָּהוֹת
שְׁלוֹשָׁה אָבוֹת
שְׁנֵי לוּחוֹת הַבְּרִית
אֶחָד אֱלֹהֵינוּ שֶׁבַּשָּׁמַיִם וּבָאָרֶץ

חַד גַּדְיָא חַד גַּדְיָא

דִּזְבַן אַבָּא בִּתְרֵי זוּזֵי
חַד גַּדְיָא חַד גַּדְיָא

וַאֲתָא שׁוּנְרָא וְאָכְלָה לְגַדְיָא
דִּזְבַן אַבָּא בִּתְרֵי זוּזֵי
חַד גַּדְיָא חַד גַּדְיָא

וַאֲתָא כַלְבָּא וְנָשַׁךְ לְשׁוּנְרָא
דְּאָכְלָה לְגַדְיָא
דִּזְבַן אַבָּא בִּתְרֵי זוּזֵי
חַד גַּדְיָא חַד גַּדְיָא

וַאֲתָא חֻטְרָא וְהִכָּה לְכַלְבָּא דְּנָשַׁךְ לְשׁוּנְרָא
דְּאָכְלָה לְגַדְיָא
דִּזְבַן אַבָּא בִּתְרֵי זוּזֵי
חַד גַּדְיָא חַד גַּדְיָא

וַאֲתָא נוּרָא וְשָׂרַף לְחֻטְרָא דְּהִכָּה לְכַלְבָּא
דְּנָשַׁךְ לְשׁוּנְרָא דְּאָכְלָה לְגַדְיָא
דִּזְבַן אַבָּא בִּתְרֵי זוּזֵי
חַד גַּדְיָא חַד גַּדְיָא

וַאֲתָא מַיָּא וְכָבָה לְנוּרָא דְּשָׂרַף לְחֻטְרָא
דְּהִכָּה לְכַלְבָּא דְּנָשַׁךְ לְשׁוּנְרָא דְּאָכְלָה לְגַדְיָא
דִּזְבַן אַבָּא בִּתְרֵי זוּזֵי
חַד גַּדְיָא חַד גַּדְיָא

וַאֲתָא תוֹרָא וְשָׁתָה לְמַיָּא דְּכָבָה לְנוּרָא
דְּשָׂרַף לְחֻטְרָא דְּהִכָּה לְכַלְבָּא
דְּנָשַׁךְ לְשׁוּנְרָא דְּאָכְלָה לְגַדְיָא
דִּזְבַן אַבָּא בִּתְרֵי זוּזֵי
חַד גַּדְיָא חַד גַּדְיָא

וַאֲתָא הַשּׁוֹחֵט וְשָׁחַט לְתוֹרָא דְּשָׁתָא לְמַיָּא
דְּכָבָה לְנוּרָא דְּשָׂרַף לְחֻטְרָא
דְּהִכָּה לְכַלְבָּא דְּנָשַׁךְ לְשׁוּנְרָא
דְּאָכְלָה לְגַדְיָא
דִּזְבַן אַבָּא בִּתְרֵי זוּזֵי
חַד גַּדְיָא חַד גַּדְיָא

וַאֲתָא מַלְאַךְ הַמָּוֶת וְשָׁחַט לְשׁוֹחֵט דְּשָׁחַט לְתוֹרָא
דְּשָׁתָא לְמַיָּא דְּכָבָה לְנוּרָא
דְּשָׂרַף לְחֻטְרָא דְּהִכָּה לְכַלְבָּא
דְּנָשַׁךְ לְשׁוּנְרָא דְּאָכְלָה לְגַדְיָא
דִּזְבַן אַבָּא בִּתְרֵי זוּזֵי
חַד גַּדְיָא חַד גַּדְיָא

וַאֲתָא הַקָּדוֹשׁ בָּרוּךְ הוּא וְשָׁחַט לְמַלְאַךְ הַמָּוֶת
דְּשָׁחַט לְשׁוֹחֵט דְּשָׁחַט לְתוֹרָא דְּשָׁתָא לְמַיָּא
דְּכָבָה לְנוּרָא דְּשָׂרַף לְחֻטְרָא דְּהִכָּה לְכַלְבָּא
דְּנָשַׁךְ לְשׁוּנְרָא דְּאָכְלָה לְגַדְיָא
דִּזְבַן אַבָּא בִּתְרֵי זוּזֵי
חַד גַּדְיָא חַד גַּדְיָא

נספחים

ענייני ערב פסח

ביעור חמץ בשריפה

המשנה (תמורה לג ע"ב) מחלקת את איסורי ההנאה הטעונים ביעור לשתי קבוצות: הנקברין והנשרפין. הנקברים הם כל איסורי ההנאה שאינם טעונים שריפה מדאורייתא. המשנה קובעת שאין לקבור את הנשרפים או לשרוף את הנקברים. לדעת חכמים (משנה פסחים כא ע"א), אין קפידא על אופן ביעור חמץ, אם בשריפה או בדרך אחרת. אם כך, חמץ נמנה על הנקברים. אלא שלפי זה שואל המגן אברהם (אורח חיים תמה, א): כיצד הותר לשרוף את החמץ?

הגר"א (אורח חיים תמה, א) סבור שגם לדעת חכמים מצווה מן המובחר לשרוף את החמץ דווקא. הגר"א מבאר שכך משמע מלשון המשנה, שלדעת חכמים "אף מפרר וזורה לרוח או מטיל לים" – דהיינו, זוהי אפשרות שנייה במעלה. עוד מעיר הגר"א שדיני ביעור חמץ נזכרים פעמים רבות בפרקים הראשונים של מסכת פסחים בלשון "שורפין", ולא נרמז שלדעת חכמים אין כלל צורך בשריפה דווקא. אם כן, חמץ שונה משאר הנקברים בכך שמוטב לשורפו, אף שישנן אפשרויות נוספות. את החמץ, אם כך, לא רק הותר לשרוף, אלא יש לשרוף אותו.

ניתן להשתמש בסברה זו לבאר הלכה נוספת. הגמרא (פסחים כא ע"ב) קובעת שחמץ שחרכו קודם זמן איסורו מותר ליהנות ממנו בפסח. חלק מן הראשונים (תוספות פסחים כא ע"ב ד"ה חרכו קודם

זמנו) סבורים שדין הגמרא אמור דווקא בחמץ שנעשה לא ראוי למאכל כלב, ורק אז הותר ליהנות ממנו בפסח. אחרים (רש"י פסחים כא ע"ב ד"ה לא צריכא) מעמידים את דין הגמרא במקרה שבו החמץ איבד מראה וטעם חמץ. הרמב"ם, לעומתם, אינו מסייג דין זה באחד מן האופנים האמורים: "ואם שרפו קודם שעה ששית הרי זה מותר ליהנות בפחמין שלו בתוך הפסח". נראה שלשיטתו, מכיוון שראוי לקיים השבתת חמץ באמצעות שריפה, החמץ הותר אם נשרף באופן מספיק, גם אם לא איבד את מראהו והוא עדיין ראוי למאכל. הטעם הוא ש"נעשית מצוותו": מאחר שנעשתה המצווה על חפצא של איסור, הופקע האיסור. מסתבר שמטעם זה מביא הרמב"ם דין זה בהלכות ביעור חמץ (הלכות חמץ ומצה ג, יא) ולא בהלכות חמץ שהופקע מאכילה או שעברה צורתו (הלכות חמץ ומצה ד, ח-יב).

אך לכל האמור ישנו תנאי הכרחי. מפורש בגמרא שלדעת חכמים חמץ שחרכו מותר רק אם חרכו קודם זמן איסורו בחצות היום של י"ד ניסן. אם חרכו לאחר זמן איסורו, החמץ נותר באיסורו. לדעת רבי יהודה, לעומת זאת, הוא הותר אם חרכו בכל זמן, גם לאחר זמן איסורו. אם יסוד הדין לדעת חכמים הוא שנעשית מצוותו, מכיוון שעיקר המצווה הוא לשרוף את החמץ, הרי שעל החמץ להיות מותר גם אם חרכו לאחר זמן איסורו. על כורחנו לומר שלדעת הרמב"ם (הלכות חמץ ומצה ב, א) מכיוון שמצוות "תשביתו" נוהגת רק קודם זמן איסור חמץ, רק אז עיקר דין הביעור הוא שריפת חמץ. לאחר שנאסר, ישנה מצווה לבער את החמץ בכל דרך, כדי לא לעבור על "בל יראה" – אך לאו דווקא בשריפה, מכיוון שכבר אין כאן קיום של "תשביתו". מכיוון שאין עדיפות לביעור החמץ בשריפה דווקא, אין כאן ההיתר של "נעשית מצוותו". רבי יהודה, לעומת זאת, לומד את החיוב לשרוף את החמץ מן החיוב לשרוף "נותר" בקדשים, והלא דין זה נוהג דווקא לאחר תחילת זמן האיסור – וממילא אם שורף את החמץ, גם לאחר זמן איסורו, הותר משום נעשית מצוותו.

הרמ"א (אורח חיים תמה, א) כותב שהמנהג לבער את החמץ

בשריפה ולא באופנים אחרים. הגר"א מעיר שהטעם שזהו מנהג בלבד הוא שאף אליבא דרבי יהודה החיוב לשרוף חמץ דווקא הוא לאחר זמן איסורו, ואם מבערו קודם לכן גם רבי יהודה מודה שאין צורך בשריפה דווקא (כשיטת התוספות בפסחים יב ע"ב ד"ה אימתי). אלא שהגר"א עצמו הלא כותב, כנזכר קודם, שלכולי עלמא עיקר המצווה לשרוף את החמץ, גם קודם זמן איסורו! על כורחנו שאף שעיקר המצווה הוא לשרוף את החמץ, ואם נשרף נחשב "נעשית מצוותו" והותר בהנאה, אין השריפה נחשבת אלא כרשות. מכיוון שכך, שריפת החמץ היא רק מנהג. (רשימות)

ערב פסח שחל בשבת

בערב הפסח, בי"ד ניסן, מצווה על האדם לבער את כל החמץ שברשותו. כשחל ערב פסח בשבת, דעת רבי מאיר (פסחים מט ע"א) היא שיש לבער את החמץ מלפני השבת, בי"ג ניסן, מלבד שיעור שתי סעודות שבת. הרמב"ם (הלכות חמץ ומצה ג, ג) והשולחן ערוך (אורח חיים תמד) הולכים בשיטת רבי מאיר. לגבי החמץ שנותר משבת אומרים הרמב"ם והשולחן ערוך שיש לבטלו ולכפות עליו כלי לכסותו עד לאחר יום טוב, ואז לבערו בחול המועד. רבי עקיבא איגר בהגהותיו לשולחן ערוך שואל מדוע להמתין עד לאחר יום טוב כדי לשרוף את החמץ במקום לזורקו בשבת עוד לפני זמן איסורו. רבי עקיבא איגר אומר שייתכן שחמץ הטעון ביעור אסור בטלטול, ומשאיר את העניין בצריך עיון.

ניתן ליישב את קושיית רבי עקיבא איגר בדרך הבאה. לדעת הרמב"ם, בעצם העובדה שרבי מאיר מחייב לבער את החמץ בי"ג ניסן קודם שבת, עולה שהוא סבור שאין לקיים מצוות השבתת חמץ בשבת. רבי מאיר מתיר להשהות מזון שתי סעודות, אך לא לבער חמץ בשבת, שכן זה אסור מדרבנן.

הסברה לאסור ביעור חמץ בשבת מקבילה לסברה לאסור ביעור חלה שנטמאה. המשנה (ביצה כז ע"ב) קובעת שחלה שנטמאה אסורה בטלטול ביום טוב. רש"י מסביר שאף שמותר להאכיל חלה טמאה

לבהמתו, אסור להאכיל חלה טמאה לבהמתו ביום טוב מכיוון שישנו איסור לבער קודשים שנטמאו ביום טוב. רש"י מסביר שעצם העובדה שהתורה מצווה לבער קודשים שנטמאו גורמת לכך שביעורם נקרא מלאכה, וככזו היא אסורה ביום טוב מדאורייתא. סברתו של רש"י שייכת גם לגבי ביעור חמץ לשיטת הרמב"ם. העובדה שהצריכו חכמים לבער את החמץ קודם שבת מצביעה על כך שביעור כזה נחשב איסור דרבנן, ולפיכך אסור בשבת.

(רשימות)

מלקות בבל יראה ובל יימצא

הכלל הוא שאדם העובר על לאו הניתק לעשה פטור ממלקות, והגמרא (פסחים צה ע"א) קובעת שמי שלא ביער את חמצו קודם הפסח פטור ממלקות, כי הלאווין "בל יראה ובל יימצא" ניתקים לעשה של "תשביתו". לאור זאת, פְּסק הרמב"ם (הלכות חמץ ומצה א, ג) שאדם שקנה חמץ בפסח חייב מלקות, נסתר לכאורה מן הגמרא. כדי ליישב קושיה זו הסביר הגר"ח שהמצווה של "תשביתו" היא באמת לאו הבא מכלל עשה. אף ש"תשביתו" מנוסח כמצווה בקום ועשה, אין בו לדעת הגר"ח מעשה מצווה – אלא מתוך הפסוק עולה האיסור שיהיה חמץ ברשותו של אדם, וזהו "איסור עשה". מכיוון שכך, הלאווים של בל ייראה ובל יימצא אינם נקראים ניתקים לעשה, כי אין זה עשה רגיל.

המשנה (פסחים ב, א) מביאה את מחלוקת רבי יהודה וחכמים לגבי הדרך הראויה לביעור חמץ. רבי יהודה אומר שאין ביעור חמץ אלא שריפה, ולחכמים אף מפרר וזורה לרוח או מטיל לים. לדעת רבי יהודה, ביעור חמץ אינו רק דרך להימנע מלעבור על בל ייראה ובל יימצא – כי אם כך, היה מודה לחכמים שיכול לבער בכל דרך ובלבד שלא יימצא ברשותו בפסח; אלא לשיטתו, ביעור חמץ הוא קיום מצווה, ולכן בל ייראה ובל יימצא ניתקים לעשה של השבתת חמץ. לדעת חכמים, לעומת זאת, המטרה היא שלא יהיה חמץ ברשותו של אדם, ולפיהם אין כאן קיום מצווה ולכן יכול לבער בכל דרך שיבחר. לשיטתם, אם כך, אין עשה שהלאווים של בל ייראה ובל יימצא ניתקים לו ולכן העובר על הלאווים יתחייב

מלקות. דברי הגמרא בפסחים צה ע"א שהמחזיק חמץ ברשותו בפסח פטור ממלקות, הם לשיטת רבי יהודה, בעוד שהרמב"ם פסק כחכמים.

אם כדברי הגר"ח ש"תשביתו" הוא איסור עשה, יש לשאול מדוע אנו מברכים בערב פסח על בדיקת חמץ, שהרי אין מברכים על מצווה שכל עניינה הוא להימנע מאיסור. התשובה נעוצה בהבחנה חשובה בין אופייה של מצוות "תשביתו" קודם חצות של י"ד ניסן, שאז החמץ מותר להיות ברשותו של האדם, לבין "תשביתו" לאחר חצות של י"ד בניסן. הרמב"ן (בתחילת פסחים) מסביר שכפי שחז"ל דורשים מהמילה "אך" (שמות יב, טו) שיום י"ד נחלק לשניים, בחציו הראשון מותר להחזיק חמץ ברשותו ובחציו השני אסור – כך אנו למדים שיש לבער את החמץ מרשותנו לפני חצות היום. אם כך, עד חצות היום "תשביתו" הוא קיום עשה ועל קיום עשה ראוי לברך, והלוא הבדיקה והביעור נעשים קודם חצות היום. איסורי בל ייראה ובל יימצא חלים רק בפסח, ובאותה העת "תשביתו" כבר הפך לאיסור עשה.

לחלופין, אף אם נאמר שהלאווים של בל ייראה ובל יימצא ניתקים לעשה ד"תשביתו", ייתכן שישנו טעם אחר לחיוב מלקות. הרמב"ם (הלכות תמורה א, א) כותב שאדם שעבר והמיר חייב מלקות, אף שהלאו של "לא ימיר" ניתק לעשה של "והיה הוא ותמורתו יהיה קודש" (ויקרא כז, י) מכיוון שבתמורה ישנם שני לאווין, "לא יחליפנו" (ויקרא כז, י) ו"לא ימיר" (שם). רק אחד מן הלאווין יכול להיות ניתק לעשה, ואת המלקות מתחייב העובר על הלאו השני. גם המשאיר חמץ ברשותו בפסח עובר בשני לאווין, בל ייראה ובל יימצא. רק אחד מהם יכול להיות ניתק לעשה של "תשביתו", וממילא הקונה חמץ מתחייב מלקות.

תירוץ זה עדיין קשה, משום שהגמרא (פסחים צה ע"א) אומרת בפירוש שאינו מתחייב מלקות על אף אחד מהלאווים מכיוון שהם ניתקים לעשה. לרבנו חננאל גרסה אחרת בגמרא, ולגרסתו המחזיק חמץ ברשותו אינו לוקה כי זהו "לאו שאין בו מעשה". אין ספק שזו הייתה גרסת הרמב"ם בגמרא, ולכן אם עבר על בל ייראה ובל יימצא ועשה מעשה, למשל שקנה חמץ בפסח, יתחייב מלקות.

(רשימות)

הכשר כלים לפסח

הרמב"ם (הלכות חמץ ומצה ה, כג) כותב: "כלי מתכות וכלי אבנים שנשתמש בהן חמץ ברותחין בכלי ראשון, כגון קדרות ואלפסין, נותן אותן לתוך כלי גדול של מים וממלא עליהן מים ומרתיחן בתוכו עד שיפלטו ואח"כ שוטף אותן בצונן ומשתמש בהן במצה. וכן הסכינין, מרתיח את הלהב ואת הנצב בכלי ראשון ואח"כ משתמש בהן במצה". במגיד משנה שם ציין: "ושפודין ואסכלאות לא נתבאר דינן בגמ' לענין חמץ בפסח, ונחלקו בו המפרשים ז"ל, יש מי שאומר שדינן כדין שאר איסורין וצריכין לבון, ויש מי שאומר שכיון שמה שבלעו היה היתר, די בהגעלה. ואפשר שזהו דעת רבנו שהזכיר כאן בסכינין הגעלה, ובפרק י"ז מהלכות מאכלות אסורות בלוקח סכין מן העכו"ם הצריכן לבון, ולא הזכיר כאן לבון כלל". הרי שהרב המגיד מבאר שלפי הרמב"ם חמץ נחשב כהיתרא בלע, ולכן די בהגעלה, ממה שלא הזכיר הרמב"ם ליבון לגבי חמץ, וכן נראה בדעת הרמב"ם.

ובהלכות מעשה הקרבנות (ח, יד) פוסק הרמב"ם ש"כל הכלים שמשתמשין בהם בקדשים ע"י חמין בין קדשי קדשים בין קדשים קלים טעונין מריקה ושטיפה עקב אכילה וכו', וימרק וישטוף הכלי, בין כלי מתכות בין כלי חרס, חוץ מן החטאת, ששובר בה כלי חרס". הראב"ד שם השיג: "לא ידעתי מהו עקב אכילה, אבל כך אמרו חכמים שממתין כל זמן אכילה והדר עביד מריקה ושטיפה, ומה שאמר בכלי חרס טעון מריקה ושטיפה טעות הוא בידו ובהדיא בתוספתא שאין טעון אלא שבירה". הרי שהרמב"ם סבור שמועיל מריקה ושטיפה בשאר קודשים, אפילו בכלי חרס, ורק בחטאת ישנה מצווה בפני עצמה שהכלי טעון שבירה, והראב"ד חולק שאף בשאר קודשים כלי חרס טעון שבירה, שאין מריקה ושטיפה מועלת כלל בכלי חרס. ובאמת תמוה איך תועיל מריקה ושטיפה בכלי חרס בשאר קודשים לפי הרמב"ם, שהרי בגמרא (פסחים ל ע"ב) אמרו ש"התורה העידה על כלי חרס דאין האיסור יוצא מדפיו לעולם".

ותירץ על זה הגר"ח שהרי הרמב"ם סובר שמצוות מריקה ושטיפה באה קודם הזמן שנעשה הבשר הבלוע נותר, ואם כן הבשר הבלוע הוא

"היתרא בלע", והרמב"ם סובר שהגעלה תועיל אף בכלי חרס בהיתרא בלע, שמה שבחטאת צריך שבירה הוא משום המצווה שישנה מצווה בפ"ע שחייב לשבור הכלי במקום קדוש. וקשה על דברי הגר"ח מהגמרא פסחים דף ל ע"ב, שהתורה העידה על כלי חרס שאין האיסור יוצא מידי דפיו לעולם, והמקור לזה הוא ממה שבכלי חרס אין מועיל מריקה ושטיפה אלא צריך שבירה, ולפי הרמב"ם מועיל מריקה ושטיפה בכלי חרס, ורק שבחטאת ישנה מצווה בפ"ע של שבירה, וא"כ מה העדות שהעידה תורה.

וצריכים לומר שמה שמועילה הגעלה לפי הרמב"ם בהיתרא בלע ולא באיסורא בלע הוא משום שאף לאחר ההגעלה נשאר טעם קלוש, אלא שבהיתרא בלע האיסור אינו חל על הך טעם קלוש שנשאר, אבל אילו היה יוצא כל הטעם על ידי ההגעלה, הרי לא היה מקום למצוות שבירה בכלי חרס, שמצוות שבירה חלה רק על כלי שיש בו איזה טעם חטאת, ואף דהוי טעם קלוש מ"מ חלה מצוות שבירה שעדיין נחשב ככלי שנתבשל בו חטאת הואיל ויש בו טעם חטאת, וזהו מה שהוכיחו בגמרא דבכלי חרס אין הטעם יוצא לגמרי מדפיו, ונשאר טעם קלוש דאם לא כן לא היה מקום למצוות שבירה בכלי חרס שנתבשל בו חטאת.

ולפי זה, יוצא שלפי הרמב"ם תועיל הגעלה אף בכלי חרס בהיתרא בלע, וכגון בכלי שנתבשל בו חלב או בשר. ועיין בשו"ת רבי עקיבא איגר (סימן מט) שהביא סברה זו שתועיל הגעלה בכלי חרס במקום של היתרא בלע, ודחה אותה, שהרי הדין הוא שקדירות של חרס בפסח יישברו, ואין הגעלה מועלת, אף שלפי הרבה ראשונים חמץ נחשב כהיתרא בלע. וראיית רבי עקיבא איגר תקשה להרמב"ם, שלדעת הרמב"ם יש הגעלה בכלי חרס דהיתרא בלע, וא"כ למה באמת קדירות בפסח יישברו (פסחים ל ע"ב) כיוון שנראה שהרמב"ם סובר שחמץ קודם הפסח נחשב היתרא בלע.

ונראה לבאר שהרמב"ם כותב גבי כלי חמץ, שאחר ההגעלה בחמין שוטף הכלי בצונן. ועיין במגיד משנה ובהגהות מיימוניות שמקורו של הרמב"ם הוא מדין מריקה ושטיפה בקודשים, שמריקה היא בחמין ושטיפה בצונן (זבחים צז ע"א). אלא שקשה על זה, שבהלכות מאכלות

אסורות (יז, ד) לגבי דין הכללי של הגעלת כלים, לא הצריך הרמב"ם שטיפה אחר ההגעלה, ומאי שנא שלגבי פסח הצריך שטיפה לבסוף.

והמוכח מזה דשאני דין הכשר כלים לגבי פסח מדין הכשר כלים בשאר איסורים, דגבי פסח מלבד דין הגעלה להפליט האיסור יש דין מסוים שההגעלה והכשר הכלי מתירים השתמשות בפסח בכלי שנשתמש בו בחמץ, ולכן לדעת הרמב"ם דיני הכשר כלים לפסח נלמדים מדין מריקה ושטיפה של קודשים, שגם שם יש חלות הכשר החלה על עצם הכלי מלבד הדין של הגעלה להפליט האיסור, שהרי לעניין מריקה ושטיפה בקודשים הגמרא בזבחים שם שואלת אם גם בבישול בלא שום בליעה צריכים מריקה ושטיפה. ואף שלגבי קודשים מריקה ושטיפה מהווים קיום מצווה, ולגבי פסח אינן אלא דין של היתר הכלי, מ"מ למדים מקודשים לפסח לעניין שצריכים חלות הכשר על הכלי.

ועל פי הנ"ל יש לבאר למה הקדירות בפסח טעונים שבירה ואי אפשר להגעילן, שכיוון שטעם קלוש נשאר בכלי לאחר ההגעלה, הרי חל על הכלי שם כלי של חמץ, ואסור להשתמש בכלי זה בפסח. ואף שבשאר איסורים היה מועיל הגעלה בכלי חרס שבלע היתרא לדעת הרמב"ם, מ"מ לעניין פסח יש דין מסוים שאין להשתמש בכלי שחל עליו שם חמץ, שבפסח צריכים לא רק הכשר הכלי על ידי שמפליט האיסור שבו אלא גם צריכים להתיר ההשתמשות בכלי, ולכן צריכים גם שטיפה לבסוף, אבל בכלי חרס דאין הטעם יוצא מדפיו לעולם אסור להשתמש בו בפסח.

והנה ביאור זה בדברי הרמב"ם שבכלי חרס לא מהני הגעלה להשתמש בכלי בפסח, שיש דין מסוים שאף בהיתרא בלע אין ההגעלה מתירה את ההשתמשות בכלי, הרי הדברים מפורשים ביוצר לשבת הגדול: "ענדו אגני והציעי דקונא ופחרא, אף על גב דמפליט להו שפיר לאשתמושי בהו אסירא". "קוניא" ו"פחרא" הם שמות לכלי חרס (עיין ברש"י פסחים ל ע"א, ובתענית ז ע"א ורש"י שם), הרי מבואר בפירוש שאף שמפליט את האיסור היטב מ"מ הורו חכמים, פירוש לשון ענדו, שיש איסור בפ"ע להשתמש באלו הכלים. ומקורו של הרמב"ם לחידוש זה בהכשר כלים לפסח נראה שהוא ממה שהגמרא פוסקת שקדירות

בפסח ישברו, ואין מועילה הגעלה אף שסובר הרמב"ם בדרך כלל שמועיל הגעלה אפילו בכלי חרס בהיתרא בלע.

וביוצר של שבת הגדול: "סכיני דאשתמש בהו חמירא לארוחין, אם אפשר לעשותן חדשים הם משובחין, ואם לא מגעילן ברותחין ובכלי ראשון הם מצוחצחין". לכתחילה, טוב להשתמש בכלים חדשים, ואם לאו מגעילן והכלים נחשבים כחדשים. וכן מובא במגן אברהם (אורח חיים תנא, ו): "משמע בגמ' דאפילו מאן דאפשר לקנות חדשים מותר להגעילן, והפייט יסד אם אפשר לעשות חדשים הן משובחין סבירא ליה דהכי קאמר, אנא כעין חדתא קאמינא למאן דלא אפשר ליה, לכן מוטב לקנות חדשים". והנה לא מצינו בשאר איסורים שלכתחילה אין להגעיל כלים, אלא נראה שזהו דין הנאמר דווקא בפסח, מכיון שבפסח ההגעלה לא רק מפליטה האיסור אלא גם מתירה ההשתמשות בכלי, ועל ידי ההגעלה מפקיע שם כלי חמץ ומתיר השתמשותו במצה. ולכן לפסח צריכים לזה שעל ידי ההגעלה נחשב "כעין חדתא", שזהו דין מסוים לגבי פסח שההגעלה מפקיעה שם חמץ מן הכלי.

ונראה שלכן דייק הרמב"ם וכתב (הלכות חמץ ומצה ה, כג): "ואחר שוטף אותן בצונן ומשתמש בהן במצה וכן הסכינין מרתיח וכו' בכלי ראשון ואח"כ משתמש בהן במצה". וכן דייק הרמב"ם בלשונו בהלכה כד-כו: "וכן משתמש בהן במצה", שההגעלה מתירה ההשתמשות בכלי, וזהו ביאור דברי הרמב"ם, "משתמש בהן במצה".

וברמב"ם בהלכה כד: "כלי מתכות ואבנים וכלי עצים שנשתמש בהן חמץ בכלי שני, כגון קערות וכוסות, נותן לתוך כלי גדול ונותן עליהן מים רותחין ומניחן בתוכו עד שיפליטו ואח"כ שוטפו ומשתמש בהן במצה". ובהלכות מאכ"א לא מצינו שיזכיר הרמב"ם כלי שנשתמש בכלי שני שיהא אסור, ובמג"א כתב דמה דקאמר הרמב"ם כלי שני היינו עירוי כלי ראשון, אבל י"ל דהרמב"ם סובר שאף שכלי שני בשאר איסורים אינו נאסר, אבל גבי פסח שתלוי בהשתמשות הכלי, אפילו בכלי שני אוסר.

והנה ברוב שנים בשבת הגדול קוראים בפרשת צו, ונראה הטעם משום שבפרשת צו נכללו דיני מריקה ושטיפה, וכיוון שדין הכשר

כלים לפסח מבוסס על דיני מריקה ושטיפה, לכן קוראים דווקא פרשה דמריקה ושטיפה קודם הפסח. וכן הוא באבודרהם (מובא באליהו רבה, אורח חיים תכח) שקוראים בפרשת צו שיש בו עניין מריקה ושטיפה ודיני הכשר כלים של פסח נלמדין מדין מריקה ושטיפה של קודשים.

(רשימות)

איסור אכילה בערב פסח

המשנה (פסחים י, א) קובעת שאין לאכול בערבי פסחים "סמוך למנחה" עד שתחשך. רש"י (פסחים צט ע"ב) מסביר שאיסור האכילה מאפשר לאכול מצה לתיאבון בליל פסח, וזהו הידור מצווה.

המושג של הידור מצווה נלמד מהכתוב "זה אלי ואנוֵהו" (שמות טו, ב). הידור מצווה נתפס לעתים קרובות כשייך דווקא לחפצא שבו מקיימים את המצווה. כך למשל מביאה הגמרא דוגמאות לדין הידור: "סוכה נאה, לולב נאה, שופר נאה, ציצית נאה, ספר תורה נאה" (שבת קלג ע"ב).

אבל איסור האכילה בערב פסח מלמדנו, לפי רש"י, שהידור מצווה שייך גם באופן קיום המצווה. בדומה לכך מצאנו במצוות כיסוי הדם, שיש לכסות ביד או בכלי, בדרך כבוד, ולא ברגל בדרך ביזיון (חולין פז ע"א). אנו רואים אם כך שעלינו לא רק להדר את החפצא של המצווה, אלא גם את אופן קיומה.

(רשימות)

אפיית מצה בערב פסח

הטור (אורח חיים תנח) אומר שראוי לאפות מצה לאחר חצות היום של י"ד ניסן, בזמן הקרבת קרבן פסח. דבר זה נובע מההשוואה שעושה רבא בין מצה לבין קרבן פסח (ראו פסחים קכ ע"ב). כאשר חל ערב פסח בשבת ונאסרת האפייה, מביא המרדכי (פסחים תקמג) את דעת הר"ש משאנץ שאין לאפות מצה מערב שבת, אלא לאפות אותה בליל הסדר עצמו במוצאי שבת. שיטה זו טעונה ביאור, מכיוון שזהו לאחר זמן הקרבת קרבן פסח. מה העניין לאפות את המצה בלילה, לאחר זמן הקרבה?

אנו לומדים מהכתוב "ושמרתם את המצות" (שמות יב, יז) שהמצה טעונה שימור מחמץ ולשם מצווה. השימור שייך דווקא במצה, ושם מצה שייך דווקא מתוך הניגוד לחמץ.

הכתוב אומר "לא תשחט על חמץ דם זבחי" (שמות לד, כה). פסוק זה מלמד שאיסור חמץ שייך להקרבת קרבן פסח. בהתאם לכך, ההבדל בין חמץ ומצה מתחיל עם זמן הקרבת קרבן פסח, בחצות היום של י"ד ניסן. לפני זמן זה אין משמעות להבדל בין חמץ ומצה, ולא יכול להיווצר שם מצה. מכיוון שכך, כשחל ערב פסח בשבת לא ניתן לאפות מצה בערב שבת מכיוון שבזמן זה עוד לא חל איסור חמץ וההבדלה בין חמץ ומצה. יש לחכות עד מוצאי שבת, כאשר קיימת ההבדלה בין חמץ ומצה, על מנת להחיל שם מצה. ההשוואה בין מצה לקרבן פסח אליבא דהר"ש משאנץ מלמדת אותנו שרק לאחר התחלת זמן איסור חמץ, שהוא עצמו נובע מזמן הקרבת קרבן פסח, יכול שם מצה לחול.

(רשימות)

שיר השירים

א א ב שִׁיר הַשִּׁירִים אֲשֶׁר לִשְׁלֹמֹה׃ יִשָּׁקֵנִי מִנְּשִׁיקוֹת פִּיהוּ כִּי־טוֹבִים דֹּדֶיךָ מִיָּיִן׃

שִׁיר הַשִּׁירִים

אופיו האליגורי של שיר השירים מהווה יסוד מוצק בהלכה, שעליו מתנוססת קדושת כתבי הקודש החופפת על מגילה זו וקדושת השם (כינויים) הכרוכה בשם שלמה – מלך שהשלום שלו. גם האגדה מפרשת את שיר השירים מבחינה סמלית.

שיר השירים הוא שיר הדיאלקטיקה האלוהית־אונטית היותר נהדרת והיותר מתמיהה. הוא שיר היצירה ושיר יוצרה בכלל, ושיר האומה ושיר אלוהיה בפרט.

כמהה השולמית שזופת השמש – היצירה – בת קיום שפל ועכור, אל בחיר לבבה – האלוהים.

אוהב הדוד־היוצר את רעייתו־יצירתו.

לכד הצור את לבב יצירתו וישב חי העולמים את נשמת כל חי.

נשבע הצור ליצירה, כי לא יטשנה ולא יזנחנה. ליבבה היצירה את הצור באחת מעיניה הנשקפות על פני הנצח. ליבבה הסופיות את האין־סוף באחד ענק מצווארה.

אוהב הבורא את בריאתו ובכל זאת יתלונן בסתר, בצל.

מתאוות הבריאה אל הבורא ואף־על־פי־כן את דלתות אוהלה לא תפתח!

(ובקשתם משם)

התואר קודש קדשים, אשר בו משתמשת המשנה במסכת ידים (ג, ה) ביחס לשיר השירים ("אמר רבי עקיבא, ח"ו, לא נחלק אדם מישראל על שיר השירים

לְרֵיחַ שְׁמָנֶיךָ טוֹבִים שֶׁמֶן תּוּרַק שְׁמֶךָ עַל־כֵּן עֲלָמוֹת אֲהֵבוּךָ׃ מָשְׁכֵנִי ג ד
אַחֲרֶיךָ נָּרוּצָה הֱבִיאַנִי הַמֶּלֶךְ חֲדָרָיו נָגִילָה וְנִשְׂמְחָה בָּךְ נַזְכִּירָה דֹדֶיךָ
מִיַּיִן מֵישָׁרִים אֲהֵבוּךָ׃ שְׁחוֹרָה אֲנִי וְנָאוָה בְּנוֹת יְרוּשָׁלִָם כְּאָהֳלֵי ה
קֵדָר כִּירִיעוֹת שְׁלֹמֹה׃ אַל־תִּרְאוּנִי שֶׁאֲנִי שְׁחַרְחֹרֶת שֶׁשְּׁזָפַתְנִי הַשָּׁמֶשׁ בְּנֵי ו

שלא תטמא את הידים, שאין כל העולם כולו כדאי כיום שניתן בו שיר השירים לישראל, שכל הכתובים קודש, ושיר השירים קודש קדשים") מכוון כלפי הסמליות האלוהית המתוארת בה. ברם, תואר זה מבטא עיקרון הלכתי: מגילה זו לא ניתנה להתפרש כפשוטה. בכל התורה כולה מותר לנו לפרש את הפסוקים בין כמדרשם ובין כפשוטם. פשוטו של מקרא מהווה חפצא של תורה. בשיר השירים נתמעט הפשט המילולי מחלות שם תורה, ואת מקומו ירש מדרש הכתובים. המיתודה הסימלית יחידה היא. כל המבאר מגילה זו על פי פשוטם של הכתובים ביחס לאהבה חושנית, מחלל קדושתה וכופר בתורה שבעל פה.

(ובקשתם משם)

מָשְׁכֵנִי אַחֲרֶיךָ נָּרוּצָה

אין לך פינת סתרים במציאות טבע ורוח, שאין תודעת האדם ההומה אל דודה מציצה לתוכה ומפשפשת בה. מתחקה היא על ניצני הטרנסצנדנטיות המתגלים מפעם לפעם בארץ ציה וצלמות. אין בקשה זו כמיהה רומנטית של פליטי החילוניות היום־יומית והחדגונית. נטועה היא בקרקע תודעת התרבות הכללית. בשר ודם עורג להחלץ מן המיצר של עולם מוגבל ומותנה ולצאת למרחביה אל־סופי ובלתי־תלוי. חיפוש זה הוא פעולת התנשאות על־עצמית (self-transcendence), שהיא באמת תמציתה של העליה התרבותית של האדם.

(ובקשתם משם)

שְׁחוֹרָה אֲנִי וְנָאוָה

האדם אינו מסוגל לבוא לידי תשובה אם אין בו האומץ להאשים ולגנות את עצמו. אין חרטה ללא הכרת חטא. מאידך גיסא, אין לתאר הכרת החטא וקבלה להבא אם אין לו לאדם אמונה בסגולות היצירה שלו, ואיננו מאמין בכישרונותיו ובכוחות הנפש שלו שיסייעו בידו לקדש את עצמו.

ז אִמִּי נִחֲרוּ־בִי שָׂמֻנִי נֹטֵרָה אֶת־הַכְּרָמִים כַּרְמִי שֶׁלִּי לֹא נָטָרְתִּי׃ הַגִּידָה לִּי
שֶׁאָהֲבָה נַפְשִׁי אֵיכָה תִרְעֶה אֵיכָה תַּרְבִּיץ בַּצָּהֳרָיִם שַׁלָּמָה אֶהְיֶה כְּעֹטְיָה
ח עַל עֶדְרֵי חֲבֵרֶיךָ׃ אִם־לֹא תֵדְעִי לָךְ הַיָּפָה בַּנָּשִׁים צְאִי־לָךְ בְּעִקְבֵי הַצֹּאן
ט וּרְעִי אֶת־גְּדִיֹּתַיִךְ עַל מִשְׁכְּנוֹת הָרֹעִים׃ לְסֻסָתִי בְּרִכְבֵי פַרְעֹה
י יא דִּמִּיתִיךְ רַעְיָתִי׃ נָאווּ לְחָיַיִךְ בַּתֹּרִים צַוָּארֵךְ בַּחֲרוּזִים׃ תּוֹרֵי זָהָב נַעֲשֶׂה־לָּךְ
יב יג עִם נְקֻדּוֹת הַכָּסֶף׃ עַד־שֶׁהַמֶּלֶךְ בִּמְסִבּוֹ נִרְדִּי נָתַן רֵיחוֹ׃ צְרוֹר הַמֹּר ׀ דּוֹדִי
יד טו לִי בֵּין שָׁדַי יָלִין׃ אֶשְׁכֹּל הַכֹּפֶר ׀ דּוֹדִי לִי בְּכַרְמֵי עֵין גֶּדִי׃ הִנָּךְ
טז יָפָה רַעְיָתִי הִנָּךְ יָפָה עֵינַיִךְ יוֹנִים׃ הִנְּךָ יָפֶה דוֹדִי אַף נָעִים אַף־עַרְשֵׂנוּ
יז ב א רַעֲנָנָה׃ קֹרוֹת בָּתֵּינוּ אֲרָזִים רחיטנו בְּרוֹתִים׃ אֲנִי חֲבַצֶּלֶת הַשָּׁרוֹן שׁוֹשַׁנַּת רָהִיטֵנוּ
ב ג הָעֲמָקִים׃ כְּשׁוֹשַׁנָּה בֵּין הַחוֹחִים כֵּן רַעְיָתִי בֵּין הַבָּנוֹת׃ כְּתַפּוּחַ בַּעֲצֵי הַיַּעַר

אם אדם סבור שהוא חסר ישע וממילא משועבד לכוחות טבע מכניים; אם אינו משוכנע בחירות המעשה של האדם, הרי איננו מסוגל לחוש את אשמתו ואין מקום לצפות שהוא ישתנה. כל וידוי מתבטא בקריאה: "שחורה אני ונאוה". אם אין רואים את ה"נאוה", אי־אפשר גם להבחין ב"שחורה". החוטא חייב לראות את עצמו משתי זוויות־ראות מנוגדות – ביטול היש וגדלות היש. לכן שבחו של אדם, כגנותו, הוא חלק מהווידוי.

(חמש דרשות)

הַגִּידָה לִּי שֶׁאָהֲבָה נַפְשִׁי

הרמב"ם כותב בהלכות תשובה (י׳, ג) שכל שיר השירים הוא משל לאהבת האדם לאלוקיו. בפסוק זה, ה׳ הוא הרועה והאהובה חולת געגועים אליו. האהובה שואלת: "איכה תרעה? איכה תרביץ בצהריים?" כשהשמש קופחת מעל, אנו מבקשים מחסה והגנה מאת ה׳. הצאן אמור להיות עם הרועה, אבל כאן יש מצב משונה מאוד. יש כאן רועה, גבוה ונראה לעין, לא רחוק מכולנו, אבל למרות זאת, כשעדרו מתקרב אליו, הוא נעלם. למה, שואלת כנסת ישראל, שמא אהיה כעוטייה, כמו אלמנה המשוטטת לה ואין איש שיפגין כלפיה חמלה?

(צדיק ה׳ בכל דרכיו)

ד כֵּן דּוֹדִי בֵּין הַבָּנִים בְּצִלּוֹ חִמַּדְתִּי וְיָשַׁבְתִּי וּפִרְיוֹ מָתוֹק לְחִכִּי: הֱבִיאַנִי אֶל־
ה בֵּית הַיָּיִן וְדִגְלוֹ עָלַי אַהֲבָה: סַמְּכוּנִי בָּאֲשִׁישׁוֹת רַפְּדוּנִי בַּתַּפּוּחִים כִּי־חוֹלַת
ו ז אַהֲבָה אָנִי: שְׂמֹאלוֹ תַּחַת לְרֹאשִׁי וִימִינוֹ תְּחַבְּקֵנִי: הִשְׁבַּעְתִּי אֶתְכֶם בְּנוֹת
יְרוּשָׁלִַם בִּצְבָאוֹת אוֹ בְּאַיְלוֹת הַשָּׂדֶה אִם־תָּעִירוּ ׀ וְאִם־תְּעוֹרְרוּ אֶת־
ח הָאַהֲבָה עַד שֶׁתֶּחְפָּץ: קוֹל דּוֹדִי הִנֵּה־זֶה בָּא מְדַלֵּג עַל־הֶהָרִים

כִּי־חוֹלַת אַהֲבָה אָנִי

היהודי מתלהב מכל תופעה ותופעה. אין שיגרה לפניו. הכול הוא בגדר פלאי פלאים. הוא מתפעל מן הכול, מן החדש והבלתי נודע וגם מן היום־יומי והרגיל. בכול הוא רואה זיו השכינה ועל הכול הוא מברך. הרעיה יוצאת תמיד עם נגוהות כל שחר ושחר, עם כל קריצת עין של כוכבי אור בערבים, עם ניד עפעפיה הנרדמים מדי לילה בלילו ועם פקיחת עיניה בבוקר בבוקר, לקראת הדוד הצח והאדום המשקיף מן הנגוהות ומן אור הכוכבים, מן העייפות ומן המנוחה! הברכה מסמנת תמיד שעת רצון, שעה נשגבה וגדולה בעד המברך, שבה הוא זוכה בראייה עמוקה והסתכלות חדה דרך אשנב פלאים הנקרע ביד נעלמה לעולם שכולו טוב ונאה וכולו פלא . ההלכה אומרת: אשרי היצור הנפגש עם היוצר בשבילי עולם מדי פעם בפעם בלקחו מעט מים ללגימה ופת לחם לטעימה. אשרי הגבר שה׳ הוא אלוהיו בכל עת שהוא משתמש בחושיו ונהנה מהם.

(ובקשתם משם)

הרמב"ם ורש"י חולקים ביניהם בשאלה כיצד לפרש את המטאפורה של שיר השירים. הרמב"ם (הלכות תשובה י, ג) מתייחס אליה כאל מטאפורה לחוויה הדתית האקסטטית של היחיד, לרמת האהבה שאדם נדרש לחוש כלפי אלוקיו. הוא כותב: "שיאהב את ה׳ אהבה גדולה יתרה עזה מאוד עד שתהא נפשו קשורה באהבת ה׳ ונמצא שוגה בה תמיד כאלו חולה חולי האהבה, שאין דעתו פנויה מאהבת אותה אשה והוא שוגה בה תמיד בין בשבתו בין בקומו בין בשעה שהוא אוכל ושותה, יתר מזה תהיה אהבת ה׳ בלב אוהביו שוגים בה

ט מְקַפֵּץ עַל־הַגְּבָעוֹת: דּוֹמֶה דוֹדִי לִצְבִי אוֹ לְעֹפֶר הָאַיָּלִים הִנֵּה־זֶה עוֹמֵד
י אַחַר כָּתְלֵנוּ מַשְׁגִּיחַ מִן־הַחַלֹּנוֹת מֵצִיץ מִן־הַחֲרַכִּים: עָנָה דוֹדִי וְאָמַר לִי
יא קוּמִי לָךְ רַעְיָתִי יָפָתִי וּלְכִי־לָךְ: כִּי־הִנֵּה הַסְּתָו עָבָר הַגֶּשֶׁם חָלַף הָלַךְ לוֹ:
יב יג הַנִּצָּנִים נִרְאוּ בָאָרֶץ עֵת הַזָּמִיר הִגִּיעַ וְקוֹל הַתּוֹר נִשְׁמַע בְּאַרְצֵנוּ: הַתְּאֵנָה
חָנְטָה פַגֶּיהָ וְהַגְּפָנִים ׀ סְמָדַר נָתְנוּ רֵיחַ קוּמִי לְכִי רַעְיָתִי יָפָתִי וּלְכִי־ לָךְ
יד לָךְ: יוֹנָתִי בְּחַגְוֵי הַסֶּלַע בְּסֵתֶר הַמַּדְרֵגָה הַרְאִינִי אֶת־מַרְאַיִךְ

תמיד, כמו שצונו בכל לבבך ובכל נפשך. והוא ששלמה אמר דרך משל 'כי חולת אהבה אני' (ב, ה), וכל שיר השירים משל הוא לענין זה".

רש"י, לעומתו, מסביר בהקדמתו לשיר השירים שהמגילה היא משל לקשר בין עם ישראל לקדוש ברוך הוא. כך, למשל, את הפסוק "מי זאת עולה מן המדבר" (ג, ו) מסביר רש"י כמתייחס לבני ישראל כשהלכו אחרי ה' במדבר לאחר יציאת מצרים, והפסוק "ביום חתונתו" (ג, יא) מתייחס לקשר המיוחד שנרקם בין ה' ובין בני ישראל עם קבלת התורה.

לאמיתו של דבר, שני הפירושים מכוונים לאותו רעיון יסודי: הקשר בין ה' והעולם. אך הקשר מתבטא בשני אופנים. כשם שה' רוצה לדבוק ביחיד, כך הוא רוצה גם לקדם את שכינתו בתוך הציבור, בקהילה הנבחרת ובאומה הייחודית.

(רשימות)

אַחַר כָּתְלֵנוּ

הכותל המערבי אינו מוזכר לא בתלמוד הבבלי ולא בתלמוד הירושלמי, והוא בקושי נזכר בדברי הראשונים. במכתבו של הרמב"ם, למשל, המתאר את בואו לירושלים, כתוב רק "ונכנסתי לבית הגדול והקדוש והתפללתי בו". המדרש מדבר על הכותל המערבי בקשר לפסוק משיר השירים: "הנה זה עומד אחר כתלנו, משגיח מן החלונות, מציץ מן החרכים" (ב, ט). אומר המדרש (שמות רבה ב, ב) שהכותל שבפסוק הוא הכותל המערבי. השכינה נמצאת מאחורי הכותל, ולא עזבה את הר הבית.

(צדיק ה' בכל דרכיו)

הַשְׁמִיעִ֫ינִי אֶת־קוֹלֵךְ כִּי־קוֹלֵךְ עָרֵב וּמַרְאֵיךְ נָאוֶה׃ אֶֽחֱזוּ־לָנוּ טו
שׁוּעָלִים שֻׁעָלִים קְטַנִּים מְחַבְּלִים כְּרָמִים וּכְרָמֵינוּ סְמָדַר׃ דּוֹדִי לִי וַאֲנִי לוֹ טז
הָרֹעֶה בַּשּׁוֹשַׁנִּים׃ עַד שֶׁיָּפוּחַ הַיּוֹם וְנָסוּ הַצְּלָלִים סֹב דְּמֵה־לְךָ דוֹדִי לִצְבִי יז
אוֹ לְעֹפֶר הָאַיָּלִים עַל־הָרֵי בָתֶר׃ עַל־מִשְׁכָּבִי בַּלֵּילוֹת בִּקַּשְׁתִּי א ג
אֵת שֶׁאָהֲבָה נַפְשִׁי בִּקַּשְׁתִּיו וְלֹא מְצָאתִיו׃ אָקוּמָה נָּא וַאֲסוֹבְבָה בָעִיר ב
בַּשְּׁוָקִים וּבָרְחֹבוֹת אֲבַקְשָׁה אֵת שֶׁאָהֲבָה נַפְשִׁי בִּקַּשְׁתִּיו וְלֹא מְצָאתִיו׃
מְצָאוּנִי הַשֹּׁמְרִים הַסֹּבְבִים בָּעִיר אֵת שֶׁאָהֲבָה נַפְשִׁי רְאִיתֶם׃ כִּמְעַט ג ד
שֶׁעָבַרְתִּי מֵהֶם עַד שֶׁמָּצָאתִי אֵת שֶׁאָהֲבָה נַפְשִׁי אֲחַזְתִּיו וְלֹא אַרְפֶּנּוּ עַד־
שֶׁהֲבֵיאתִיו אֶל־בֵּית אִמִּי וְאֶל־חֶדֶר הוֹרָתִי׃ הִשְׁבַּעְתִּי אֶתְכֶם בְּנוֹת יְרוּשָׁלִַם ה
בִּצְבָאוֹת אוֹ בְּאַיְלוֹת הַשָּׂדֶה אִם־תָּעִירוּ ׀ וְאִם־תְּעוֹרְרוּ אֶת־הָאַהֲבָה עַד
שֶׁתֶּחְפָּץ׃ מִי זֹאת עֹלָה מִן־הַמִּדְבָּר כְּתִימְרוֹת עָשָׁן מְקֻטֶּרֶת ו
מֹר וּלְבוֹנָה מִכֹּל אַבְקַת רוֹכֵל׃ הִנֵּה מִטָּתוֹ שֶׁלִּשְׁלֹמֹה שִׁשִּׁים גִּבֹּרִים סָבִיב ז
לָהּ מִגִּבֹּרֵי יִשְׂרָאֵל׃ כֻּלָּם אֲחֻזֵי חֶרֶב מְלֻמְּדֵי מִלְחָמָה אִישׁ חַרְבּוֹ עַל־יְרֵכוֹ ח
מִפַּחַד בַּלֵּילוֹת׃ אַפִּרְיוֹן עָשָׂה לוֹ הַמֶּלֶךְ שְׁלֹמֹה מֵעֲצֵי הַלְּבָנוֹן׃ ט
עַמּוּדָיו עָשָׂה כֶסֶף רְפִידָתוֹ זָהָב מֶרְכָּבוֹ אַרְגָּמָן תּוֹכוֹ רָצוּף אַהֲבָה מִבְּנוֹת י
יְרוּשָׁלִָם׃ צְאֶינָה ׀ וּרְאֶינָה בְּנוֹת צִיּוֹן בַּמֶּלֶךְ שְׁלֹמֹה בָּעֲטָרָה שֶׁעִטְּרָה־לּוֹ יא
אִמּוֹ בְּיוֹם חֲתֻנָּתוֹ וּבְיוֹם שִׂמְחַת לִבּוֹ׃ הִנָּךְ יָפָה רַעְיָתִי הִנָּךְ יָפָה א ד
עֵינַיִךְ יוֹנִים מִבַּעַד לְצַמָּתֵךְ שַׂעְרֵךְ כְּעֵדֶר הָעִזִּים שֶׁגָּלְשׁוּ מֵהַר גִּלְעָד׃ שִׁנַּיִךְ ב
כְּעֵדֶר הַקְּצוּבוֹת שֶׁעָלוּ מִן־הָרַחְצָה שֶׁכֻּלָּם מַתְאִימוֹת וְשַׁכֻּלָה אֵין בָּהֶם׃
כְּחוּט הַשָּׁנִי שִׂפְתוֹתַיִךְ וּמִדְבָּרֵיךְ נָאוֶה כְּפֶלַח הָרִמּוֹן רַקָּתֵךְ מִבַּעַד לְצַמָּתֵךְ׃ ג
כְּמִגְדַּל דָּוִיד צַוָּארֵךְ בָּנוּי לְתַלְפִּיּוֹת אֶלֶף הַמָּגֵן תָּלוּי עָלָיו כֹּל שִׁלְטֵי ד
הַגִּבֹּרִים׃ שְׁנֵי שָׁדַיִךְ כִּשְׁנֵי עֳפָרִים תְּאוֹמֵי צְבִיָּה הָרוֹעִים בַּשּׁוֹשַׁנִּים׃ עַד ה ו

כְּמִגְדַּל דָּוִיד צַוָּארֵךְ בָּנוּי לְתַלְפִּיּוֹת

פירוש הגמרא למילה "תלפיות" הוא "תל של פיות פונים בו". לפיכך, אדם נדרש לפנות בשעת התפילה אל בית המקדש בירושלים (ברכות ל ע"א).

ר' חיים מבריסק לומד מהרמב"ם שזהו חיוב דאורייתא. הדיון של הרמב"ם בהלכות תפילה נפתח בדרישות מצוות תפילה מהתורה (הלכות

שֶׁיָּפוּחַ הַיּוֹם וְנָסוּ הַצְּלָלִים אֵלֶךְ לִי אֶל־הַר הַמּוֹר וְאֶל־גִּבְעַת הַלְּבוֹנָה׃
ח כֻּלָּךְ יָפָה רַעְיָתִי וּמוּם אֵין בָּךְ׃ אִתִּי מִלְּבָנוֹן כַּלָּה אִתִּי מִלְּבָנוֹן
תָּבוֹאִי תָּשׁוּרִי | מֵרֹאשׁ אֲמָנָה מֵרֹאשׁ שְׂנִיר וְחֶרְמוֹן מִמְּעֹנוֹת אֲרָיוֹת מֵהַרְרֵי
ט נְמֵרִים׃ לִבַּבְתִּנִי אֲחֹתִי כַלָּה לִבַּבְתִּינִי באחד מֵעֵינַיִךְ בְּאַחַד עֲנָק מִצַּוְּרֹנָיִךְ׃ בְּאַחַת
י מַה־יָּפוּ דֹדַיִךְ אֲחֹתִי כַלָּה מַה־טֹּבוּ דֹדַיִךְ מִיַּיִן וְרֵיחַ שְׁמָנַיִךְ מִכָּל־בְּשָׂמִים׃
יא נֹפֶת תִּטֹּפְנָה שִׂפְתוֹתַיִךְ כַּלָּה דְּבַשׁ וְחָלָב תַּחַת לְשׁוֹנֵךְ וְרֵיחַ שַׂלְמֹתַיִךְ
יב יג כְּרֵיחַ לְבָנוֹן׃ גַּן | נָעוּל אֲחֹתִי כַלָּה גַּל נָעוּל מַעְיָן חָתוּם׃ שְׁלָחַיִךְ
יד פַּרְדֵּס רִמּוֹנִים עִם פְּרִי מְגָדִים כְּפָרִים עִם־נְרָדִים׃ נֵרְדְּ | וְכַרְכֹּם קָנֶה וְקִנָּמוֹן
טו עִם כָּל־עֲצֵי לְבוֹנָה מֹר וַאֲהָלוֹת עִם כָּל־רָאשֵׁי בְשָׂמִים׃ מַעְיַן גַּנִּים בְּאֵר
טז מַיִם חַיִּים וְנֹזְלִים מִן־לְבָנוֹן׃ עוּרִי צָפוֹן וּבוֹאִי תֵימָן הָפִיחִי גַנִּי יִזְּלוּ בְשָׂמָיו
ה א יָבֹא דוֹדִי לְגַנּוֹ וְיֹאכַל פְּרִי מְגָדָיו׃ בָּאתִי לְגַנִּי אֲחֹתִי כַלָּה אָרִיתִי מוֹרִי עִם־
בְּשָׂמִי אָכַלְתִּי יַעְרִי עִם־דִּבְשִׁי שָׁתִיתִי יֵינִי עִם־חֲלָבִי אִכְלוּ רֵעִים שְׁתוּ
ב וְשִׁכְרוּ דּוֹדִים׃ אֲנִי יְשֵׁנָה וְלִבִּי עֵר קוֹל | דּוֹדִי דוֹפֵק פִּתְחִי־לִי
ג אֲחֹתִי רַעְיָתִי יוֹנָתִי תַמָּתִי שֶׁרֹּאשִׁי נִמְלָא־טָל קְוֻצּוֹתַי רְסִיסֵי לָיְלָה׃ פָּשַׁטְתִּי

תפילה א, א-ג), ומשם עובר הרמב"ם לדון בתקנת עזרא לגבי התפילה (שם א, ד). הרמב"ם מציין במפורש שיש מצוות עשה מן התורה להתפלל כל יום, ובין השאר הוא כותב: "והכול היו מתפללים נוכח המקדש, בכל מקום שיהיה" (שם א, ג). לכן, לפי הרמב"ם הדרישה להתפלל לכיוון המקדש היא חיוב מן התורה שקדם לתקנות שקבע עזרא לימים.

(רשימות)

קול דודי דופק

לפני כמה שנים, בעצם ליל בלהות מלא זוועות מידנק, טרבלינקה ובוכנוולד, בליל של תאי־גז וכבשנים, בליל של הסתר פנים מוחלט, בליל שלטון שטן הספקות והשמד, אשר רצה לסחוב את הרעיה מביתה לכנסיה הנוצרית; בליל חיפושים בלי הרף ובקשת הדוד – בליל זה גופו צף ועלה הדוד. האל המסתתר בשפריר חביון הופיע פתאום והתחיל לדפוק בפתח אהלה

של הרעיה הסחופה והדוויה, שהתהפכה על משכבה מתוך פרפורים ויסורי גיהינום. עקב ההכאות והדפיקות בפתח הרעיה, עטופת אבל, נולדה מדינת ישראל! כמה פעמים דפק הדוד בפתח אהל רעיתו? דומני שלכל הפחות יכולים אנו למנות שש דפיקות.

ראשית, דפיקת הדוד נשמעה במערכה הפוליטית. מבחינת היחסים הבין־לאומיים לא יכחיש אף איש, שתקומת מדינת ישראל, במובן פוליטי, היתה התרחשות כמעט על טבעית. נוטה אני להאמין שארגון האומות המאוחדות נוצר במיוחד לתכלית זו – לשם מילוי השליחות שהטילה עליו ההשגחה. נדמה לי שאין להצביע על שום הישג ממשי אחר על ידי האו"ם. אינני יודע את מי ראו נציגי העתונות בעיני בשר בכסא הנשיאות באותה אספה גורלית, אשר בה הוחלט על יסוד מדינת ישראל, אבל מי שהסתכל אז היטב בעינו הרוחנית הרגיש ביושב ראש האמתי שניצח על הדיונים והוא – הדוד. קול דודי דופק!

שנית, דפיקות הדוד נשמעה בשדה הקרב. חיל ההגנה הקטן של ישראל ניצח את צבאותיהן העצומים של ארצות ערב. נס "רבים ביד מעטים" נעשה לעינינו. ופלא עוד יותר גדול התרחש באותה שעה! הקב"ה הכביד את לב ישמעאל וציוה עליו לצאת לקרב נגד מדינת ישראל. אילולא הכריזו הערבים מלחמה על ישראל, והיו מסכימים לתכנית החלוקה, היתה מדינת ישראל נשארת בלי ירושלים, בלי חלק גדול של הגליל וכמה משטחי הנגב. אילו היה פרעה לפני אלפי שנה נותן לישראל לצאת ממצרים מיד כפי בקשתו הראשונה של משה, היה משה צריך לעמוד בדבורו והיה חוזר אחרי שלשה ימים. אבל פרעה הכביד את לבו ולא שמע אל משה. הקב"ה הוציא את ישראל ביד חזקה ובזרוע נטויה. ממילא פקע כחה של ההבטחה, כי ישובו מצרימה. כל חוזה המבוסס על הסכם שני הצדדים אינו מחייב את הצד האחד אם הצד השני מסרב למלא את אשר הוטל עליו לעשות. קול דודי דופק!

שלישית, הדוד התחיל לדפוק גם בפתח האהל התיאולוגי, וייתכן כי זוהי דפיקה החזקה ביותר. הדגשתי כמה פעמים בדברי על ארץ ישראל, שכל טענות התיאולוגים הנוצרים, שהקב"ה נטל מכנסת ישראל את זכויותיה בארץ ישראל, ושכל ההבטחות בנוגע לציון וירושלים מתייחסות במובן אליגורי אל הנצרות והכנסיה הנוצרית, נתבדו בפרהסיא על ידי יסוד מדינת ישראל, כטענות שקר, שאין להם שום עיקר ושורש. יש לי תמיד רגש מיוחד של ספוק נפש בשעה שאני קורא בעתון, שתגובת מדינת ישראל אינה ידועה כעת כי שבת היום והמשרדים סגורים, או כשאני קורא בערב פסח קטעה מ"יונייטד פרס"

שהיהודים ישבו הלילה לשלחן הסדר בתקוה שנסי מצרים יחזרו ויתרחשו היום. קול דודי דופק!

רביעית, הדוד דופק בלבות הנוער המתבולל והנבוך. תקופת הסתרת הפנים בראשית שנות הארבעים הביאה בלבול המוחות בין המוני העם היהודי והנוער היהודי בפרט. פתאום התחיל הדוד לדפוק בדלתות הלבבות הנבוכים ודפיקתו – תקומת מדינת ישראל – האיטה, לפחות, את תהליך הבריחה. רבים מהמתנכרים לשעבר קשורים עתה למדינה העברית בקשרי רגש נאות על השגיה הכבירים. קול דודי דופק!

הדפיקה החמישית של הדוד היא אולי החשובה ביותר. בפעם הראשונה בתולדות גלותנו הפתיעה ההשגחה את שונאינו בתגלית המרעישה שדם יהודי אינו הפקר! אסורה היא הנקמה כשאין לה מטרה, אבל אם מתרוממים על ידה להגנה עצמית, הרי היא זכותו האלמנטרית של האדם באשר הוא אדם לנקום את נקמתו. התנהגות זו אינה סותרת את עקרון ההסד והרחמים. כלפי לייא; יחס סביל, ללא הגנה עצמית, עלול לגרום לפעמים לאכזריות הנוראה ביותר. "ואכבדה בפרעה ובכל חילו וידעו מצרים כי אני ה'" – לא ביקש הקב"ה כבוד ופרסום; רצונו היה שפרעה ידע שעליו לשלם מחיר רב בעד גזירת "כל הבן הילוד היאורה תשליכוהו", וגם עכשו חפצו הוא, כי דם נערים יהודים שנרצחו בהתפללם שמונה עשרה, יוקם. בהכותו את מצרים רצה הקב"ה להפגין כי דם ישראל הוא דבר שיש לו תובעים תמיד. ברוך שהחיינו לזמן הזה שיהודים יש בכחם – בעזרת השם – להגן על עצמם! קול דודי דופק!

הדפיקה הששית, שגם ממנה אל נסיח את דעתנו, נשמעה בשעת פתיחת שערי הארץ. יהודי הנס מארץ אויב יודע עכשיו כי יכול הוא למצוא מקלט בטוח בארץ אבות. זוהי תופעה חדשה בדברי ימינו. עד הנה, אוכלוסי ישראל כשהיו נעקרים ממקומם נדדו במדבר העמים מבלי למצוא מחסה ומעון בארץ אחרת. בעטיה של סגירת שערים בפני גולים ונודדים באה כליה על שבטי ישראל. עתה נשתנה המצב. כשאומה פלונית מפליטה את המיעוט היהודי מתוכה, המגורשים מכוונים את צעדיהם ציונה, והיא קולטת את בניה כאם רחמניה. לו קמה מדינת ישראל לפני השואה ההיטלראית, מאות אלפי יהודים היו ניצולים מתאי הגאז והכבשנים. עכשיו, כשתמה שעת הסתר פנים, ניתנה האפשרות ליהודים הנתלשים ממקומותיהם להשתרש בארץ הקודש. אל יהי הדבר הזה קל בעינינו! קול דודי דופק!

(קול דודי דופק)

ד אֶת־כֻּתָּנְתִּי אֵיכָכָה אֶלְבָּשֶׁנָּה רָחַצְתִּי אֶת־רַגְלַי אֵיכָכָה אֲטַנְּפֵם: דּוֹדִי
ה שָׁלַח יָדוֹ מִן־הַחוֹר וּמֵעַי הָמוּ עָלָיו: קַמְתִּי אֲנִי לִפְתֹּחַ לְדוֹדִי וְיָדַי נָטְפוּ־
ו מוֹר וְאֶצְבְּעֹתַי מוֹר עֹבֵר עַל כַּפּוֹת הַמַּנְעוּל: פָּתַחְתִּי אֲנִי לְדוֹדִי וְדוֹדִי חָמַק
עָבָר נַפְשִׁי יָצְאָה בְדַבְּרוֹ בִּקַּשְׁתִּיהוּ וְלֹא מְצָאתִיהוּ קְרָאתִיו וְלֹא עָנָנִי:

רָחַצְתִּי אֶת־רַגְלַי אֵיכָכָה אֲטַנְּפֵם

עם ישראל מבקש את אלוקיו, אך אינו מוצא אותו. פעם אחת נוקש האל על דלתו של העם: "קול דודי דופק פתחי לי אחותי רעייתי יונתי תמתי, שראשי נמלא טל קווצותיי רסיסי לילה". הוא מוכן, אך העם אינו מוכן: "פשטתי את כותנתי, איככה אלבשנה? רחצתי את רגליי, איככה אטנפם?"

לפעמים נקרית בדרכו של היהודי ההזדמנות למצוא את ריבונו של עולם. אלוהים בדרך כלל דופק על דלתו של היהודי ומבקש לשכון במחיצתו. אך היהודי מחמיץ את ההזדמנות. אין בו האומץ לצאת מן המיטה ולפתוח את הדלת. עד שאנו קמים לפתוח אותה, כבר מאוחר מדי. אנחנו מאבדים אותו, וקשה לנו למצוא אותו שוב. לכן הגלות התארכה כל כך. בפעם הבאה שנמצא את אלוהים, הכול יהיה אחרת, ולא נחזור על טעויות העבר. אם נשמע את הדפיקה בדלת, אפילו נקישה חלושה – נענה: "הדלת פתוחה, יבוא!", וכשייכנס אל ביתנו, לא נרשה לו לעזוב.

(צדיק ה' בכל דרכיו)

וְדוֹדִי חָמַק עָבָר

היהדות ידעה גם כן, כי פגישה קוסמית זו למרות חשיבותה, גודלה ותוקפה אינה דיה. הקב"ה מתגלה ליצירתו וגם מתחמק ממנה. הוא קרוב לנו, וזיו כבודו בוקע ועולה מכל שושן פורח ומכל קרן אורה, מצללי בין הערביים ומשלוות ערב צח מלא קשב ודריכות, ממשב רוחות אביב קלילים ומיללת הסופה בליל סתיו קודר, מדממת ההרים ושתיקת השפלה, מדפיקת הלב וקצב הנשימה, מהמולת ההמון ומבדידות היחיד, מגיל נעורים ומעצב השיבה. אבל למרות קרבתו הוא רחוק ממנו מרחק בלי מצרים. מתעטף הוא בענן ופורש למסתרי הנצח. הוא שוכן כאן אתנו וגם ב"ירכתי" האל־סופיות. עכשיו האדם רואהו, וברגע קט הוא עולה ממנו.

(ובקשתם משם)

ז מְצָאֻנִי הַשֹּׁמְרִים הַסֹּבְבִים בָּעִיר הִכּוּנִי פְצָעוּנִי נָשְׂאוּ אֶת־רְדִידִי מֵעָלַי
ח שֹׁמְרֵי הַחֹמוֹת: הִשְׁבַּעְתִּי אֶתְכֶם בְּנוֹת יְרוּשָׁלָםִ אִם־תִּמְצְאוּ אֶת־דּוֹדִי
ט מַה־תַּגִּידוּ לוֹ שֶׁחוֹלַת אַהֲבָה אָנִי: מַה־דּוֹדֵךְ מִדּוֹד הַיָּפָה בַּנָּשִׁים מַה־דּוֹדֵךְ
י יא מִדּוֹד שֶׁכָּכָה הִשְׁבַּעְתָּנוּ: דּוֹדִי צַח וְאָדוֹם דָּגוּל מֵרְבָבָה: רֹאשׁוֹ כֶּתֶם פָּז
יב קְוֻצּוֹתָיו תַּלְתַּלִּים שְׁחֹרוֹת כָּעוֹרֵב: עֵינָיו כְּיוֹנִים עַל־אֲפִיקֵי מָיִם רֹחֲצוֹת
יג בֶּחָלָב יֹשְׁבוֹת עַל־מִלֵּאת: לְחָיָו כַּעֲרוּגַת הַבֹּשֶׂם מִגְדְּלוֹת מֶרְקָחִים
יד שִׂפְתוֹתָיו שׁוֹשַׁנִּים נֹטְפוֹת מוֹר עֹבֵר: יָדָיו גְּלִילֵי זָהָב מְמֻלָּאִים בַּתַּרְשִׁישׁ
טו מֵעָיו עֶשֶׁת שֵׁן מְעֻלֶּפֶת סַפִּירִים: שׁוֹקָיו עַמּוּדֵי שֵׁשׁ מְיֻסָּדִים עַל־אַדְנֵי־פָז
טז מַרְאֵהוּ כַּלְּבָנוֹן בָּחוּר כָּאֲרָזִים: חִכּוֹ מַמְתַקִּים וְכֻלּוֹ מַחֲמַדִּים זֶה דוֹדִי וְזֶה
ו א רֵעִי בְּנוֹת יְרוּשָׁלָםִ: אָנָה הָלַךְ דּוֹדֵךְ הַיָּפָה בַּנָּשִׁים אָנָה פָּנָה דוֹדֵךְ וּנְבַקְשֶׁנּוּ
ב ג עִמָּךְ: דּוֹדִי יָרַד לְגַנּוֹ לַעֲרֻגוֹת הַבֹּשֶׂם לִרְעוֹת בַּגַּנִּים וְלִלְקֹט שׁוֹשַׁנִּים: אֲנִי
לְדוֹדִי וְדוֹדִי לִי הָרֹעֶה בַּשּׁוֹשַׁנִּים:

אֲנִי לְדוֹדִי וְדוֹדִי לִי

כאשר אדם מישראל מתחיל להתפלל בלחש שמונה־עשרה, הוא פונה לקדוש ברוך הוא כאלהי אברהם, אלהי יצחק ואלהי יעקב. האבות שייכים לקדוש ברוך הוא, והקדוש ברוך הוא, כביכול, שייך לאבות; הם חיפשו אותו, בשעה שהעולם כולו מסביב להם לעג להם ולחיפוש המוזר שהתמידו בו. על ידי זה שחיפשו אותו ומצאוהו, קנו אותו. הם רכשו את האין־סוף והוא הקניין שלהם.

היחס המסתורי בין הקדוש ברוך הוא ויציר כפיו, בין אלהי ישראל וכנסת ישראל, בא לידי ביטוי במאמר חז״ל מופלא בברכות ו ע״ב: ״הני תפלין דמארי עלמא – מה כתיב בהו? [= תפילין אלו של ריבונו של עולם – מה כתוב בהן?] ׳ומי כעמך ישראל גוי אחד בארץ׳ (דברי הימים א׳ יז, כא)״. אנו, בתפילין שלנו, מצהירים על שייכותם של בני ישראל לקדוש ברוך הוא: שמע, והיה אם שמוע וכו׳, ובתפילין של האין־סוף, כביכול, מתבטא הקניין שיש לנו בו – ״אני לדודי ודודי לי״ (שיר השירים ו, ג).

(חמש דרשות)

ד ה יָפָה אַתְּ רַעְיָתִי כְּתִרְצָה נָאוָה כִּירוּשָׁלָ͏ִם אֲיֻמָּה כַּנִּדְגָּלוֹת: הָסֵבִּי עֵינַיִךְ
ו מִנֶּגְדִּי שֶׁהֵם הִרְהִיבֻנִי שַׂעְרֵךְ כְּעֵדֶר הָעִזִּים שֶׁגָּלְשׁוּ מִן־הַגִּלְעָד: שִׁנַּיִךְ
כְּעֵדֶר הָרְחֵלִים שֶׁעָלוּ מִן־הָרַחְצָה שֶׁכֻּלָּם מַתְאִימוֹת וְשַׁכֻּלָה אֵין בָּהֶם:
ז ח כְּפֶלַח הָרִמּוֹן רַקָּתֵךְ מִבַּעַד לְצַמָּתֵךְ: שִׁשִּׁים הֵמָּה מְלָכוֹת וּשְׁמֹנִים פִּילַגְשִׁים
ט וַעֲלָמוֹת אֵין מִסְפָּר: אַחַת הִיא יוֹנָתִי תַמָּתִי אַחַת הִיא לְאִמָּהּ בָּרָה הִיא
י לְיוֹלַדְתָּהּ רָאוּהָ בָנוֹת וַיְאַשְּׁרוּהָ מְלָכוֹת וּפִילַגְשִׁים וַיְהַלְלוּהָ: מִי־
יא זֹאת הַנִּשְׁקָפָה כְּמוֹ־שָׁחַר יָפָה כַלְּבָנָה בָּרָה כַּחַמָּה אֲיֻמָּה כַּנִּדְגָּלוֹת: אֶל־גִּנַּת
אֱגוֹז יָרַדְתִּי לִרְאוֹת בְּאִבֵּי הַנָּחַל לִרְאוֹת הֲפָרְחָה הַגֶּפֶן הֵנֵצוּ הָרִמֹּנִים:

בָּרָה כַּחַמָּה

החוויה הדתית היא התפרצות הכוח המופלא של הרוח המטפיזית הספונטנית, בשלל צבעיה ובסערת כוחה – שותפות במעשה הבריאה. היא מזנקת מתוך מעגלה הסגור ושואפת אל פסגת הקיום בחדוות ניצחון ובהישג מזהיר, צופה לאופקים רחוקים המאדימים בשחר הנצח האין־סופי. אותה דתיות פורחת "נשקפה כמו שחר" שנוטפת על ראשי ההרים, טבולה בטללי שחר. היא "יפה כלבנה" בלילה השקט שכולו רוחות שלוות, ו"ברה כחמה" בשמיים כחולים ושקופים ביום סתיו בהיר. העיקרון המנחה הוא שאדם יודע שחייו הדתיים הם חלק בלתי נפרד ממהותו, שהמעשה הוא חופשי ושואב את כוחו מישותו הפנימית. כל כיווניו הרוחניים – תיאורטית, מוסרית ואסתטית – חוברים יחד באחדות מגוונת ושלמה. תוכני מחשבותיו, רצונותיו ורגשותיו מהולים בגילוי הרגישות הדתית. האדם נברא בצלם אלוהים. ניצוץ מן הבורא חבוי בתוכו. הוא מבקש חירות יצירתית. החוויה הדתית מאפשרת לו לממש את מבוקשו.
(הופעתו של איש המוסר)

ז יב א לֹא יָדַעְתִּי נַפְשִׁי שָׂמַתְנִי מַרְכְּבוֹת עַמִּי נָדִיב׃ שׁוּבִי שׁוּבִי הַשּׁוּלַמִּית
ב שׁוּבִי שׁוּבִי וְנֶחֱזֶה־בָּךְ מַה־תֶּחֱזוּ בַּשּׁוּלַמִּית כִּמְחֹלַת הַמַּחֲנָיִם׃ מַה־יָּפוּ
פְעָמַיִךְ בַּנְּעָלִים בַּת־נָדִיב חַמּוּקֵי יְרֵכַיִךְ כְּמוֹ חֲלָאִים מַעֲשֵׂה יְדֵי אָמָּן׃

לֹא יָדַעְתִּי

ככלל, המילים "ידע" ו"דעת" חלות לא רק על ידע תיאורטי, אלא גם על תודעה חושית. "לא ידעתי נפשי שמתני מרכבות עמי נדיב". מכאן שעץ הדעת טוב ורע מתייחס לתכונה האסתטית של היפה והמכוער. אלוהים אסר על האדם את החוויה האסתטית המתהוללת, את קניית דחף העונג. הוא לא הורשה להזדהות יתר על המידה עם רגע ההפקרות ולהפוך את אידיאל היופי לכוח מרתק בחיי האדם.

(הופעתו של איש המוסר)

שׁוּבִי שׁוּבִי הַשּׁוּלַמִּית

המדרש (שיר השירים רבה לפסוק) מבין את דו־השיח המשונה שבין שואל אנונימי לבין השולמית שכורת האהבה כמסמל את היציבות, הנאמנות והמחויבות המיוחדות שמפגינה הקהילה הכריזמטית כלפי האלהים. שובי, השולמית, מהתקשרותך האבסורדית אל אהובך, שהרי גם החזקים שבקשרים עשויים להינתק. הזמנים השתנו. ההיסטוריה ממשיכה בהילוכה. אין עוד תועלת באיחוד המושתת על הברית; אדרבא, הוא נעשה למקור של סבל וכאב. שואל זה מציע לבטל את קשרי הברית המיושנים, הקושרים את השולמית אל אהובה, ואולם זו איננה מנסה לנמק באורח רציונאלי את נאמנותה המושלמת ואת מסירותה הבלתי מוגבלת לאהובה. היא מודה כי נאמנותה ומסירותה הן בחינת תעלומה אף בעיניה שלה. אין שום טעם בדיון על אודות נאמנותה האיתנה או בניתוחה של נאמנות זו, כיוון שהשולמית פועלת כאותה אישה, הצוללת, בהשפעת חוויה נלהבת ואדירה, אל תוך מחול קצוב ומשכר שאין לו סוף. בקצרה, קהילת הברית היא על־היסטורית, במובן זה שהיא מחזיקה בעמדות קבועות אל מול אירועים היסטוריים המשתנים דרך קבע.

(אדם וביתו)

שָׁרְרֵךְ אַגַּן הַסַּהַר אַל־יֶחְסַר הַמָּזֶג בִּטְנֵךְ עֲרֵמַת חִטִּים סוּגָה בַּשּׁוֹשַׁנִּים׃ ג
שְׁנֵי שָׁדַיִךְ כִּשְׁנֵי עֳפָרִים תָּאֳמֵי צְבִיָּה׃ צַוָּארֵךְ כְּמִגְדַּל הַשֵּׁן עֵינַיִךְ בְּרֵכוֹת ד ה
בְּחֶשְׁבּוֹן עַל־שַׁעַר בַּת־רַבִּים אַפֵּךְ כְּמִגְדַּל הַלְּבָנוֹן צוֹפֶה פְּנֵי דַמָּשֶׂק׃ רֹאשֵׁךְ ו

שָׁרְרֵךְ אַגַּן הַסַּהַר

המשנה (סנהדרין לו ע"ב-לז ע"א) קובעת ש"סנהדרין היתה כחצי גורן עגולה כדי שיהו רואין זה את זה". הגמרא מפרשת: "מנא הני מילי, א"ר אחא בר חנינא דאמר קרא שררך אגן הסהר אל יחסר המזג וגו', שררך זו סנהדרין, למה נקרא שמה שררך שהיא יושבת בטיבורו של עולם, אגן שהיא מגינה על כל העולם כולו, הסהר שהיא דומה לסהר" (פירש רש"י סהר – עגול הוא). הרמב"ם הביא הלכה זו בהלכות סנהדרין (א, ג): "והם יושבין בכמו חצי גורן בעיגול כדי שיהיה הנשיא עם אב בית דין רואין כולן", אבל גם הביא מקבילה להלכה זו בהלכות תלמוד תורה (ד, ב): "כיצד מלמדים, הרב יושב בראש והתלמידים מוקפים לפניו כעטרה כדי שיהו כלם רואים הרב ושומעים דבריו".

נראה שיש כלל בצורת מסירת התורה: יש למסור אותה באופן שבו המורה והתלמיד רואים זה את זה, כך שיוכלו לקיים דו־שיח. אני זוכר שכשהייתי ילד בחסלוביץ', מזכיר בית הדין, שהיה אדם זקן מאוד, סיפר לי שהוא זוכר שראה בילדותו חזן זקן מאוד שהשתתף כילד במקהלה נודדת שעברה מעיר לעיר. החזן עצמו סיפר שפעם, כשהמקהלה הגיעה להופיע בווילנה, הוא ראה איש מרשים מאוד, גבוה ויפה תואר, הולך ברחוב ומוקף בחסידיו שעמדו סביבו בחצי עיגול. כשבירר מי היה אותו אדם מרשים, נאמר לו שהוא החסיד מווילנה (בחייו נקרא הגאון מווילנה 'החסיד', בשל צדיקותו). כששאל למה תלמידיו מקיפים אותו בחצי עיגול, נאמר לו שזה כמו הסנהדרין.

(רשימות)

בִּטְנֵךְ עֲרֵמַת חִטִּים סוּגָה בַּשּׁוֹשַׁנִּים

המדרש (שיר השירים רבה ז, ב) על הפסוק הזה מתאר יפה את הכישרון של היהודי לפעול פעמים רבות נגד הכוח הבלתי־מוגבל של תאוותו הטבעית. "הרי חתן נכנס לחופה. לבו מתגעגע לחופה ולחיבת חיתוניו. בא להזקק לה, אמרה לו: טיפת דם כחרדל ראיתי. הרי הופך פניו לצד אחר, ולא נשכו נחש ולא עקרב עוקצו... הרי 'סוגה בשושנים'". מי יאשים אותו אם יחטא? מי בכלל ידע על כך? כל הדרמה הזאת מתרקמת בחדרי־חדרים, באישון לילה. לא מחיצת ברזל

ז עָלַיִךְ כַּכַּרְמֶל וְדַלַּת רֹאשֵׁךְ כָּאַרְגָּמָן מֶלֶךְ אָסוּר בָּרְהָטִים׃ מַה־יָּפִית וּמַה־
ח נָּעַמְתְּ אַהֲבָה בַּתַּעֲנוּגִים׃ זֹאת קוֹמָתֵךְ דָּמְתָה לְתָמָר וְשָׁדַיִךְ לְאַשְׁכֹּלוֹת׃
ט אָמַרְתִּי אֶעֱלֶה בְתָמָר אֹחֲזָה בְּסַנְסִנָּיו וְיִהְיוּ־נָא שָׁדַיִךְ כְּאֶשְׁכְּלוֹת הַגֶּפֶן
י וְרֵיחַ אַפֵּךְ כַּתַּפּוּחִים׃ וְחִכֵּךְ כְּיֵין הַטּוֹב הוֹלֵךְ לְדוֹדִי לְמֵישָׁרִים דּוֹבֵב שִׂפְתֵי
יא יב יְשֵׁנִים׃ אֲנִי לְדוֹדִי וְעָלַי תְּשׁוּקָתוֹ׃ לְכָה דוֹדִי נֵצֵא הַשָּׂדֶה נָלִינָה בַּכְּפָרִים׃
יג נַשְׁכִּימָה לַכְּרָמִים נִרְאֶה אִם־פָּרְחָה הַגֶּפֶן פִּתַּח הַסְּמָדַר הֵנֵצוּ הָרִמּוֹנִים שָׁם

חוסמת בעדו, אלא ערוגה של שושנים. עליו רק לדרוס את הערוגה ולרמוס את השושנים. אולם הגבורה המיוחדת שנמצאת בכל יהודי מונעת בעדו מלעשות מעשה פראי – לרמוס פרחים רעננים ויפים שאין ביכולתם להתגונן ואינם יכולים להתאונן נגד מישהו. זהו הרואיזם שקט.

(חמש דרשות)

מֶלֶךְ אָסוּר בָּרְהָטִים

לפעמים אלוהים נדרש להחמיר בעונש, כשמידת הדין שלטת, כי אף שהוא רחום וחנון, ארך אפיים ורב חסד, הוא מכפיף בצורה מסוימת את רחמיו ומתיר למידת הדין לגבור. הוא דומה למלך הכבול בשלשלאות, כביכול. ואכן, המדרש (איכה רבה, פתיחתא לד) מעיר בקצרה על המילים "והוא אסור בזיקים" (ירמיהו מ, א) שכאילו ה' עצמו אסור בזיקים (שלשלאות). וכך פירשו המקובלים את "מלך אסור ברהטים".

(צדיק ה' בכל דרכיו)

נַשְׁכִּימָה לַכְּרָמִים

המוטיב של שיר השירים שולט בסיפור חייהם של האבות. "לכה דודי, נצא השדה, נלינה בכפרים, נשכימה לכרמים": הרעיה רוצה להרחיק את אהובה מחיי העיר, מעיניו הבולשות של ההמון אל בדידות השדה, אל המגורים השקטים והדוממים של הכפרים. האהבה מתבטאת בתשוקתם של שני בני הזוג לפרטיות ולהתבודדות. הסקרנות המרגלת של הזר מחללת את קדושת האינטימיות. אהבה חשופה לעין כול הופכת להמונית ולגסה. הסתפקותם של האוהבים בעצמם מתבטאת במנוסתם מההמון. ה' ואברהם מבקשים להימלט מהערים הגדולות של מסופוטמיה אל נאות הדשא של ארץ כנען.

(הופעתו של איש המוסר)

יד אֶתֵּן אֶת־דֹּדַי לָךְ׃ הַדּוּדָאִים נָתְנוּ־רֵיחַ וְעַל־פְּתָחֵינוּ כָּל־מְגָדִים חֲדָשִׁים
ח א גַּם־יְשָׁנִים דּוֹדִי צָפַנְתִּי לָךְ׃ מִי יִתֶּנְךָ כְּאָח לִי יוֹנֵק שְׁדֵי אִמִּי אֶמְצָאֲךָ
ב בַחוּץ אֶשָּׁקְךָ גַּם לֹא־יָבֻזוּ לִי׃ אֶנְהָגֲךָ אֲבִיאֲךָ אֶל־בֵּית אִמִּי תְּלַמְּדֵנִי
ג אַשְׁקְךָ מִיַּיִן הָרֶקַח מֵעֲסִיס רִמֹּנִי׃ שְׂמֹאלוֹ תַּחַת רֹאשִׁי וִימִינוֹ תְּחַבְּקֵנִי׃
ד הִשְׁבַּעְתִּי אֶתְכֶם בְּנוֹת יְרוּשָׁלָםִ מַה־תָּעִירוּ ׀ וּמַה־תְּעֹרְרוּ אֶת־הָאַהֲבָה
ה עַד שֶׁתֶּחְפָּץ׃ מִי זֹאת עֹלָה מִן־הַמִּדְבָּר מִתְרַפֶּקֶת עַל־דּוֹדָהּ
ו תַּחַת הַתַּפּוּחַ עוֹרַרְתִּיךָ שָׁמָּה חִבְּלַתְךָ אִמֶּךָ שָׁמָּה חִבְּלָה יְלָדַתְךָ׃ שִׂימֵנִי
כַחוֹתָם עַל־לִבֶּךָ כַּחוֹתָם עַל־זְרוֹעֶךָ כִּי־עַזָּה כַמָּוֶת אַהֲבָה קָשָׁה כִשְׁאוֹל
ז קִנְאָה רְשָׁפֶיהָ רִשְׁפֵּי אֵשׁ שַׁלְהֶבֶתְיָה׃ מַיִם רַבִּים לֹא יוּכְלוּ לְכַבּוֹת אֶת־
הָאַהֲבָה וּנְהָרוֹת לֹא יִשְׁטְפוּהָ אִם־יִתֵּן אִישׁ אֶת־כָּל־הוֹן בֵּיתוֹ בָּאַהֲבָה בּוֹז
ח יָבוּזוּ לוֹ׃ אָחוֹת לָנוּ קְטַנָּה וְשָׁדַיִם אֵין לָהּ מַה־נַּעֲשֶׂה לַאֲחוֹתֵנוּ
ט בַּיּוֹם שֶׁיְּדֻבַּר־בָּהּ׃ אִם־חוֹמָה הִיא נִבְנֶה עָלֶיהָ טִירַת כָּסֶף וְאִם־דֶּלֶת הִיא
י נָצוּר עָלֶיהָ לוּחַ אָרֶז׃ אֲנִי חוֹמָה וְשָׁדַי כַּמִּגְדָּלוֹת אָז הָיִיתִי בְעֵינָיו כְּמוֹצְאֵת
יא שָׁלוֹם׃ כֶּרֶם הָיָה לִשְׁלֹמֹה בְּבַעַל הָמוֹן נָתַן אֶת־הַכֶּרֶם לַנֹּטְרִים אִישׁ יָבִא
יב בְּפִרְיוֹ אֶלֶף כָּסֶף׃ כַּרְמִי שֶׁלִּי לְפָנָי הָאֶלֶף לְךָ שְׁלֹמֹה וּמָאתַיִם לְנֹטְרִים
יג יד אֶת־פִּרְיוֹ׃ הַיּוֹשֶׁבֶת בַּגַּנִּים חֲבֵרִים מַקְשִׁיבִים לְקוֹלֵךְ הַשְׁמִיעִנִי׃ בְּרַח ׀
דּוֹדִי וּדְמֵה־לְךָ לִצְבִי אוֹ לְעֹפֶר הָאַיָּלִים עַל הָרֵי בְשָׂמִים׃

תַּחַת הַתַּפּוּחַ

על הפסוק: "ויעש את הכיור נחשת ואת כנו נחשת במראֹת הצֹבאֹת" (שמות לח, ח), מביא רש"י סיפור מדרשי נאה: "בנות ישראל היו בידן מראות, שרואות בהן כשהן מתקשטות וכו' והיה משה מואס בהן, מפני שעשויים ליצר הרע. א"ל הקב"ה: קבל, כי אלו חביבין עלי מן הכל".

אישה המכירה ביופייה ויכלה במצרים, בגלות החשוכה והאיומה, לנחם ולחזק את רוח בעלה ולחנך דור של צמאי־גאולה, אותה אישה אם תחטא, תאמר את הווידוי שלה בדמעות יותר חמות וביתר צער וחרטה מאישה אחרת. אישה זו תיזכר במה שתרמה במצרים "תחת התפוח" (עיין סוטה יא ע"ב), ורגש האשמה יכביד ביתר שאת על מצפונה.

(חמש דרשות)

ספירת העומר

הִנְנִי מוּכָן וּמְזֻמָּן לְקַיֵּם מִצְוַת עֲשֵׂה שֶׁל סְפִירַת הָעֹמֶר. כְּמוֹ שֶׁכָּתוּב
בַּתּוֹרָה, וּסְפַרְתֶּם לָכֶם מִמָּחֳרַת הַשַּׁבָּת, מִיּוֹם הֲבִיאֲכֶם אֶת־עֹמֶר ויקרא כג
הַתְּנוּפָה, שֶׁבַע שַׁבָּתוֹת תְּמִימֹת תִּהְיֶינָה: עַד מִמָּחֳרַת הַשַּׁבָּת הַשְּׁבִיעִת
תִּסְפְּרוּ חֲמִשִּׁים יוֹם, וְהִקְרַבְתֶּם מִנְחָה חֲדָשָׁה לַיהוה: וִיהִי נֹעַם אֲדֹנָי תהלים צ
אֱלֹהֵינוּ עָלֵינוּ, וּמַעֲשֵׂה יָדֵינוּ כּוֹנְנָה עָלֵינוּ, וּמַעֲשֵׂה יָדֵינוּ כּוֹנְנֵהוּ:

בָּרוּךְ אַתָּה יהוה אֱלֹהֵינוּ מֶלֶךְ הָעוֹלָם
אֲשֶׁר קִדְּשָׁנוּ בְּמִצְוֹתָיו וְצִוָּנוּ עַל סְפִירַת הָעֹמֶר.

הַיּוֹם יוֹם אֶחָד בָּעֹמֶר.

הָרַחֲמָן הוּא יַחֲזִיר לָנוּ עֲבוֹדַת בֵּית הַמִּקְדָּשׁ לִמְקוֹמָהּ
בִּמְהֵרָה בְיָמֵינוּ, אָמֵן סֶלָה.

הספירה מסמלת את חשיבתנו ההלכתית בכך ששתיהן דורשות דיוק ורציפות. סדרה מתמטית היא רציפה. המעבר מאיבר אחד למשנהו הוא שיטתי, אינך יכול לדלג ביניהם בחופשיות. חשיבתנו ההלכתית מתנהגת באורח דומה; היא תפישה מאורגנת ומדויקת. לא נמצא כאן שרירותיות ולא מסקנות אקראיות; ההכרחיות הלוגית היא השולטת בכיפה. ספירה

שגויה, או השמטה של איבר אחד, מבטלות את הספירה כולה. אין אתה יכול לקפוץ מן האיבר השלישי לחמישי; עליך לעבור דרך האיבר הרביעי. בקצרה, החשיבה ההלכתית כמוה כחשיבה מתמטית. כל פרט ופרט הוא בעל חשיבות קיצונית.

שורשי היהודי העומד לנוכח הר סיני כדי לקבל את התורה נעוצים בעבר הקדום, ובה בעת הריהו מחויב לעתיד הנחווה כמציאות עוד קודם שבא לעולם. מחשבתו של האדם היא מדויקת וחדה, קפדנית עד לכל פרט ופרט, אך הוא גם חוזה במראהו המרומם של השלם. כל זה מסומל בספירת העומר.

(זמן חירותנו)

התוספות (מגילה כ ע"ב) מביאים את דברי הבה"ג המפורסמים, שלפיהם מי ששכח לספור בלילה יספור ביום למחרת בלא ברכה, ובשאר הימים יכול להמשיך לספור בברכה; "אבל אם שכח לילה ויום, לא ימנה עוד בברכה, דבעינן תמימות וליכא". ההבנה המקובלת של שיטתו היא שמי ששכח לגמרי לספור יום אחד כבר אינו יכול לקיים ספירה של מ"ט ימים, וספירת כל הימים כולם היא מצווה אחת. אנו מברכים בכל לילה מכיוון שלקיום המצווה ישנם מ"ט מעשי מצוה נפרדים, והברכה מתייחסת לכל אחד מהם; כאשר חסר חלק כלשהו של הקיום, ישנו חיסרון במצווה ואין לו תקנה. אך ברור מדברי בה"ג שהוא סבור שהמצווה אינה מתקיימת ביום, שהרי אם נזכר ביום סופר בלא ברכה. אם כך, מדוע אם יספור ביום יוכל להמשיך לספור בברכה בלילות הבאים?

לכן נראה לומר שאנו מברכים על הספירה בכל לילה מכיוון שלאמיתו של דבר ישנם מ"ט קיומים נפרדים. הסיבה שאם שכח לספור לילה אחד יספור מכאן ואילך בלי ברכה, היא שאם שכח לספור ולו לילה אחד בלבד, הריהו שומט את הקרקע מתחת מושג הספירה, שעצם מהותו הוא רצף והמשכיות. הספירה ביום היא מעשה ספירה שמאפשר את הרצף, אך אין בה קיום מצווה הטעון ברכה. מצוות אותו יום חלפה ואין לה תקנה, אך מכיוון שהספירה עדיין נמשכת, ניתן לספור בברכה בלילות הבאים. אם נוצר פער בין ימי הספירה – שהמספרים אינם

עוקבים – אין זו ספירה, ולכך אין תקנה. המושג של ספירה שלמה מסייע לנו לפשוט את ספקו של המנחת חינוך (מצוה שו) לגבי קטן שהגדיל בתוך ימי הספירה, האם ימשיך לספור בברכה או לא: הוא יכול להמשיך לספור בברכה, כי אף שכאשר ספר בקטנותו לא היה בר חיובא, הרי שהוא עשה מעשה ספירה.

הטור (אורח חיים תפט) מביא את דעת רס״ג החולק על בה״ג וסבור שמי ששכח לספור יום אחד יכול להמשיך לספור בברכה, אך אם שכח לספור את היום הראשון, אינו יכול לספור בברכה מכאן ואילך. מדוע שונה דין הלילה הראשון משאר הלילות? הלא אם ספירת כל הימים יחד היא מצווה אחת, כאשר שכח לספור כל אחד מן הימים לא יוכל להמשיך לספור בברכה. אם אלו מ״ט מצוות נפרדות, יוכל להמשיך לספור בברכה בין אם שכח לספור בלילה הראשון ובין אם שכח בשאר הלילות! אמנם, אם החיסרון כאשר שכח לספור יום אחד הוא שאין כאן גדר ספירה, ניתן להבין שאם דילג למשל מיום כ״ב ליום כ״ד – הרי שעצם ספירת יום כ״ד מניחה את קיומו של יום כ״ג ומשלימה אותו, אך ספירה המתחילה מהיום השני אינה ספירה כלל.

הרי״ץ גיאת (מובא בביאור הלכה אורח חיים תפט, ח) פוסק שמי ששכח לספור יום יכול לספור בלילה הבא בברכה, אך עליו להוסיף ש״אתמול היה יום פלוני״. לשון זו אינה יכולה אמנם להשיב את הגלגל לאחור ולהיחשב כספירה של היום הקודם, אך היא עשויה למלא את הפער שבין הימים על מנת שניתן יהיה להמשיך בספירה.

ספר החינוך (מצוה שו) מביא את דברי בה״ג ומוסיף: ״ולא הודו מורינו שבדורינו לסברא זו, אלא מי ששכח יום אחד יאמר אמש היו כך בלא ברכה, ומונה האחרים עם כל ישראל״. סוף דבריו תמוה – וכי מצוות אחרות אינן נעשות ״עם כל ישראל״? אלא נראה שספר החינוך מסביר מדוע החולקים על בה״ג לא קיבלו את דבריו: גם אם האדם עצמו לא ספר יום אחד, הוא עדיין חלק מעם ישראל שספר, ובכך המשיך את רצף הספירה.

ולבסוף, סברה זו תסייע לנו להבין את מנהג רש״י (המובא במחזור ויטרי; ראו בית יוסף, אורח חיים תפט) שהיה סופר לאחר פלג המנחה

קודם חשכה בלא ברכה וחוזר וסופר בלילה בברכה. הרשב"א (ראו מגן אברהם שם) תמה על מנהג זה. אם יצא ידי חובה בספירה הראשונה, כיצד סופר אחריה בברכה? ואם לא יוצא בה, מדוע סופר מעיקרא?

פלג המנחה אינו תחילת הלילה, אך הוא הזמן המוקדם ביותר בהלכה שניתן לצרף ליום שאחריו, כפי שאנו רואים בדין תוספת שבת – שניתן לקבלה רק מפלג המנחה ולמעלה. לפיכך ספר רש"י לאחר פלג המנחה, כי חשש שישכח לספור מאוחר יותר ואז לא יוכל להמשיך לספור בברכה – ולכן מיהר לבצע מעשה ספירה, שישמור את הרצף אף שאין בו קיום מצווה.

(רשימות)

הקריטריון העיקרי להבדלה בין האדם בן החורין לבין העבד הוא בתחום היחס שיש לכל אחד מהם כלפי הזמן והניסיון. חירות זהה עם תודעה של זמן יצירתי, רבגוני ועשיר. עבדות זהה עם תכונת הפסיביות וכפיפות לזרם זמן פורמלי וריק מתוכן.

בשעה שיצאו ישראל משיעבוד מצרים, ומשה רבנו קיבל על עצמו את התפקיד – הנראה כבלתי אפשרי – של הפיכת שבט של עבדים לממלכת כהנים וגוי קדוש – נאמר לו למשה, כי הדרך המובילה מחג החירות לחג השבועות עוברת דרך האמצעי של הזמן. היהודים נצטוו לספור ארבעים ותשעה ימים תמימים. אם יחסר לספירה יום אחד יש בכך משום ביטול המצווה.

אדם המסוגל להעריך דבר יום ביומו, להבין יפה את משמעותו וערכו של כל יום, לארגן את כל קטעי הזמן של שבעה שבועות ליחידה נתמכת אחת, הנמשכת אמנם שבעה שבועות בכמות, אולם מקפלת בתוכה תוכן ושינויים של מאות שנים – הוא האיש הראוי לקבל את התורה. הוא בן חורין אמיתי.

(קודש וחול)

אנו אומרים ברכת "שהחיינו" לפני קיום מצוות הבאות בזמנים קבועים לאורך השנה, וכך מביעים את תודתנו לקב"ה על שזיכנו להגיע לרגע

זה. ספירת העומר יוצאת מכלל זה בכך שאין מברכים עליה "שהחיינו". בעל המאור (פסחים כח ע"א בדפי הרי"ף) מציע הסבר לחריגה זו. ספירת העומר בזמן הזה היא זכר למקדש, ורק "זכר בעלמא", לא זכר האמור לשחזר במדויק את שהיה נהוג במקדש. ראיה לכך הוא מביא מדברי אמימר (מנחות סו ע"א), הסבור שבזמן הזה סופרים ימים בלבד, ולא גם שבועות כפי שהיה במקדש. זכר בעלמא מעין זה אינו מגיע לדרגה המצריכה ברכת "שהחיינו". תירוץ שני מביא בעל המאור: "ועוד שלא מצינו ברכת זמן אלא בדבר שיש בו שום הנאה כגון נטילת לולב שהוא בא לשמחה ותקיעת שופר לזכרון בין ישראל לאביהם שבשמים ומקרא מגילה דחס רחמנא עלן ופרקינן ופדיון הבן שמברך אבי הבן שהחיינו לפי שיצא בנו מספק נפל... ולספירת העומר אין בו זכר לשום הנאה אלא לעגמת נפשנו לחרבן בית מאויינו". ביאור דבריו, שישנם שני סוגים של זכר למקדש: אחד המעלה על נס את המקדש בתפארתו (כמו נטילת הלולב שבעה ימים, כפי שהיה נהוג במקדש), והשני המזכיר לנו את חורבנו (כמו נתינת אפר בראש החתן תחת החופה). מכיוון שספירת העומר אינה מן הסוג הראשון, שהרי אמימר לא מנה שבועות כמו שעשו במקדש, הרי שהיא נועדה להזכיר לנו את החורבן דווקא. מטעם זה איננו מברכים ברכת "שהחיינו", שהיא ביטוי של שמחה. כך ניתן גם להטעים את מנהגי האבלות בספירת העומר – אין אלו רק ימי אבלות על מותם של תלמידי רבי עקיבא, אלא ביטוי טיבה של המצווה בזמן הזה. לפי סברה זו, האבלות נמשכת לאורך כל ספירת העומר, כדעת האר"י.

הרמב"ם (הלכות תמידין ומוספין ז, כב-כד), לעומת זאת, סבור שגם בזמן הזה נוהגת מצוות ספירת העומר מדאורייתא, כפי שהייתה בזמן שבית המקדש היה קיים. לשיטתו, נוכל להסביר את העדר ברכת "שהחיינו" על פי הבנת ספר החינוך (מצוה שו) בטעם מצוות ספירת העומר. ספר החינוך מסביר שהספירה מבטאת את ציפייתנו וכמיהתנו ליעד הסופי של קבלת התורה בהר סיני, שבימי הספירה טרם זכינו לה. דבר זה הפוך לאופייה של ברכת "שהחיינו", המבטאת הכרת תודה על כך שזכינו להגיע לתאריך מסוים, ולכן אין מברכים "שהחיינו" על

ספירת העומר, שבימי הספירה עוד לא הגענו אל היעד הנכסף של קבלת התורה.

(רשימות)

ישנה מחלוקת ידועה באשר לנוסח הראוי לספירת העומר – האם אנו מונים "בעומר", שפירושו שאנו סופרים ימים בתקופת העומר, או "לעומר", שפירושו שאנו סופרים את הימים שעברו מאז קרבן העומר, מנחת השעורים המובאת למקדש בט"ז ניסן? הראשונים נחלקו בשאלה אם ספירת העומר בזמן הזה מדאורייתא או מדרבנן. אלו הסבורים שהיא מדאורייתא מבינים שמצוות ספירת העומר אינה קשורה ישירות להבאת קרבן העומר, ואף שאין אנו מביאים את קרבן העומר היום, מצוות ספירת העומר עודנה מחויבת מדאורייתא. זוהי דעת הרמב"ם (הלכות תמידין ומוספין ז, כד). לעומתו, התוספות (מנחות סו ע"א ד"ה זכר; מגילה כ ע"ב ד"ה כל) סבורים שספירת העומר בזמן הזה רק מדרבנן, זכר למקדש ומתוך ציפייה לבניינו. נראה כי דעת התוספות היא שמצוות ספירת העומר תלויה בהבאת קרבן העומר.

אם אנו מונים "בעומר", אנו אומרים בכך שתקופת העומר היא המחייבת ספירה. "בעומר" הוא הנוסח הנכון לדעת הרמב"ם. אם אנו מונים "לעומר", אנו אומרים שהמניין הוא מהבאת קרבן העומר, והיא זו שיוצרת את החיוב. "לעומר" הוא אפוא הנוסח הנכון לדעת התוספות.

ראוי לציין שלאור שיטתו שספירת העומר בזמן הזה מדאורייתא, מפתיע שהרמב"ם מביא מצווה זו דווקא בהלכות תמידין ומוספין, בהקשר של קרבן העומר. עולה מכך ששיטת הרמב"ם היא שאף שספירת העומר היא מצווה בפני עצמה, יש קיום נוסף כאשר היא נקשרת להבאת הקרבן. הרמב"ן (פסחים ז ע"א-ע"ב) מעלה את הסברה שהבאת קרבן העומר היא חלק מהותי מספירת העומר, ומסביר שמטעם זה אנו מברכים "על ספירת העומר" ולא "לספור את העומר" – כי הקרבן כבר הובא קודם שהחלה הספירה. שיטת הרמב"ן בנויה על דברי הגמרא בפסחים שם, שברכת המצוות הנאמרת לאחר קיום המצווה, אך בטרם השלמת

המצווה, היא בלשון "על" ולא בלשון "ל", כמו בנטילת ארבעת המינים, שמשעה שהגביה את ארבעת המינים כבר קיים (חלק מן) המצווה, ולכן ברכתם "על נטילת לולב" ולא "ליטול לולב". מדעת הרמב"ן נראה שהבאת קרבן העומר היא חלק ממצוות ספירת העומר; כאשר סופרים את העומר, המצווה כבר התקיימה בהבאת קרבן העומר.

אם אדם סופר בלשון "בעומר", ואז סופר שנית בלשון "לעומר" ואומר את ה"יהי רצון" לבניין המקדש, הרי שהתפילה לבניין המקדש נסמכת לנוסח "לעומר", המבוססת על כך שהספירה היא זכר למקדש.

(רשימות)

התוספות (מגילה כ ע"ב) מקשים על כך שלאחר ספירת העומר אנו אומרים "יהי רצון מלפניך שייבנה בית המקדש במהרה בימינו", אך איננו אומרים זאת לאחר נטילת לולב, אף שגם היא, לאחר יום טוב ראשון, זכר למקדש. התוספות מתרצים שהספירה "אין אלא הזכרה עתה לבנין בית המקדש", בעוד שבנטילת לולב יש עשייה. הן נטילת לולב והן ספירת העומר הן זכר למקדש, אך הן מייצגות שתי דרכים של זיכרון. הלולב נתקן כזכר למקדש, אך יש בו קיום של נטילת לולב. בספירת העומר, לעומת זאת, הן התקנה והן הקיום הם זכר למקדש בלבד.

(רשימות)

ביבליוגרפיה

אדם וביתו: שש מסות על חיי המשפחה, ערכו דוד שץ ויואל וולוולסקי, תרגם אביגדור שנאן, ירושלים, תשס"ב.

"איש ההלכה", בתוך **איש ההלכה: גלוי ונסתר**, ירושלים, תשל"ט, עמ' 9-113.

"גאולה, תפילה, תלמוד תורה", בתוך **דברי הגות והערכה**, ירושלים, תשמ"ג, עמ' 255-272.

הופעתו של איש המוסר: *The Emergence of Ethical Man*, ed. Michael Berger, Jersey City, 2005.

הררי קדם, חלק שני, נערך וחובר מרשימות שמועות הרב מיכל זלמן שורקין, ירושלים, תשס"ד.

"ובקשתם משם", בתוך **איש ההלכה: גלוי ונסתר**, ירושלים, תשל"ט, עמ' 115-235.

זמן חירותנו: מסות על חג הפסח ועל ההגדה, ערכו יואל וולוולסקי וראובן ציגלר, תרגם אביגדור שנאן, אלון שבות, תשס"ז.

חמש דרשות: על ארץ ישראל ועם ישראל, ערך דוד טלזנר, תל אביב, 2012 (הדפסה ראשונה: ירושלים, תשל"ד).

מן הסערה: מסות על אבלות, ייסורים והמצב האנושי, ערכו דוד שץ, יואל וולוולסקי וראובן ציגלר, תרגם אביגדור שנאן, ירושלים, תשס״ד.

על התשועות: על פורים וחנוכה, ערכו אלי ד׳ קלארק, יואל ב׳ וולוולסקי וראובן ציגלר, תרגם אביגדור שנאן, תל אביב, 2011.

עמודו של עולם: על אברהם אבינו, ערכו יואל ב׳ וולוולסקי, ראובן ציגלר ודוד שץ, תרגם אביגדור שנאן, תל אביב, 2016.

צדיק ה׳ בכל דרכיו. *The Lord is Righteous in All His Ways: Reflections on the Tish'ah be-Av Kinot*, ed. Jacob J. Schacter, Jersey City, 2006.

״קודש וחול״, בתוך **האדם ועולמו**, ירושלים, תשנ״ח, עמ׳ 141–162.

״קול דודי דופק״, בתוך **דברי הגות והערכה**, ירושלים, תשמ״ג, עמ׳ 9–55.

שיעורים לזכר אבא מרי ז״ל, שני כרכים, ירושלים, תשמ״ג ותשמ״ה; מהדורה שנייה, תשס״ג.

על אודות העורך

הרב מנחם גנק, תלמידו המסור של הגרי"ד סולוביצ'יק, הוסמך לרבנות על ידו ועמד אתו בקשר קרוב שנים רבות. הרב גנק עומד בראש יחידת הכשרות של איגוד הקהילות האורתודוקסיות (OU) ומכהן כרב קהילת "שומרי אמונה" שבאנגלווד, ניו ג'רזי. הוא עורך הספר *Rabbi Joseph B. Soloveitchik: Man of Halacha, Man of Faith*, ועורך שותף של כתב העת **מסורה** המוקדש לדיון בכתבי הרב סולוביצ'יק ותורתו. הרב גנק חיבר מאמרים וספרים רבים בנושאים הלכתיים ותלמודיים, רבים מהם קשורים לנושאים שנידונו על ידי הגרי"ד בשיעוריו. כמו כן, הוא העורך הראשי של הוצאת ה־OU.